Ollman's Interpretation of
Marx's Dialectical Method

奥尔曼
对马克思辩证方法
的解读

曾德华 著

上海社会科学院出版社

本书出版获中央高校基本科研业务费以及

上海外国语大学学术著作出版资助

奥尔曼简介

伯特尔·奥尔曼(Bertell Ollman),1935年生于美国威斯康星州,美国纽约大学政治学教授,全球知名的马克思主义学者,当今世界"辩证法的马克思主义"学派主要代表人物,1967年获牛津大学哲学博士学位,导师为英国著名哲学家以赛亚·伯林(Isaiah Berlin),与分析马克思主义学派的主要创立者和代表人物杰拉德·艾伦·柯亨(Gerald Allan Cohen)同门和齐名。1970—2008年,他以马克思主义理论为主题在数十个国家举行了大约250场讲座,在马克思主义学界有广泛影响。奥尔曼教授编著了15本书,其中包括:《异化:马克思关于资本主义社会中的人的概念》(1971年第1版;1976年第2版)、《社会革命和性别革命:关于马克思和赖希的论文》(1979年)、《左派学院:美国大学校园的马克思主义研究》(三卷本,1982—1986年)、《马克思主义导论》(1990年)、《辩证法探究》(1993年)、《市场社会主义——社会主义者之间的争论》(1998年)。《辩证法的舞蹈:马克思方法的步骤》(2003年)是奥尔曼的总结性著作,2008年由他与托尼·史密斯(Tony Smith)合作编辑出版的《新世纪的辩证法》(*Dialectics for the New Century*)收录了20位著名马克思主义思想家在辩证法研究领域的理论成果。奥尔曼教授2001年获美国政治科学协会新政治科学分会颁发的首届查尔斯·A.麦科伊(Charles A. McCoy)终身成就奖。2005年,奥尔曼教授当选为"国际民主基金会(International Endowment for Democracy)"主席,致力于寻求世界范围内的帮助以改造美国的民主。奥尔曼与中国学界关系密切,分别于 1994 年(北京)、1999 年(武汉)以及 2002 年(上海)对我国主要高校进行了学术访问,直接引发和推动了他的辩证法思想和有关研究论著在中国的传播。最近一次来华是在 2015 年,他于北京大学马克思主义学院发表了题为"马克思主义辩证法"(On Dialectics of Marxism)的学术演讲。令人敬佩和让人产生高度景仰的地方在于,奥尔曼先生年逾八十依然致力于马克思主义理论的研究和传播,近期主要关注马克思的经济危机理论。

序

作为当代美国马克思主义者,奥尔曼的主要理论贡献在于他对马克思辩证方法的解读,而这一解读又是从其博士学位论文《异化:马克思关于资本主义社会中的人的概念》(1971)开始,经过《辩证法探究》(1993),最终在《辩证法的舞蹈:马克思方法的步骤》(2003)中得以完成。在笔者看来,虽然大多数国内外学者对奥尔曼关于马克思辩证方法的解读给予了高度评价,但对它的性质、逻辑和影响还没有系统地进行专题研究。本书的主旨在于阐发奥尔曼对马克思辩证方法的解读。

学界一般是从认识论和方法论的角度理解奥尔曼对马克思辩证方法的解读。如果从奥尔曼的著述历程来讲,无论他的博士论文《异化:马克思关于资本主义社会中的人的概念》,还是具有转折点意义的《辩证法探究》,都是支持这个论点的。但是,笔者认为,奥尔曼在21世纪马克思主义辩证法研究领域的重要性并不能仅仅从认识论和方法论的角度去估价,因为他的分析和解读实际上已经在多个方面触及了马克思辩证方法的存在论基础。所以,对奥尔曼关于马克思辩证方法的解读进行全面系统的阐发是十分必要的。与此同时,这一研究对于国内外学者重新认识奥尔曼的理论贡献和实践意义也是很有帮助的。

从存在论的角度研究奥尔曼关于马克思辩证方法的解读对于我们系统掌握他的马克思主义观也是可行的。作为美国"辩证马克思主义"学派的领军人物,奥尔曼在《辩证法的舞蹈》这部重要文献中系统总结了自己一生的辩证法思想。从理论主题来讲,《辩证法的舞蹈》广泛涉及了马克思对辩证方法的发现和利用,以及这个方法在马克思哲学体系中的地位和作用。此外,奥尔曼在这部著作中还探析了马克思运用辩证方法对社会运行规律进行研究的思路。《辩证法的舞蹈》的核心意义在于,它注意到并提炼出马克思辩证方法的传统阐释者很少去关注的两个关键因素——内在关系哲学和抽象过程,并由此深入到了马克思辩证方法的存在论根基层面,因而对于我们重新理解和把握马克思的辩证方法具有特别重要的意义。

奥尔曼关于马克思辩证方法的解读有着明确的问题意识和独特的理论定位。奥尔曼提出了马克思主义到底是单数还是复数这个理论问题,并且认为马克思的唯一研究对象是资本主义与共产主义之间的内在关系,或者是在内在关系语境中加以把握的资本主义,而正确认识和把握这个研究对象却需要依靠马克思的辩证方法。从理论方面来说,有关马克思主义的争论大多都关涉到马克思的辩证方法这个哲学主题。从现实方面来讲,正确认识当代资本主义从而积极把握社会主义和共产主义已经成为我们这个时代的重大课题,这同样需要我们重新关注和解读马克思的辩证方法。

奥尔曼关于马克思辩证方法的解读是通过一定的逻辑也即内容和路径开展出来的。首先,奥尔曼认为社会关系构成马克思辩证方法的主题,继而把以社会关系为本质内容的现实作为马克思辩证方法的理论旨趣和终极目标,从而确立了马克思辩证方法的存在论视域。其次,奥尔曼具体阐发和解释了内在关系哲学和抽象过程构成马克思辩证方法两大支柱的缘由。在这里,内在关系哲学构成马克思辩证方法的存在论基础,而抽象过程则为我们理解和把握马克思辩证方法的实现路径提供了具体环节。再次,奥尔曼主张马克思辩证方法传统阐释者们长期以来对内在关系哲学和抽象过程的忽视是今日马克思主义研究界出现各种争论的根源,马克思主义到底是单数还是复数这个问题由此获得其本质重要性。

奥尔曼关于马克思辩证方法的解读不是闭门造车,而是积极同当代有关学者展开对话和争论。奥尔曼在与政治科学家进行争论时主张马克思主义理论对他们的指导价值主要体现在马克思辩证方法的作用上,进而要求把该方法运用于政治科学领域的研究中去。与此同时,奥尔曼还与目前比较流行的两个辩证法学派——批判实在论和系统辩证法——的主要代表人物在思想上进行了深入和广泛的交流,不仅推动了批判实在论的变革,而且还指出了系统辩证法的局限性,这就进一步凸显和论证了重新解读马克思辩证方法的必要性和可能性,以及将其对马克思辩证方法的解读成果成功运用于人文社会科学的各个领域。

  为了正确评价奥尔曼关于马克思辩证方法的解读,我们需要将其与其他有关学者在同一个问题上的阐释方案进行比较,以便确立奥尔曼在该研究领域的理论坐标和思想地位。在纵向比较方面,我们选取匈牙利哲学家、西方马克思主义的创始人卢卡奇与奥尔曼进行比较,不仅分析了两者之间的理论联系和思想差异,而且还阐发了这一比较在马克思主义思想史上所具有的本质重要性。在横向比较方面,我们选取德国哲学家、法兰克福学派第一代主要代表人物阿多诺与奥尔曼进行比较,指出了两者的理论关系既不是后者超越前者的关系,也不是两者相互补益的关系,而是一种彼此冲突的关系。这实际上克服了国内已有的关于阿多诺与奥尔曼理论关系的两种观点——"超越说"和"互补说",并在其基础上提出了第三种认识模式,即"冲突说",进一步丰富了人们对于两者理论关系的认识,为重新认识阿多诺与奥尔曼的理论关系提供了重要参考。综观两类比较,对比较的合法性进行澄清和同时对其逻辑前提进行准确的界定,是它们的共同特点。但更值得注意的是,通过此类比较,我们进一步深化了对马克思的辩证方法与社会现实内在勾连的洞见和认识,这对于我们全面理解和系统把握马克思的辩证方法具有重要的学术价值和实践意义。

  笔者认为,奥尔曼的解读为我们重新理解和研究马克思的辩证方法提供了新的阐释方案。基于对《辩证法的舞蹈》等系列著作的研究,我们有充分的理由把奥尔曼对马克思辩证方法的解读按照存在论来认识和把握,而不必放弃其认识论和方法论的内涵和意蕴。因此,奥尔曼关于马克思辩证方法的解读事实上触到了本体论的根基,重新开启了存在论视域,这就意味着打破了国内外学者对奥尔曼的已有认识模式。奥尔曼关于马克思辩证方法的解读对当代社会有着十分重要的影响。在理论领域,奥尔曼通过阐发马克思辩证方法的哲学基础和在抽象过程中对这一方法加以具体的实行,在思维中成功再现和把握了当今世界的社会现实;在实践领域,奥尔曼通过挖掘马克思辩证方法的当代价值,又在行动中深刻影响了我们变革当代资本主义和建设中国特色社会主义的历史进程。

目 录

序 ... 1

导 论 ... 1
  第一节 选题的来源和意义 ... 1
    一、选题的来源 ... 2
    二、选题的意义 ... 5
  第二节 相关研究的学术史梳理 ... 9
    一、国外学者有关文献述评 ... 9
    二、我国学者有关文献述评 ... 12
  第三节 本书的思路方法和创新之处 ... 15
    一、本书的写作思路 ... 16
    二、本书的研究方法 ... 17
    三、本书的创新之处 ... 19

第一章 奥尔曼关于马克思辩证方法解读的背景 ... 22
  第一节 奥尔曼面临的理论挑战 ... 23
  第二节 奥尔曼提出的时代课题 ... 26
    一、当代学者提供的思想资源 ... 27
    二、奥尔曼对时代之问的解答 ... 31

第二章　奥尔曼关于马克思辩证方法解读的逻辑　36
第一节　作为马克思思想的考古学家　37
第二节　奥尔曼的阐释路径及其目标　44
　　一、奥尔曼的阐释路径及其线索　45
　　二、奥尔曼的解读风格及其目标　51
第三节　马克思辩证方法的哲学基础　57
　　一、内在关系哲学与社会现实　57
　　二、内在关系哲学的主要内涵　62
　　三、内在关系哲学的基本定位　64
　　四、内在关系哲学的理论辩护　68
第四节　马克思辩证方法的三重功能　71
　　一、作为观察方法的辩证法　72
　　二、作为研究方法的辩证法　81
　　三、作为叙述方法的辩证法　87
第五节　马克思辩证方法与抽象过程　93
　　一、马克思抽象概念的独特内涵　94
　　二、马克思抽象过程的基本样式　99
　　三、马克思抽象过程的理论定位　124
第六节　马克思辩证方法的五个步骤　128
　　一、马克思的辩证方法有多少步骤　128
　　二、马克思的辩证方法有哪些步骤　130

第三章　奥尔曼关于马克思辩证方法解读的运用　135
第一节　奥尔曼和政治科学家的争论　136
　　一、奥尔曼与政治科学家争论的理由　137
　　二、奥尔曼同政治科学家争论的内容　139
　　三、奥尔曼和政治科学家争论的成果　148
第二节　奥尔曼与批判实在论的变革　151
　　一、巴斯卡尔和批判实在论的诞生　152

二、奥尔曼对批判实在论的新思考　　155
　第三节　奥尔曼对系统辩证法的批评　　161
　　一、系统辩证法的界定和共同主张　　162
　　二、奥尔曼论系统辩证法的局限性　　166

第四章　奥尔曼关于马克思辩证方法解读的比较　　171
　第一节　卢卡奇与奥尔曼的比较　　171
　　一、问题的提出以及答案的选择　　172
　　二、卢卡奇和奥尔曼的理论联系　　177
　　三、卢卡奇与奥尔曼的思想差异　　185
　　四、比较的学术价值和历史意义　　194
　第二节　阿多诺与奥尔曼的比较　　197
　　一、阿多诺与奥尔曼关系的研究　　198
　　二、阿多诺与马克思的辩证方法　　202
　　三、阿多诺与奥尔曼的理论关系　　206

第五章　对奥尔曼关于马克思辩证方法解读的评价　　211
　第一节　奥尔曼的思想性质和存在论视域　　212
　　一、国内外对奥尔曼研究的定向和不足　　212
　　二、奥尔曼的存在论视域及其主要表现　　222
　第二节　奥尔曼的解读对当代社会的影响　　231
　　一、奥尔曼的解读在理论领域的作用　　231
　　二、奥尔曼的解读在实践领域的应用　　241

结　语　　251

主要参考文献　　254

后　记　　263

导 论

第一节　选题的来源和意义

笔者对奥尔曼的了解和关注是从田世锭博士的译著《辩证法的舞蹈：马克思方法的步骤》(以下简称《辩证法的舞蹈》)开始的。在该书的总序中，段忠桥教授认为英美的马克思主义代表着西方资本主义国家马克思主义研究的新阶段，无论从理论意义上讲，还是从实践意义上说，它们都应该成为当前和今后一个时期我国国外马克思主义研究的主要对象。作为当代马克思主义者，奥尔曼对马克思辩证方法的研究在英美马克思主义学界，特别是在马克思主义辩证法研究领域产生了十分重要的影响，理应受到国内外马克思主义学界的关注和重视。然而，自从奥尔曼《辩证法的舞蹈》于 2003 年出版以来，国外学者虽然较为频繁地引证奥尔曼的观点和主张，但是并没有注意到他在这部著作中提出了关于马克思辩证方法的解读方案，也就不能进一步把握这一解读的真实性质和潜在影响。国内学者也很重视这本书的理论价值，并且运用其中的辩证法理论对当代资本主义进行了分析，但始终没有就其中提出的关于马克思辩证方法的阐释在学理上专门加以分析，或者仅仅是在比较的意义上论及奥尔曼对马克思辩证方法的解读。与之形成鲜明对照的是，国内外马克思主义学界的重要人物对奥尔曼在辩证法以及马克思的方法等主题上的研究都给予了高度评价。因此，对于笔者来说，全面和系统地分析和探讨奥尔曼对马克思辩证方法解读的性质、逻辑和影响将是非常必要和及时的。

一、选题的来源

自19世纪40年代马克思主义创立以来,人类社会的历史运动始终与马克思的名字紧密地联系在一起。即便在苏东剧变的背景下,世界社会主义陷入低潮之后,马克思依然在人类历史上占据着十分重要的位置,他"给我们留下的最有价值、最具影响力的精神财富"[1]始终没有过时。尽管有无数反对马克思主义并对社会主义和共产主义怀有疑虑乃至恐惧的人希望如此,但马克思依然还是登上了千年思想家的宝座。[2]德里达说:"不能没有马克思,没有马克思,没有对马克思的记忆,没有马克思的遗产,也就没有将来。"[3]因此,对于我们来说,马克思的重要性自然是毋庸置疑的。问题在于,马克思何以变得如此重要?德国特里尔"卡尔·马克思博物馆和研究中心"主任彼特立克斯·波维尔教授提供了一种答案,他说:"马克思最大的意义,在于他为我们提供了一种理解世界的方法。"[4]马克思主义的生命力根植于马克思的方法之中。

奥尔曼对马克思辩证方法的解读主要体现在《辩证法的舞蹈》这部著作中。对于奥尔曼来说,该书在理论上带有总结的性质,作为结果,奥尔曼由此在马克思主义学界获得了较为广泛的声誉。美国威斯康星大学经济系教授迈克尔·莱波维兹(Michael Lebowitz)教授认为奥尔曼的这部著作方便了人们对于马克思辩证方法的理解,使得马克思的方法变得易于实行。美国最负盛名的马克思主义经济学家保罗·斯威齐(Paul Sweezy)也认为奥尔

---

[1] 习近平:《在纪念马克思诞辰200周年大会上的讲话》,《党建》2018年第5期。
[2] 1999年,由英国剑桥大学文理学院教授发起,对于谁是人类纪元第二个千年"第一思想家"这一问题进行了校内的推选。投票结果是马克思位居第一。随后,英国BBC广播公司,又以同一问题,在全球互联网上公开征询投票,结果仍然如此。
[3] 德里达:《马克思的幽灵》,中国人民大学出版社1999年版,第21页。
[4] 田晓玲:《马克思为我们提供了理解世界的方法——访德国特里尔"卡尔·马克思博物馆和研究中心"主任波维尔教授》,《文汇报》2008年11月10日第10版。

曼是美国马克思辩证方法研究领域的思想领袖和理论权威。国内段忠桥教授对奥尔曼的评价也是颇有说服力的,他认为这部著作充分代表了当代英美马克思主义最新的研究成果,奥尔曼本人也被他誉为美国马克思主义辩证法研究的领军人物。

在《辩证法的舞蹈》这部著作中,奥尔曼认为,马克思是通过辩证方法的创造性使用来分析和研究资本主义的起源、运行和发展的。他说:"离开辩证法,马克思就不可能达到其对资本主义的认识。同样,离开对辩证法的牢固把握,我们就不能进一步发展这种认识。"①遗憾的是,马克思没能完成事先拟定的关于方法的著作。对于马克思的读者来说,他们因为不能清晰地掌握马克思的方法而不能真正解读马克思及其学说。最为常见的后果是出现了多个马克思,多个马克思主义,理论界经常在"回到马克思"和"重释马克思"之间徘徊。就此看来,奥尔曼重新解读马克思的方法是合乎时宜并且值得关注的,正是由于他对马克思辩证方法的创造性研究使他在"辩证法的马克思主义"(Dialectical Marxism)学派中独树一帜,对国内外马克思主义的辩证法研究产生了重要的学术影响。

尽管如此,作为21世纪马克思主义辩证法研究领域颇具代表性的哲学文本,奥尔曼《辩证法的舞蹈》的重要性和哲学意义还没有得到国内外学术界充分的关注和真切的估价。大卫·诺曼·史密斯(David Norman Smith)认为,奥尔曼的《辩证法的舞蹈》以最全面的方式复活了其关于马克思辩证方法的理论主张,这部著作对于我们理解和判断有关马克思主义的理论争论的性质和影响做出出色的贡献。②迈克尔·威廉姆斯(Michael Williams)认为,奥尔曼的《辩证法的舞蹈》通过把马克思的辩证法解读为

---

① [美]伯特尔·奥尔曼:《辩证法的舞蹈:马克思方法的步骤》,田世锭、何霜梅译,高等教育出版社2006年版,第14页。
② David Norman Smith, "Review: Dance of the Dialectic: Steps in Marx's Method by Bertell Ollman," *Contemporary Sociology*, Vol.33, No.6(Nov., 2004).

一种至关重要的认知工具,从而破除了人们在理解马克思过程中遇到的语言障碍。①在迈克尔·威廉姆斯看来,奥尔曼的认识论包含四个方面:感知、抽象、概念化,以及定向,其中又以抽象最为关键。威廉姆·L.迈克布莱德(William L. McBride)认为,《辩证法的舞蹈》对马克思的方法论作了深入的探讨,奥尔曼的理论目的在于通过对马克思辩证方法的研究破解马克思的语言之谜,从而使马克思与他的读者达成和解。②从上述评论来看,国外学界一般是从认识论和方法论的角度看待《辩证法的舞蹈》这部著作的。正是由于这个原因,奥尔曼关于马克思辩证方法的解读在性质上属于认识论范畴,在影响上并没有超出一般方法论的范围。

诚然,奥尔曼在《辩证法的舞蹈》中对马克思辩证方法的解读较多地使用了认识论和方法论术语。如果从奥尔曼的著述历程来讲,无论他的博士论文《异化:马克思关于资本主义社会中的人的概念》(1971年),还是他的富有转折点意义的《辩证法探究》(1993年),都是支持这个说法的。奥尔曼在为马克思的方法寻求理论支柱的过程中,阐发了内在关系哲学和抽象过程对于马克思辩证方法的奠基作用和关键意义,其中确实带有一定形式和某种程度的认识论和方法论意蕴。不过,奥尔曼的《辩证法的舞蹈》,作为21世纪马克思主义辩证法研究的一项重要理论成果,其重要性并不止于认识论和方法论,而是首先在于它从多个方面触及了马克思辩证方法(辩证法)的存在论(本体论)基础。国内外学者对这部著作的研究还没有涉及这个领域。田世锭博士在谈到《辩证法的舞蹈》和《历史与阶级意识》两部文献时也没有提到这个论点,即卢卡奇和奥尔曼对马克思辩证法的理解的共同之处在于他们都触及了马克思辩证法的存在论基础。③

---

① Michael Williams, "Book Review: Dance of the Dialectic: Steps in Marx's Method," *Review of Radical Political Economics* 2006;38;661.
② William L. McBride, "Marxian Five-Step," *The Review of Politics*, Vol.66, No.3(Summer, 2004).
③ 田世锭:《"内在关系的辩证法"与"总体性的辩证法"——奥尔曼与卢卡奇的辩证法思想比较》,《烟台大学学报·哲学社会科学版》2007年第2期。

总的来说,《辩证法的舞蹈》问世以来,奥尔曼关于马克思辩证方法的解读开始和越来越受到国内外学者的关注,这部著作也被广为阅读和引证,但是这种影响与我们对它的阐释还很不相称。田世锭博士的中译本缓解了这种矛盾,但是对于有志于深入了解和研究奥尔曼的辩证法思想的读者来说还显得不够,因为我们对奥尔曼的这部著作的性质、逻辑和影响还是没有深切体会和洞察。不过,我们对《辩证法的舞蹈》的哲学考察的时机却已悄然来临。一方面,西方马克思主义的主要代表卢卡奇、柯尔施和萨特等人对马克思主义辩证法的解释揭示了马克思辩证方法的存在论视域;另一方面,国内主要的马克思辩证法的阐释者对马克思辩证方法的研究广泛涉及了存在论这个基础。在马克思主义的当代意义成为阐释主题的今天,通过对奥尔曼《辩证法的舞蹈》的研究深入探讨奥尔曼关于马克思辩证方法解读的性质、逻辑和影响,对于我们从马克思辩证方法这个角度理解并把握马克思主义的当代性是有帮助的。

二、选题的意义

在马克思的阐释者们看来,对"马克思到底在说什么"(what Marx really meant)的不同理解对于他们之间的理论分歧和差异负有很大的责任。我们可以将这个问题概括为"马克思的语言之谜"。一般说来,人们能够普遍认识到马克思的辩证方法对于理解马克思和马克思主义的重要性,但是还不能通过这种方法有效地解决马克思的语言之谜这个难题,因为他们对于马克思的辩证方法还缺乏深入的了解,还不能懂得这一方法是如何得到实施和运用的。奥尔曼通过《辩证法的舞蹈》为解答这个难题提供了一个新的视角。

奥尔曼在《辩证法的舞蹈》中关于马克思辩证方法的理解方案具有哲学上的重要性。他将马克思的辩证方法置于内在关系哲学的基础之上,并把抽象过程作为马克思辩证方法的具体实现形式,由此开辟出理解马克思辩证方法的新道路。按照田世锭博士的看法,奥尔曼对马克思辩证方法的理解和阐释建构出"内在关系的辩证法"这一马克思主义辩证法的新形态,犹如卢卡奇在《历史与阶级意识》中所谓"总体性的辩证法"一样。奥尔曼对马克思辩证方法的解读表现出一种系统性、明晰性,从而在学术上达到了较高的水平。奥尔曼的解读方案有两大创新——内在关系哲学和抽象过程,这在以往的相关学术研究中是很少受到关注和重视的。通过这个颇具新意的解读方案,奥尔曼不但对"马克思在其理论叙述中到底意味什么"作出新的理解和阐述,而且还为读者将辩证法应用于自己的研究活动提供了一种可能性。奥尔曼对马克思辩证方法的解读不是闭门造车,而是积极与当代学者展开对话和争论。在与政治科学领域的马克思主义者、批判实在论者的对话和讨论中,以及在对系统辩证法有关代表人物的批评中,奥尔曼有针对性地澄清了人们在马克思辩证方法问题上的误解,使我们对马克思辩证方法在马克思主义阐释史上的地位和作用有了进一步理解。

基于上述理解和说明,通过以《辩证法的舞蹈》为中心的研究阐发奥尔曼对马克思辩证方法解读的性质、逻辑和影响,对于我们今天的马克思主义研究具有非常重要的理论意义和实践意义。

第一,奥尔曼通过把马克思辩证方法的存在论基础置于内在关系哲学之上,把辩证地思考具体化为关系地思考,从而使我们在理解马克思和领会马克思主义的当代意义的道路上迈出了重要的一步。奥尔曼在《辩证法的舞蹈》中深入考察了马克思思考问题的方式,他如何使用术语、怎样提出新的表达等较为重大的哲学问题。这些问题的解决都是因为奥尔曼为马克思的辩证方法引入了内在关系哲学这一理论基础。由于内在关系哲学在性质上是涉及一定的存在论视域的,因而它又构成马克思辩证方法的存在论基础。按照这一基础,存在总是通过一定的或者某种关系建构出来的,关系都是不能简化的基本单位。因而,我们对存在的理解和领会无非是对关系的理解和领会。至于关系,奥尔曼提出了两种理解方式,这两者构成内在关系哲学的根本,它们分别是:作为事物本身的关系(如具有实体性存在的资本),以及作为事物之间的关系(相当于事物和事物之间的某种联系)。奥尔曼认为,内在关系哲学不但把事物与事物之间的关系理解为重要的本质,而且还把此种关系作为事物本身的内在部分,而这些事物又是作为关系项而存在,这就实现了我们对于事物的关系理解,从而意味着我们对事物辩证地思考也即对事物关系的思考。在奥尔曼看来,只有以内在关系哲学为视角来看待马克思的论述,我们才能理解马克思的语言之谜,从而领会和把握马克思主义的当代意义。

第二,奥尔曼通过对马克思辩证方法的解读把马克思对于这一方法的运用和具体实现形式充分揭示出来并作了多重解释,对我们今天理解马克思主义到底是单数还是复数这个问题具有一定的启发意义。以奥尔曼为主要代表的"辩证的马克思主义"(Dialectical Marxism)学派是苏东剧变以后从辩证法的角度出发去阐释马克思主义理论的一支重要学术力量。对于从事马克思主义研究的人来说,从马克思辩证方法的角度阐发马克思主义,首先需要知道马克思采用了一种什么方法以及他是如何运用这种方法的。可是,马克思并没有这个方面的专门论述。因此,奥尔曼对马克思辩证方法的解读及其理论成果对于我们理解马克思的方法及其在哲学上的重要性具有本质而重要的意义。苏东剧变以后,人们对社会主义和共产主义缺乏信心,他们对马克思主义的学说也存有种种怀疑、不安和焦虑,再加上不同学者从不同的角度阐释马克思主义,造成了众说纷纭的理论状况,使这种不利局面愈演愈烈。此外,马克思的社会主义理想和共产主义信念到底应该置于何种基础之上并在何种意义上加以理解,这便成为人们迫切需要了解的问题。奥尔曼认为,马克思主义的不同版本和各异的理论形态是由于阐释者们在理解和把握马克思的抽象过程及其具体形式时出现了分歧和差异造成的。马克思在抽象过程中使用了独特的方法,这种方法表现为一系列的具体环节。在奥尔曼看来,只有对这样的抽象过程作深入的考察和了解,才能对多种多样的马克思主义作统一的理解,从而使我们有可能摆脱在该领域发生的无谓争论。

第三,奥尔曼通过对马克思辩证方法的解读不仅恢复并重现了马克思辩证法的批判本质,从而彰显出一定的理论意义,而且还开辟出一条通向实践的道路。对于奥尔曼来说,马克思辩证方法的实践意蕴理所当然地包含在马克思辩证方法的诸要素之中了。这恰是奥尔曼解读马克思辩证方法的成功之处。按照奥尔曼的观点,马克思的辩证方法是以现实,特别是以社会现实为研究对象和理论目标的,这是马克思与黑格尔关于方法问题的一致见解。然而,马克思辩证方法的特色和优势在于:这种方法不但包括对现实的理解、研究和叙述三个有机统一的环节,而且还包含着一个实践的阶段,这个阶段是马克思的辩证方法自身所要求的,也是马克思主义理论具有原则高度的生动表现。之所以如此,是因为马克思的辩证方法在理论上要求掌握这种方法的人自觉参与世界的实践活动,并在这种活动中检验和发展这种方法,以及加深和巩固活动者对于这种方法的认识。对于奥尔曼来说,任何关于辩证方法的论述都不能止于一种理论的结果,相反,它还必须在具体的实践中达成某项成果。因此,如果说马克思的辩证方法是革命的,那么,我们只能把它理解为——正如卢卡奇早已指出的——理论与实践的具体的历史的统一。总之,奥尔曼对马克思辩证方法的理解包含着一种实践向度。

从选题的意义来看,尽管我们分别探讨了奥尔曼关于马克思辩证方法解读在理论和实践上的双重意义,但是这两者在奥尔曼那里是同时开展并实现出来的。因此,通过此项选题及其研究,我们不但进一步增进和加深了对马克思辩证方法的存在论意蕴的认识,而且还触及多个颇受当前学术界关注的理论问题和现实问题。因此,以奥尔曼的全部著作为蓝本,对其关于马克思辩证方法的解读展开进一步的研究和考察,不仅是有意义的,而且也是可行的。

第二节　相关研究的学术史梳理

一、国外学者有关文献述评

奥尔曼对马克思辩证方法解读的最终成果体现在《辩证法的舞蹈》这部总结性著作中。作为马克思主义辩证法研究领域的新成果，奥尔曼的这本书还是得到了大量的关注和比较多的研究，在当代中国马克思主义学界也产生了一定程度的影响。在奥尔曼之前或与奥尔曼同时期，国外学者关于马克思辩证方法的研究也在某种程度上与奥尔曼的研究有一致的地方，这个共同点就在于他们都不同程度地触及马克思辩证方法的存在论基础。在国外有关研究者看来，马克思辩证方法的哲学基础是存在论性质的。对于奥尔曼来说，《辩证法的舞蹈》在理论上的成功首先在于它触及了马克思辩证方法的这一存在论基础。

卢卡奇对马克思辩证方法的理解是涉及马克思哲学的存在论基础的。在《历史与阶级意识》这部文献中，卢卡奇认为马克思的辩证方法才是马克思主义问题中的正统，由此开辟了从辩证方法角度研究马克思主义的道路，抨击了第二国际的理论家——以梅林和普列汉诺夫为魁首——对马克思主义的解释。卢卡奇试图反拨第二国际的阐释定向，力求恢复被梅林和普列汉诺夫等马克思主义理论家所遗忘和歪曲了的马克思主义的真正哲学意义，这在实质上提示了马克思主义辩证方法的存在论基础。对于卢卡奇来说，《历史与阶级意识》虽然通常被理解为一部认识论或者方法论著作，从而表现为一种对于马克思辩证方法的新解释，然而它的重要性却是存在论性质的。[①]卢卡奇对马克思辩证方法的解释继承了马克思主义奠基人的有关论

[①]　吴晓明:《卢卡奇的存在论视域及其批判》，《云南大学学报·社会科学版》2003 年第 1 期。

点。恩格斯说:"马克思的整个世界观不是教义,而是方法。它提供的不是现成的教条,而是进一步研究的出发点和供这种研究使用的方法。"①在卢卡奇看来,马克思的学说之所以不是教条,而是方法,主要原因在于,这种方法并不是一种形式化的东西,而是具有历史内容的辩证方法。对于卢卡奇来说,这种历史内容就是主体与客体之间的辩证关系。卢卡奇把总体范畴在马克思辩证方法中的核心地位与经济的优先性对立起来,结果得出了"总体性的辩证法"的解读结论。

柯尔施对马克思辩证方法的理解较多地体现在《马克思主义和哲学》这部著作中。柯尔施认为,自从恩格斯开始,正统的马克思主义者错估了理论和实践相统一的哲学内涵,他们把马克思主义理解为近代意义上的科学,结果使得马克思主义蜕变为对全能的客观性的一种自动反应。这样一种阐释路向从根本上误解了马克思主义理论的基本性质,最终以宿命论和机械论为理论终局。基于此认识,柯尔施猛烈地抨击了第二国际理论家在马克思主义阐释上的实证主义路向,恢复了辩证法在马克思主义阐释上的历史作用,从而为我们揭示和强调无产阶级革命的主观条件提供了辩证法的基础。柯尔施认为,辩证法不是任何人在任何问题上都能运用的客观方法,而是无产阶级革命运动的理论表现,因而是主观的,也即辩证法只有在革命的无产阶级实践中才能有效地运用到社会研究中去。所以说,马克思的辩证方法必须在无产阶级丰富的历史实践中寻找其存在论基础。而对于柯尔施来说,第二国际庸俗马克思主义的失足之处在于,意识和现实在本质上是一种二元对立。只有揭示这一错误的存在论根源,才能从根本上终止第二国际的阐释定向。为此,柯尔施诉诸黑格尔和马克思两位思想家在辩证法问题上的历史联系,对马克思的辩证方法作了存在论上的解读。

萨特对马克思辩证方法的解释主要体现在《辩证理性批判》中。在这部

---

① 马克思、恩格斯:《马克思恩格斯选集》第 4 卷,人民出版社 1995 年版,第 742—743 页。

著作中,萨特承认马克思主义是当代唯一不可超越的哲学,因为产生它的情势还没有被超越。因此,马克思的辩证方法依然是有效的。但是,这种辩证方法在往后的发展中逐步忽视了处在具体环境中的特殊的人,不再去关心人,因而需要存在主义"人学"的补充。为了使马克思的辩证方法能够重新解释纷繁复杂的社会历史现象,萨特主张把人重新树立为马克思主义理论的中心,从而在解释马克思辩证方法的过程中把马克思主义的唯物辩证法改造为人学辩证法。萨特的这种解读模式由于使马克思的辩证方法重新返回到人的实践活动的基础之上,系统说明了以人的实践为出发点和基础的社会历史发展学说,从而触及了马克思哲学的存在论基础。萨特把马克思主义看作我们时代不可超越的哲学,并认为它从黑格尔的哲学中汲取了关于真理是具体的总体的思想,由此确定了存在和认识之间的辩证运动,明确了意识与现实之间的本质关联和相互关系,从而在内容上包含着一种辩证理性的可能性。马克思主义在发展过程中经受了实证主义解释的命运,从而过于重视自己的客体向度却忽视了自身的主体向度,辩证法似乎并不是为了人而存在的。在萨特看来,辩证理性的有效性和范围是一个首先应当加以阐明的问题,为此需要彰显马克思辩证方法的存在论维度:认识仅仅构成存在的一种方式,只不过我们不能把存在归结为已知的东西而已。萨特说:"在涉及辩证问题时,只有辩证(方)法才能解决问题。"① 根据萨特的意见,马克思主义就是一种研究和解释的方法。可是,这种方法是立足存在论基础的,而且正是因为它立足并依靠这个基础,萨特才说:"马克思主义非但没有衰竭,而且还十分年轻,几乎是处于童年时代:它才刚刚开始发展。"②

奥尔曼对马克思辩证方法的解读继承了卢卡奇、柯尔施和萨特等著名

---

① [法]让-保罗·萨特:《辩证理性批判》(上),林骧华、徐和瑾、陈伟丰译,安徽文艺出版社1998年版,第4页。
② [法]让-保罗·萨特:《辩证理性批判》(上),林骧华、徐和瑾、陈伟丰译,安徽文艺出版社1998年版,第28页。

理论家的解释路向,其阐释的具体成果(即"内在关系的辩证法")构成 21 世纪马克思主义辩证法的一种新形态。奥尔曼关于马克思辩证方法的解读对于我们重新认识马克思和马克思主义是非常有帮助的。

二、我国学者有关文献述评

中国人民大学段忠桥教授认为,20 世纪 70 年代以来,英美两国的马克思主义研究开始占据国外马克思主义研究的主流。奥尔曼领衔的"辩证法的马克思主义"学派近年来也成为国内外学术界瞩目的一个话题。[①]《辩证法的舞蹈》是这个学派的代表性文本,其在理论上的重要性已经从存在论的基础上加以界定了。仅就它的副书名(马克思方法的步骤)来说,就已经内在地蕴含着某种存在论的基础了。在回顾国外马克思主义者对马克思辩证法的存在论解读之后,反观国内马克思主义学界对于这个主题的讨论也是必要的,甚至是必须如此的。

首先来看段忠桥教授对奥尔曼关于马克思辩证方法研究的理解。段忠桥教授率先将奥尔曼的《辩证法的舞蹈》(由田世锭博士主译)引入中国,但还没有对奥尔曼关于马克思辩证方法的思想做专门研究。段忠桥教授认识到,奥尔曼对马克思辩证方法解读的契机来源于对内在关系哲学的理论洞见,但是,这种哲学与马克思辩证方法的存在论基础有何关联,还没有得到进一步论述。段忠桥教授关于内在关系哲学和抽象过程是奥尔曼对马克思辩证方法解读的两大支柱的理论阐释,在某种程度上倒是方便了我们理解这种学术关联。因此,对于段忠桥教授来说,奥尔曼对马克思辩证方法的解读是建立在把所有的变化和各种各样的相互作用提升为这种方法的主题的基础上作出的,但是,这种解读的哲学性质还没有得到先行的估量。段忠桥教授对奥尔曼的理解可以从下述论断看出来:奥尔曼有关唯物辩证法的论

---

① 俞吾金主编:《国外马克思主义研究报告 2007》,人民出版社 2007 年版,第 2 页。

述延续了西方马克思主义的哲学主题,但是英美马克思主义比西方马克思主义有着更为宽广的研究范围。①段忠桥教授为我们继续研究奥尔曼在何种意义上继承了西方马克思主义的研究主题提供了理论上的启发,同时也有利于我们厘定所谓更为宽广的研究范围到底是什么意思。

其次来看李西祥研究员的有关论述。李西祥研究员的工作并没有涉及奥尔曼,但是他的研究对于我们阐发奥尔曼关于马克思辩证方法的解读是有帮助的。他把马克思哲学(历史唯物主义)的当代性归结为以现实的人类为运动主体的历史辩证法并指证辩证唯物主义、狭义历史唯物主义、实践哲学、人道主义、实践唯物主义、广义历史唯物主义等形态的马克思主义哲学解释方案都在一定程度上强调了马克思的辩证法思想。然而,在李西祥研究员看来,上述阐释形态把马克思辩证法仅仅局限在它对于马克思哲学的一种附加地位,而没有获得内在巩固的重要性。因此,李西祥研究员的工作重点在于说明辩证法在马克思哲学中的本质重要性。李西祥研究员从引证恩格斯关于辩证法是马克思哲学的出发点的观点开始,突出显示了马克思辩证法的本体论(存在论)意义,从而把马克思辩证法的认识论和方法论研究路向放逐到从属于本体论和世界观维度的位置,这是李西祥研究员在理论上的重要特点和引人入胜之处,他还以马克思的继承人,比如恩格斯、列宁、毛泽东为例来说明我们必须充分重视马克思辩证法的本体论意义。李西祥研究员说:"若要从本原上理解马克思的思想,我们需要重新考察马克思的辩证法。"②

李西祥研究员的另一重要贡献在于他通过指证辩证法在马克思哲学阐释中的重要地位达到了对历史的真实理解。李西祥研究员认为,历史不是记录在案的历史,不是诉诸文本的历史,而是一种思想,即把事物视为过程的观点。

---

① 段忠桥:《转向英美 超越哲学 关注"正统"——推进当前我国国外马克思主义研究的三点意见》,《马克思主义研究》2007年第5期。
② 李西祥:《辩证法与马克思哲学的当代性》,《哲学研究》2009年第2期。

在李西祥研究员看来,辩证法不是对历史发展规律的表述,而是把事物看作一种关系。对于李西祥来说,马克思的辩证法意味着我们要从过程和关系两者出发来理解和把握事物,这种把历史看作一种方法的观点正是马克思哲学的当代意义之体现,马克思哲学对于当代的指导意义也正是通过这种形式实现出来的。李西祥说:"马克思哲学对当代历史发展有着不可替代的指导意义,当代所面临的问题必须置于马克思历史辩证法视域内才能得到解决。"①

吉林大学孙正聿教授对马克思辩证法理论的研究在内容上有与奥尔曼的研究相近的地方。在国内马克思主义学界,孙正聿教授是从辩证法的角度理解马克思主义的,他说:"辩证法是马克思主义的活的灵魂。"②在马克思主义的理解和应用上,马克思的辩证法经常被当作一个可以用在任何论题上的刻板公式,从而沦为一种"变戏法"。为此,孙正聿教授认为必须恢复马克思辩证法的思想内容和知识内涵,因为马克思的辩证法并不是一种可以脱离思想内容而到处套用的方法,它的内容是人的历史活动,而对象则是作为抽象的存在的资本。马克思辩证法的意义在于:它终结了超历史的形而上学,也终结了资本主义的非历史性。在他看来,马克思辩证法的功能在于倒转资本的独立性和个性为人的独立性和个性,以此实现从"思想"的否定向"现实"的否定的转化。这种功能是通过对"抽象理性"(黑格尔)和"抽象存在"(资本)的双重批判得以实现的。

贺来教授对马克思辩证法的研究直接是从存在论的基础着眼的,他说:"马克思辩证法在哲学史上是作为解决存在论问题的一种超越传统形而上学实体本体论思维方式的新型思维方式而诞生的,它在对存在论问题的新型理解中证实了自身的理论价值,赢得了自身的理论合法性。"③对于贺来教

---

① 李西祥:《辩证法与马克思哲学的当代性》,《哲学研究》2009年第2期。
② 孙正聿:《马克思辩证法理论的当代反思》,人民出版社2002年版,第1页。
③ 贺来:《辩证法的生存论基础:马克思辩证法的当代阐释》,中国人民大学出版社2004年版,自序第8页。

授来说,马克思辩证法是立足于人的现实生存、引导人走向自由的、充满人文解放旨趣的伟大学说,它的存在论基础由此才得以彰显出来。从哲学史的角度来看,辩证法,作为一种特殊的思维方式,是与哲学领域最为核心的问题,即存在论(本体论)问题联系在一起的。因而,在贺来教授那里,辩证法与存在论实质上具有一种互为表里的关系,存在论构成了辩证法深层的理论内容(在黑格尔的意义上是辩证法的真理内容)。根据贺来教授的意见,辩证法是存在论的内在逻辑的展开和揭示。毋宁说,在一定的意义上,辩证法与存在论是一回事。总之,贺来教授把澄清马克思辩证法的存在论基础(本体论承诺)作为理解马克思主义的前提和关键。此外,贺来教授还谈到了马克思辩证法的适用范围。他认为,马克思辩证法是一种以人的本源性生存方式和生命活动为本体的关于人的存在的自我理解学说,任何将之知性化和实体化的努力都将沦为理论悲剧。在贺来教授看来,马克思的辩证法是理解马克思主义的存在论变革的理论桥梁。

第三节　本书的思路方法和创新之处

本书的主旨在于阐发奥尔曼对马克思辩证方法的解读。作为当代美国马克思主义者,奥尔曼的主要理论贡献在于他对马克思辩证方法的解读。从奥尔曼的著述经历来看,奥尔曼对马克思辩证方法的解读开始于他的博士论文《异化:马克思关于资本主义社会中的人的概念》,并经历了一次非常重要的理论转折,即于1993年发表《辩证法探究》,但主要体现在《辩证法的舞蹈》这部总结性文本中。因此,如果要对奥尔曼关于马克思辩证方法的解读作专门的研究,我们至少要把《异化》《辩证法探究》和《辩证法的舞蹈》3部著作加以主题化,并以最后一部文本作为论述的重点。《辩证法的舞蹈》(2003年)出版以后,美国威斯康星大学经济系教授迈克尔·莱波维兹(Michael Lebowitz)认为它是关于马克思的方法的最好专著,也是奥尔曼最具学术水平和潜质的作品。美国20世纪最著名的马克思主义经济学家保罗·斯威齐(Paul Sweezy)也认为奥尔曼在马克思辩证方法研究领域取得了巨大成功,为这一领域的研究权威和思想领袖。对于奥尔曼来说,《辩证法的舞蹈》具有总结性意义;对于我们来说,《辩证法的舞蹈》的重要性也是不言而喻的。

一、本书的写作思路

作为一位专门解读马克思辩证方法的马克思主义学者,奥尔曼的有关著作,特别是《辩证法的舞蹈》,在思想性质、理论影响和当代启示等诸多重要方面都还没有得到充分的注意和真切的估价。为此,我们要系统梳理和全面把握奥尔曼关于马克思辩证方法解读的背景因素和逻辑体系以及在具体运用解读成果时与其他理论家之间的对话和争论。与此同时,为了准确理解奥尔曼对马克思的辩证方法的解读成果,给予其恰当和中肯的评价,我们也有必要为其建立一个思想坐标系,将其与该领域一些较为著名的马克思阐释者进行比较,从而更为明晰地对奥尔曼的解读加以精准定位。只有这样,我们才算把奥尔曼学术思想的研究往前推进一大步。

然而,从国内外学者在这个哲学主题上的研究来看,我们至少可以认识到,马克思的辩证方法对于马克思哲学和马克思主义理论来说都是本质的,这种本质性必须从其存在论基础上来加以领会和把握。作为当代哲学家的马克思,他的主要理论贡献——马克思的辩证法,不是教条,而是方法——没有过时。我们依然要做马克思辩证方法的继承人,而马克思也正因此才成为我们的同时代人。对于马克思的辩证方法这一份理论遗产,我们应该坚持一种什么样的态度呢?法国哲学家德里达说:"遗产从来不是一种给予,它向来是一项使命。"[1]因此,我们不能对马克思的辩证方法采取一种简

---

[1] 俞吾金、陈学明:《国外马克思主义哲学流派新编·西方马克思主义卷》,复旦大学出版社2002年版,第734页。

单接受的态度,而是要积极探求马克思辩证方法的当代使命,深入挖掘它在当代所处和联系着的生活内容。奥尔曼是通过对马克思辩证方法进行重新解读来做到这一点的。所以,通过对《辩证法的舞蹈》等著作的存在论研究来梳理奥尔曼对马克思辩证方法的解读将是必要的和可行的。

基于上述认识,本书拟确定的写作思路如下:一是梳理奥尔曼对马克思辩证方法解读的问题和背景;二是阐明奥尔曼关于马克思辩证方法解读的逻辑和体系;三是解读奥尔曼与当代学者在马克思辩证方法问题上的对话和争论,并着重分析奥尔曼对系统辩证法的批评;四是通过把奥尔曼与卢卡奇和阿多诺等在马克思辩证方法研究领域有重要贡献的理论家进行多维度比较,集中展示奥尔曼对马克思辩证方法的解读在思想理论上是有自己的显著特点和实质内容的;五是对奥尔曼关于马克思辩证方法解读的思想性质、理论影响以及当代启示进行尝试性的探讨,进而凸显奥尔曼在马克思主义学说发展史上的重要地位。

二、本书的研究方法

正确的研究方法是赋予已经掌握的文献资料生命的重要手段,但是它的选择必须根据本书的研究对象来确定。很自然,我们在确定具体的研究方法时还需仔细考虑自己的理论目标。

首先,从对文献资料的整理来看,笔者采用了类型法对各种材料进行了分类整理。本书所呈现的资料主要有三类:第一类是奥尔曼的英文作品,也就是他编著的15本著作,目前国内已有2—3个中译本也可以作为该书的参考文献。第二类是奥尔曼研究的有关材料,国外学者对奥尔曼思想的研究较多地体现在各种学术评论和专题论文中,他们对于奥尔曼的博士论文《异化:马克思关于资本主义社会中的人的概念》(以下简称《异化》)和《辩证法的舞蹈》是非常重视的。国内学者对奥尔曼的研究开始于1994年,田世锭博士认为之后的奥尔曼研究可以划分为两个阶段,即1994—1999年的奥尔曼研究和2000年至今的奥尔曼研究。笔者把国内外学者的上述文献归结为第二类文献。第三类文献是关于马克思辩证方法研究方面的,而且在材料的选取上较多地关注了从存在论这个学术路向对马克思的辩证方法进行阐释的文献。这一类的文献资料以国内学者写的为主,但同时会适当参考国外学者对马克思辩证方法的理解和阐释。

其次,从对文献资料的处理来看,笔者主要采用了文本解读法对材料进行理论上的加工和制作。本书的主要研究对象是奥尔曼的若干有关马克思辩证方法的标志性著作,能否对这些著作进行成功的解读事关重大。鉴于笔者对上述有关文献所持的研究路向,即从存在论的角度对其包含思想的性质、逻辑、影响和启示等进行研究,因此,本书必然还要对有关马克思辩证方法的存在论研究成果进行解读。总的说来,整个研究都建立在笔者对所有相关文献的具体解读的基础之上。

第三,从全书的写作进程来看,逻辑和历史的统一也构成笔者拟采用的一种重要的研究方法。具体说来,从奥尔曼对马克思辩证方法解读的思想史进程提炼出一种理论逻辑,并且按照这种逻辑顺序且参照奥尔曼对马克思辩证方法理解和阐释的历史顺序来谋篇布局。这种写作方式自然是要建立在对奥尔曼的全部著述都有所了解并且有所领会的前提和基础之上的,而这是笔者早已从事过的工作了。所以,尽管本书的写作从研究对象来说确实只是奥尔曼关于马克思辩证方法的解读,但对其展开的存在论研究却要顾及奥尔曼对马克思主义理论的全部研究成果,其中就包括他在自己主编的文献中所写的序言或者前言。总之,逻辑与历史相结合的方法是本书采用的第三种研究方法。

第四,在本书中,为了正确和全面评价奥尔曼对马克思辩证方法解读的成果,笔者采取研究方法是比较研究的方法,详细地分析和探讨了奥尔曼与两位当代学者在马克思的辩证方法这个哲学主题上的对话和争论。只有通过比较研究的方法,才能清晰地界定奥尔曼对马克思辩证方法解读的理论定位。在比较研究的过程中,奥尔曼对马克思辩证方法的理解和阐释与当代学者的有关论述有机融合成为一个理论坐标,从而为我们正确而有效地估价奥尔曼关于马克思辩证方法的解读提供了一个重要的依据。

第五种研究方法是系统方法。因为此前的奥尔曼研究并没有触碰到,至少是没有全面涉及笔者的研究主题,所以本书把系统性即整体性作为研究力求达到的一个非常重要的要求。在具体开展过程中,笔者从问题和背景入手分析了奥尔曼对马克思辩证方法解读的起源,其次从内容和路径入手探讨了奥尔曼解读马克思辩证方法的逻辑,再次从对话和争论着手研究了奥尔曼对马克思辩证方法解读的运用,最后从性质和影响着手界定了奥尔曼对马克思辩证方法解读的位置,算是对奥尔曼关于马克思辩证方法解读的全方位述评。

总之,本书的写作遵循了以上五种研究方法。在具体行文过程中,笔者虽然偏重理论上的叙述和定性上的考察,但是所有这些都离不开思想史的整理以及对奥尔曼个人思想发展进程的研究。至于有关研究方法的其他一些方面,只有留待在具体写作过程中加以澄清和说明了。

三、本书的创新之处

第一,笔者通过对《异化》《辩证法探究》和《辩证法的舞蹈》等著作的专题研究并由此探讨奥尔曼对马克思辩证方法的解读,其目的并不仅仅是为了简单向读者介绍奥尔曼关于马克思辩证方法的理解和阐释,更是要从一个哲学的角度来告知读者我们不但可以从存在论的视角来理解马克思的哲学革命和马克思主义理论的当代意义,而且也能从辩证方法的角度和视域去分析和揭示马克思在哲学领域发动的革命性变革以及他的学说的当代性质。究其原因,正如笔者将要在正文中予以解释的,就是马克思之所以能够对辩证的方法进行革命性改造并由此取得了巨大的理论成果,无非是因为这种方法经由哲学上的革命性突破已然牢固地树立在正确的存在论基础之上了。所以，在笔者看来，从存在论的视角和从辩证法的角度理解和阐释马克思的哲学革命及其当代意义在本质上是一回事，问题在于，我们要准确理解和全面把握马克思辩证方法的存在论基础和本体论意蕴。笔者在本书中对奥尔曼关于马克思辩证方法解读的研究正是着眼于此项基本观点。

第二，本书通过把奥尔曼在理论上的主要贡献理解为他对马克思辩证方法的解读，以及通过把奥尔曼的主要著作《辩证法的舞蹈》与卢卡奇的《历史与阶级意识》和阿多诺的《否定的辩证法》进行比较，全方位地展示了奥尔曼在马克思主义理论研究领域的本质特征和显著优势。诚然，奥尔曼的研究范围也是非常宽广的，但在本书中笔者对其关于马克思辩证方法解读的聚焦并不是为了简化研究主题或者夸大奥尔曼在学术界的重要性，而是为了从根本上开辟出一条理解奥尔曼以及经由奥尔曼理解马克思在辩证方法上的独特贡献的新道路。作为当代美国马克思主义者，奥尔曼的著述颇丰，而且一般认为他是一位非常坚定的马克思主义者，也是一位杰出的马克思主义学者。笔者在阅读和研究中发现，奥尔曼对马克思主义原著特别熟悉，正可谓是一个地道的马克思主义文献学家。然而，我们应当从什么角度去理解和把握这一论断呢？当大家反思卢卡奇在《历史与阶级意识》中对正统马克思主义的定义时，我们也就不难领会本书的构思和布局了。

第三，奥尔曼的《辩证法的舞蹈》自从有了中译本以来，我们除了在译者的博士论文中看到大量的引证之外，也有少数相关研究文献提到了这部著作。尽管我们频繁引证和充分利用过这部重要的哲学文献，或者我们已经知道这部著作在奥尔曼的思想历程中和在同样主题的作品中是重要的，但是这只是奥尔曼研究的冰山一角，我们还需要通过掌握奥尔曼的其他文本来进一步阐发其关于马克思辩证方法的解读，只有通过这个更为宏大的背景和视域，我们才能真切掌握这部文献并知悉它在思想理论上的重要性。

奥尔曼把马克思理解为建筑师,而自称为马克思思想的考古学家。①这在某种程度上提示了对奥尔曼在马克思主义方法的研究方面的贡献展开进一步阐释的必要性和可能性。唯有如此,我们才能真正弥补马克思自己专门谈到过的缺憾,即他未能在有生之年写出一部关于辩证方法的专著,以至于给读者造成了不少的麻烦。本书对奥尔曼的研究解答了马克思的方法难题和语言之谜。

---

① Bertell Ollman, *Alienation: Marx's Conception of Man in Capitalist Society*. 2nd ed., Cambridge University Press, 1976, p.xvi.

第一章
奥尔曼关于马克思辩证方法解读的背景

奥尔曼对马克思辩证方法的解读不是没有缘由的,而是起源于一定的问题和背景的。在《辩证法的舞蹈》这部哲学文献中,奥尔曼集中表达了他在理论上所面临的重大挑战和拟解决的具体问题。奥尔曼认为,马克思主义到底是单数还是复数,仍然是一个尚未解决的问题,事实上,它已成为马克思主义理论界的一道难题。在解答这个问题的过程中,奥尔曼诉诸马克思的辩证法并把辩证法整体上视为一种方法。奥尔曼指出,马克思正是通过辩证法洞察了资本主义与共产主义之间的内在关系,从而确立起马克思主义的整个理论体系。奥尔曼所处的理论背景和时代背景都要求他把马克思的辩证方法作为自己的研究对象。从理论背景来说,一方面是越来越多的学者把辩证法作为马克思主义理论研究的首选角度,另一方面是包括分析马克思主义学派在内的西方马克思主义研究中的十大学派在不同程度上疏离了马克思的辩证方法。从时代背景来看,苏东剧变和资本主义在全球的扩张以及由此导致的世界社会主义一度陷入低潮和当代资本主义出现的新变化产生了"如何正确认识当代资本主义和充分理解社会主义与共产主义"这个时代课题。奥尔曼认为,这一课题的解答必须依靠马克思的辩证方法。

第一节　奥尔曼面临的理论挑战

奥尔曼认为,马克思本人并没有留下系统阐发自己方法论思想的专著,尽管他曾作过这方面的打算,这又主要是由于马克思作为革命家的一生以及他对政治经济学的研究使他没能返回到辩证法这个主题上来。因此,解读马克思辩证方法的工作是有待马克思的后继者去做的。奥尔曼认识到,一个多世纪以来,马克思主义学界围绕马克思辩证方法这个哲学主题进行了激烈的争论,以致许多马克思主义者干脆放弃并丢掉了这一重要的方法。大约50年前的阿尔都塞主义者和更晚一些的分析马克思主义者都是这方面的典型代表。但是,按照奥尔曼的看法,马克思的理论又是如此辩证,以致如果离开了此种方法,它就完全有可能得不到正确的理解和把握。所以,奥尔曼说:"只要马克思主义有助于我们对世界的理解,我们就需要研究辩证法以便加深我们对马克思主义的理解。"[①]重新解读马克思的辩证方法已经成为当代马克思主义发展的一种趋势。

作为当代美国马克思主义者,奥尔曼对马克思辩证方法的关注开始于其博士论文期间,具体表现为《异化:马克思关于资本主义社会中的人的概念》(1971年初版;1976年第2版)。随后的《社会革命和性别革命:关于马克思和赖希的论文》(1979年)和《马克思主义导论》(1990年)也是奥尔曼关于马克思辩证方法研究的重要著述。此外,还有一本于1993年出版的《辩证法探究》,其中提到了马克思的抽象过程。这对奥尔曼理解和阐释马克思的辩证方法具有转折意义。但是,整体说来,奥尔曼对马克思辩证方法的解读最全面、最系统地表现在《辩证法的舞蹈》(2003年)这部哲学文本中。奥尔曼认为这部著作代表了他个人辩证法思想的最高水平。[②]因此,通过以上所述

[①] Bertell Ollman, *Dialectics for the New Century*, co-ed. Palgrave Macmillan, 2008, p.2.
[②] [美]伯特尔·奥尔曼:《辩证法的舞蹈:马克思方法的步骤》,田世锭、何霜梅译,高等教育出版社2006年版,序言第8—9页。

的主要著作对奥尔曼关于马克思辩证方法的解读进行研究是比较可靠的，也是相对可行的。

奥尔曼对马克思辩证方法的解读是有明确的问题意识的，而这个问题意识又来自他所面临的理论挑战。在奥尔曼看来，人们对马克思的研究对象并无清晰的和统一的认识。然而，这个问题及其解答对于界定马克思的学说及其性质非常重要。列宁说："半个世纪以来，没有一个马克思主义者是理解马克思的！"①按照奥尔曼的观点，这种状况的出现恰恰是由于人们对马克思的研究对象认识不清，从而不能洞悉马克思的辩证方法如何被运用于这个对象的研究中去，以致产生了种种马克思主义，即各种各样的马克思主义。马克思主义理论的研究领域是一个巨大的战场，里面有五花八门的理论分歧和思想斗争。可见，学术界对马克思的辩证方法还缺少充分的认识和理解。奥尔曼指出："人们也许会认为，至少在马克思主义者当中，辩证法目前有望获得好的理解，对它的研究将成为常规，而不再是例外。据我们所知，事情并非如此。"②这就说明，重新解读马克思的辩证方法对于当代马克思主义学者来说是一道理论难题。

奥尔曼认为，马克思的研究对象既不是资本主义，也不是共产主义，而是资本主义与共产主义之间的内在关系。因此，对于奥尔曼来说，马克思主义在本质上是对资本主义和共产主义之间内在关系的揭示和解释，这种理解和阐释的方式是否正确、何以正确，关系到马克思主义理论的前途和命运。奥尔曼指出，传统的阐释者由于未能清楚地认识到并把握住马克思的这个研究对象，以致不能清晰地说明马克思主义的理论旨趣和发展趋势。结果，马克思主义往往被多重解释，以致呈现出一种复数形态。比如，鉴于马克思发现了资本主义社会的运动规律，有学者认为他的理论是一门科学；鉴于马克思揭示了资本主义制度的不合理性，有学者认为他的学说在本质

---

① 列宁：《哲学笔记》，人民出版社1974年版，第191页。
② Bertell Ollman, *Dialectics for the New Century*, co-ed. Palgrave Macmillan, 2008, p.1.

上构成一种批判理论；鉴于马克思预见了资本主义向共产主义的发展趋势并且描绘了这一历史进程，有学者就把马克思视为理想主义者；鉴于马克思提出了一套从资本主义向共产主义过渡的政治战略并且随时关注接下来应该怎么办的问题，马克思主义又变成了关于如何发动政治革命的思想。以上说法反映和代表了马克思主义理论的复数性质，然而，奥尔曼通过对马克思辩证方法的解读发掘和洞察到上述见解的内在统一性，从而确认了马克思主义的单数性质。

按照奥尔曼的说法，马克思主义是单数，这就是说，如果马克思主义是复数，我们也要能够对之做出统一的理解。这种见解的理由和根据何在？奥尔曼认为，在马克思主义发展史上，马克思主义本来是单数，它之所以被解释为多种形式的马克思主义，这主要是由于阐释者们还没能牢固地掌握马克思的辩证方法。对于奥尔曼的这个观点，我们也可以从马克思本人的说法得到验证。19世纪70年代的法国马克思主义者对马克思主义的解释往往呈现出各种各样的形态。马克思说："我只知道我自己不是马克思主义者。"①在奥尔曼那里，如何通过对马克思辩证方法的重新解读证明马克思主义的单数性质才是需要面对和亟须处理的重大的理论问题。恩格斯和卢卡奇的话也是颇能支持奥尔曼的理论主张的。恩格斯说："马克思的整个世界观不是教义，而是方法。它提供的不是现成的教条，而是进一步研究的出发点和供这种研究使用的方法。"②卢卡奇也说："辩证的马克思主义是正确的研究方法，这种方法只能按其创始人奠定的方向发展、扩大和深化。"③无论按照恩格斯，还是按照卢卡奇，我们对马克思主义的理解都要归结为对马克思辩证方法的理解。是否能以及如何坚持和发展马克思的辩证方法已经成为考验真假马克思主义者的试金石。在这个意义上，奥尔曼选择并力求从

---

① 马克思、恩格斯：《马克思恩格斯选集》第4卷，人民出版社1995年版，第691页。
② 马克思、恩格斯：《马克思恩格斯选集》第4卷，人民出版社1995年版，第742—743页。
③ [匈]卢卡奇：《历史与阶级意识》，杜章智、任立、燕宏远译，商务印书馆1999年版，第48页。

辩证方法的角度提出马克思主义理论的当代阐释方案。

对于奥尔曼来说，对马克思和马克思主义的单数理解必须奠定在一定的理论基础之上才具有说服力。在奥尔曼看来，马克思在学术上的主要关注点在于资本主义。因此，关于马克思为何兼具科学家、革命家、理想家和战略家的美名以及马克思主义为何同时作为科学、批判、理想和战略的提问可以转化为这样的一个问题：马克思对资本主义的分析是如何揭示资本主义的运动规律的（科学）、它又是如何发现共产主义的发展趋势的（理想），以及马克思是如何批判资本主义的不合理性（批判）并开展出其行动的（战略）。根据奥尔曼的观点，这个问题已经触及科学研究的核心。奥尔曼指出，马克思对资本主义的研究成功地阐明了资本主义是什么、将是什么、不是什么，以及我们应该为之做些什么等之间的关系，而科学研究的要义正好在于揭示出这种关系。遗憾的是，众多以资本主义为研究对象的学者始终拘泥于现象层面的事实，而不能通达本质的领域即社会的现实或事物之间的关系，从而错估了马克思的理论功绩。奥尔曼指出，造成这种状况的一个主要原因在于，我们对马克思的辩证方法还缺乏全面又系统且深入的研究。在奥尔曼看来，马克思的辩证方法为我们理解马克思和他的学说提供了一个最好的理论视角。以马克思主义的单复数性质问题为历史契机，奥尔曼通过对马克思辩证方法的解读开辟了他重新理解和解释马克思主义的道路。

第二节　奥尔曼提出的时代课题

奥尔曼不但是杰出的马克思主义学者，而且也是卓越的马克思主义者。按照他的马克思主义观，真正的马克思主义者必须接受马克思的方法。奥尔曼认为，辩证法是马克思主义的最重要贡献之一，否定和反对马克思的方法就不是马克思主义。①在理解和阐释马克思主义的道路上,奥尔曼发现许多阐释者不能很好地把复数形态的马克思主义作统一的解读,而只是局限于其中的一个或者少数几个方面,有时甚至斥责马克思在建构理论时的非连续性和前后不一致性。从马克思的文本来考察,马克思主义的各种性质(在表现形式上是马克思主义的多种解释)经常错综复杂地交织在一起,它们彼此相互依赖的关系并不允许研究者截然地将上述多种性质区分开来和割裂起来。结果,奥尔曼为自己提出的关于马克思主义性质的问题提供的答案是:马克思主义是所有这些性质——科学、批判、理想、战略——的一种十分不同寻常又可能是独一无二的结合。与之相对应,在奥尔曼看来,马克思兼有科学家、批判家、理想家和战略家的素养和品质,诸属性之间是相辅相成的。奥尔曼提出马克思思想的多样性及其统一性问题并不是偶然的,实际上,它的提出有着特定的理论语境和现实背景,奥尔曼对马克思辩证方法的思考与下述因素是紧密联系在一起的。

一、当代学者提供的思想资源

在奥尔曼看来,马克思的学说告诉我们,共产主义隐藏在资本主义之中,而不是寓居于资本主义之外。马克思对资本主义的批判一方面是基于资本主义再生产的危机,另一方面是基于资本主义为共产主义准备了必要的物质条件。因此,马克思的资本主义理论从性质上来说,就是一项对共产主义如何从资本主义社会中实现出来的研究成果。但是,许多人囿于当前社会的现实,并没有从资本主义的现在看到共产主义的将来。奥尔曼认为,个中原因在于,当今的人们没有更为长远的目光,他们既不能把握资本主义现在的历史前提,也不想展望共产主义的发展前景,而是将目光停留于当下,局限于当前。对于奥尔曼来说,这无非意味着人们对于事物(包括人自

---

① 徐小苗等:《伯特·奥尔曼谈西方十大马克思主义流派》,《马克思主义研究》1995年第1期。

身)内部及其相互之间的内在关系及其发展已经失去了辩证把握的能力。

在奥尔曼看来,马克思给我们提供了正确理解世界的方法。面对马克思主义发展过程中人们不再能够辩证思考的难题,理论界出现了对马克思辩证法的两种截然不同的理解态度:一方面,越来越多的著作家把辩证法作为马克思主义研究的首选角度;另一方面,包括分析马克思主义学派在内的西方马克思主义研究中的十大学派都在不同程度上疏离了马克思的辩证法。这就是奥尔曼对马克思辩证方法解读所处的理论背景。

20世纪90年代初期以来,人们对辩证方法的兴趣逐渐增长,奥尔曼是能够体会到这一理论动态和发展趋势的。苏东剧变以后,越来越多的马克思主义学者和著作家开始把辩证法作为理解和研究马克思主义的首选角度,以至于在今日的马克思主义研究界出现了辩证法这一新的活跃领域。奥尔曼敏锐地把这一新阶段描述为马克思主义理论工作者澄清和纠正对马克思辩证方法误解和歪曲的历史契机。对于奥尔曼来说,马克思的辩证方法具有原则高度,因为它不仅是批判的,而且也是革命的。马克思说:"辩证法,在其合理形态上,……不崇拜任何东西,按其本质来说,它是批判的和革命的。"①同样,对于奥尔曼来说,衡量人们是否正确解读了马克思辩证方法的一个重要标准就在于他们是否把握了马克思辩证方法的双重本质。在马克思主义发展史上,围绕坚持还是摒弃马克思辩证方法的争论始终是存在的。对于当代马克思主义者来说,坚持并捍卫马克思的辩证方法一直是必要的和可能的。自从20世纪70年代以来,也就是奥尔曼开始对马克思的辩证方法进行解读以来,一些著名的马克思主义者也确实自觉地担负起了这一理论使命。正是由于这些学者在马克思主义理论发展遇到困难时坚持和有力捍卫了马克思的辩证方法,才促成了英美国家在世纪之交马克思主义辩证法研究的新局面。奥尔曼也正是在汲取这些思想资源的条件下对马克思的辩

---

① [德]马克思:《资本论》第1卷,载《马克思恩格斯选集》第2卷,人民出版社1995年版,第112页。

证方法展开系统研究工作的,并代表了其中一种较为重要的解读模式。①

大卫·哈维(David Harvey)是美国霍普金斯大学地理学与环境工程系教授。对于哈维来说,社会科学的实证主义倾向和经验主义方式令人感到厌恶。他希望给处在困境中的人们处理一般社会科学问题提供一种可以理解并能得到应用的方法。哈维说:"对辩证方法的理解将会以各种方式深化我们对社会生态过程的认识,这并不导致否认或抛弃(社会科学家们)通过其他途径所达到的结论。"②哈维认为,马克思的辩证方法对于人们掌握并强调事物发展过程中的关系和整体是十分有益的,它有助于防止人们在处理社会科学问题时的简单化趋向。

肖恩·塞耶斯(Sean Sayers)是英国肯特大学哲学系教授。他认为,辩证法并不是马克思学说中一个可有可无的部分,而是任何历史理论的规范基础,其中包括马克思的历史唯物主义。③对于塞耶斯来说,特别是苏东剧变以后,马克思主义者的一项重要任务就是为社会主义和共产主义提供哲学论证,解释历史发展中的矛盾现象,从而为马克思主义的发展提供持续动力。塞耶斯是从马克思辩证方法的角度来开展此项论证工作的。他认为,马克思辩证方法的最主要观点就是要在现存社会秩序内部看到矛盾和否定的方面,同时还向前看到它们可能转化的趋势,而社会主义和共产主义正是这种趋势的一个结果。

弗里德里克·詹姆逊(Fredric Jameson)是美国杜克大学文学系教授。他认为,马克思主义与辩证方法是密不可分的,正如马克思主义与社会主义是密不可分的一样。④如果我们依然希望和期待某种社会主义和共产主义,

---

① 付文忠:《英美马克思主义辩证法研究的新趋势》,《中国人民大学学报》2010年第1期。
② David Harvey, *Justice, Nature and the Geography of Difference*, Oxford: Blackwell, 1996, pp.6—7.
③ Sean Sayers, *Marxism and the Dialectical Method*, Radical Philosophy 36 (Spring, 1984), pp.4—13.
④ [美]詹姆逊:《什么是辩证法》,《西北师范大学学报(社会科学版)》2005年第5期。

我们就必须要重新回到马克思的辩证方法这个主题上来。在现实生活中，人们对马克思辩证方法的攻击事实上构成对社会主义和共产主义的攻击，因此必须通过重新解读马克思的辩证方法来对这些攻击作出回应和反击。詹姆逊的个人学术成就大多是在马克思主义辩证方法的指导下取得和巩固的。詹姆逊指出，只有经过马克思的辩证方法，才能避免意识形态的简单化。①

上述3位马克思主义学者关于马克思辩证方法的理解和阐释确为奥尔曼对马克思辩证方法的解读提供了可观的思想资源。如果从哲学发展史的角度来对其进行考察，我们还可以看到奥尔曼从辩证方法的角度理解马克思和马克思主义的思想史根据。按照罗歇·歌德曼(Lucien Goldmann)的说法，20世纪的西方哲学有两个不同的派别：其中一派是现象学和存在主义，以胡塞尔和海德格尔为代表；另外一派是辩证的马克思主义(Dialectical Marxism)，以匈牙利哲学家卢卡奇为代表。②奥尔曼所建立和主导的美国马克思主义辩证法学派，也就是辩证马克思主义(Dialectical Marxism)，大体属于后者。由此可见，奥尔曼从辩证法的角度理解马克思和马克思主义并由此对马克思的辩证方法进行哲学解读是有哲学史根源的。这又从思想史的角度说明了奥尔曼对马克思辩证方法的解读有着较为扎实的理论资源。

此外，国外其他学者的研究也为奥尔曼解读马克思的辩证方法提供了重要的思想支持。弗吉尼亚理工大学马克·沃德尔(Mark L. Wardell)教授在《马克思和他的方法：一个评论》(*Marx and His Method: A Commentary*)中道出了原委："马克思到底在说什么"(what Marx "really said")已经成为学术界讨论的焦点。在谈到马克思的方法时，沃德尔教授提出如下三个问题：

1. 马克思的方法涉及哪些内容(What this method involves)？

---

① 俞吾金、陈学明：《国外马克思主义哲学流派新编·西方马克思主义卷(下册)》，复旦大学出版社2002年版，第738页。
② 俞吾金、陈学明：《国外马克思主义哲学流派新编·西方马克思主义卷(上册)》，复旦大学出版社2002年版，第83页。

2. 马克思是如何使用他的方法的(How it was used by Marx)？

3. 我们如何使用马克思的方法(How it can be used by us)？

沃德尔教授指出,马克思著作的重要性在于,它提供了一种方法,我们可以通过解读这种方法来探究马克思到底在说什么和意味着什么。①按照沃德尔教授的看法,回到马克思几乎是不可能的。因此,关于马克思,在他的内容、体系和方法三者中,只有第三者即马克思的方法才是本质重要的。沃德尔教授最后认为,马克思是通过他的方法探寻并发现资本主义社会的运动规律的。

按照菲利普·凯恩(Philip J. Kain,加州大学教授)的说法②,马克思的方法发端于《1844年经济学哲学手稿》和《德意志意识形态》,在《1857—1858年经济学手稿》(*The Grundrisse*)中终于制定出来,并立即在《资本论》中得到运用,这种方法就叫作辩证的方法(the dialectical method)。奥尔曼在对马克思的辩证方法进行解读的过程中,重视的正是上述这些经典文本,而且特别致力于阐释和剖析马克思本人在世时尚未出版或者并不准备出版的理论文献。总之,奥尔曼对马克思辩证方法的解读是建立在当代学者的思想基础之上的。

二、奥尔曼对时代之问的解答

20世纪末21世纪初以来,辩证方法日益成为马克思主义研究的首选角度和主要的理论内容,这也是奥尔曼领衔的"辩证的马克思主义"学派能够立足北美并对世界产生影响的思想背景。奥尔曼对马克思辩证方法的重视和解读还来自对一定的时代之问的思考和解答,由此提出了相应的时代课

---

① Mark L. Wardell, "Marx and His Method: a Commentary", *Sociological Quarterly*, 20: 3 (1979: Summer), p.427.

② Philip J. Kain, "Marx's Dialectic Method", *History and Theory*, Vol.19, No.3(Oct., 1980), pp.294—312.

题,为马克思主义领域的理论工作者指明了学术方向。奥尔曼是于20世纪70年代开始涉足欧美理论界和马克思主义学界的,但其关于马克思辩证方法的解读真正产生和建立起某种重要的影响是在资本主义全球化加速推进和苏东剧变的历史后果逐渐显现的时期。在这些现实因素面前,世界上有许多人为之震惊,也为之迷惑,乃至对社会主义和共产主义丧失信心,失去信念。马克思关于"两个必然"①和"两个决不会"②的历史结论再度成为人们理论争论的焦点。在实践层面,以中国为代表的社会主义国家和其他部分国家纷纷意识到改革和开放对于社会主义和马克思主义的意义;在理论层面,以奥尔曼为代表的马克思主义者开始将目光聚焦马克思主义的基础理论——辩证的方法,重新思考和全面把握社会主义和共产主义的前途和命运。总之,在这个理论和实践双重变奏的时代,正确认识当代资本主义从而积极把握社会主义和共产主义需要我们重新关注并解读马克思的辩证方法。

奥尔曼正是在这样的时代背景下展开他对马克思辩证方法的解读的。奥尔曼出身于工人阶级家庭,他对资本主义的当代处境是有比较切身的体会的。自从20世纪80年代末90年代初苏东剧变以来,资本主义取得了相对于社会主义的暂时胜利,除了中国等极少数几个社会主义国家在历史洪流中站稳脚跟外,资本主义在全球范围内获得了话语权和支配权。从奥尔曼对马克思辩证方法解读所要回应的时代课题来看,世界社会主义运动暂时处于低潮,全球资本主义却获得了新的发展和变化。在这种历史情势下,人们开始对马克思的"两个必然"的结论感到忧虑乃至怀疑,而对马克思的"两个决不会"则津津乐道,好像这两样东西可以截然分开一样。陈学明教

---

① 即马克思所作的资本主义必然灭亡、社会主义必然胜利的历史结论。
② 1859年,马克思在《政治经济学批判序言》中指出:"无论哪一个社会形态,在它所容纳的全部生产力发挥出来以前,是决不会灭亡的;而新的更高的生产关系,在它的物质存在条件在旧社会的胎胞里成熟以前,是决不会出现的。"

授指出了这种理论态度的实质,他说:"当今有些人之所以如此执迷于'两个决不会',就是为了说明资本主义制度的永恒性和共产主义的不可能性。"①奥尔曼形象地把这种对未来社会主义和共产主义的失望和恐惧描述为"未来的羞怯"(future shyness)。②对于奥尔曼来说,通过对马克思辩证方法的重新研究解除这种羞怯是当务之急。

在《马克思主义、市场经济与当代世界——伯特尔·奥尔曼教授访谈录》中,奥尔曼说:"我不仅想要表明马克思运用了什么辩证方法和他是怎样运用它的,而且还想帮助我们将它运用于,并且是更经常、更有效地运用于我们今天的资本主义。"③奥尔曼对马克思辩证方法重要性的认知和体会是与他对时局的关注和理解密不可分的。他认为,马克思主义理论界对辩证方法的重视是最近20年来政治剧变的历史后果。在这样的时代条件下,辩证的方法不仅作为一种世界观,而且作为一种方法论,无论对于观察,还是对于研究和叙述,都应是备受重视和令人瞩目的。20世纪80年代的《左派学院:美国大学的马克思主义研究》尽管以令人印象深刻的方式表述了马克思主义在美国大学校园的传播进展,但是人们对辩证方法的理解还是极为有限的。奥尔曼指出,"只有运用辩证法,人们才能对社会中复杂的相互作用有充分的了解,因为它们是发展变化了的,并且现在仍在发展变化,而且可以相信将来还要发展变化。因此,只有运用辩证法,才能始终避免对造成这样一大部分资产阶级意识形态的现实做单方面的、静止的讽刺。"④奥尔曼认为,当今马克思主义者的理论分析的局限大多可以归结为他们对辩证法的忽视或者滥用。由此,奥尔曼为我们提出的时代课题就是:彻底弄清辩证法问题,以大多数人都能理解的方式说明它。对于奥尔曼来说,这个重要的

---

① 陈学明:《唯物史观与共产主义信念》,《浙江学刊》2006年第3期。
② [美]伯特尔·奥尔曼:《辩证法的舞蹈:马克思方法的步骤》,田世锭、何霜梅译,高等教育出版社2006年版,第204页。
③④ 段忠桥等编译:《马克思主义、市场经济与当代世界——伯特尔·奥尔曼教授访谈录》,《当代世界与社会主义》2004年第3期。

任务最终是在《辩证法的舞蹈》一书中获得系统性解决的。

奥尔曼立足特定的现实背景把马克思的辩证方法加以课题化,获得了国内外学界的广泛认可。段忠桥教授说:"伯特尔·奥尔曼是当代英美辩证法的马克思主义的最有影响的代表人物。"①在段忠桥教授看来,20世纪80年代末期以来,英美马克思主义者开辟出两个研究方向:转向政治哲学与坚持辩证法。②奥尔曼属于后者,他强调社会主义的实现具有历史必然性,它是资本主义制度自我否定的结果,它现今就已存在于资本主义社会中并且仍然处在继续发展的状态。但是,令奥尔曼感到不满的是,当今世界有很多人看不到这一点,这又主要是因为他们不了解和尚未掌握马克思的辩证方法。因此,奥尔曼关于马克思辩证方法的解读主要是为了纠正人们在认识和解释世界上的错误倾向,使他们能够在理论上具有未来的眼光。

奥尔曼教授1994年在中国社会科学院专门介绍了西方发达资本主义国家的马克思主义研究所处的现实背景。③这在一定程度上有助于我们中国人从旁了解奥尔曼工作的实际环境。这些国家的普通民众对马克思主义研究感到厌倦,他们的马克思主义信念开始降温。在对马克思主义的态度上,他们都拒斥甚至还反对辩证的方法,因而与真正的马克思主义相距甚远。在奥尔曼看来,真正的马克思主义不是对马克思主义的同情,而是意味着坚持马克思的辩证方法。奥尔曼认为,一个人是不是马克思主义者,并不是看他或她是承认还是否认自己是马克思主义者,而是要看他或她是否有马克思对资本主义及其历史发展的理解,或者是否采用马克思的辩证方法分析问题。④于是,奥尔曼指出,马克思的辩证方法对于我们今天分析和解读资本主义具有本质重要性。奥尔曼认为,马克思主义本质上是马克思对资本主义

---

① ② 段忠桥:《转向政治哲学与坚持辩证法——当代英美马克思主义研究的两个方向》,《哲学动态》2006年第11期。
③ 徐小苗等:《伯特·奥尔曼谈西方十大马克思主义流派》,《马克思主义研究》1995年第1期。
④ Bertell Ollman, *The Left Academy: Marxist Scholarship on American Campuses*, co-ed., vol.I, McGraw Hill, 1982, p.7.

社会如何运行(为谁服务,使谁受损),它如何起源于封建主义,以及它可能趋向哪里的一种解释。[①]因此,为了阐明奥尔曼对马克思辩证方法解读所处的现实背景和由此提出的时代课题,我们可以尝试从以下三个方面来认识和把握:第一,资本主义现在比以前要复杂得多,其变化和相互作用也比以前要迅速得多,它已经变成到处充满着辩证法的巨大引力场;第二,苏东剧变削弱了人们对于社会主义和共产主义的信念,进而促使他们误把社会主义和共产主义当成乌托邦;第三,资产阶级意识形态的统治比以往更加切实可行和有效,文化工业或对意识的操纵大行其道。总之,奥尔曼关于马克思辩证方法的解读是基于他对当今时代课题的深刻把握的。

[①] Bertell Ollman, *The Left Academy: Marxist Scholarship on American Campuses*, co-ed., vol.II, Praeger Pub., 1984, p.xi.

第二章
奥尔曼关于马克思辩证方法解读的逻辑

奥尔曼认为,马克思主义理论是马克思通过他自己的辩证方法建构出来的;与之相对应,马克思主义研究也离不开对马克思辩证方法的理解和解读。奥尔曼对马克思辩证方法的重新解读一方面为当今学界深入阐发马克思主义理论提供了一个好的范例,另一方面也为我们在各个学科领域的具体研究活动中自觉运用马克思的辩证方法提供了新的参考。然而,由于国内外学界对马克思的辩证方法还存在种种误解和歪曲,所以,我们有必要对奥尔曼关于马克思辩证方法的解读进行全面系统的考察,从而科学判定该解读是否合乎马克思主义经典作家的基本原理。为此,在阅读奥尔曼全部原著和原文的基础上,通过梳理和厘清奥尔曼对马克思辩证方法解读的逻辑,从而为最终的学术评价奠定必要的学理基础,就是至关重要且是居首要地位的一个理论步骤。对于奥尔曼来说,马克思辩证方法的重要性在于:一是重建构成资本主义社会的复杂关系——这种关系一度被学术界肢解和歪曲;二是构建统一的知识体系和促成自觉的政治实践。概言之,马克思的辩证方法能够把我们当前的行动和我们所持的立场以及我们拥有的知识联结起来。事实上,奥尔曼的解读逻辑是十分清晰的,他对马克思辩证方法的解读在内容上也是十分丰富的。也就是说,奥尔曼关于马克思辩证方法的解读不仅包含着独特的理论逻辑,而且还按照一定的阐释路径和思想线索组织起自己在研究上的具体成果。其中,内在关系哲学是马克思辩证方法的思想基础,而抽象过程是马克思辩证方法的实现形式,这两个方面构成马克思辩证方法的支柱,在奥尔曼的阐释框架中占有核心地位。

第一节 作为马克思思想的考古学家

在马克思主义阐释史上,奥尔曼主要的理论贡献在于他对马克思辩证方法的杰出研究。奥尔曼通过重构马克思的辩证方法,在研读他的大量原著(涵盖早期和中晚期)的基础上,揭示出马克思的思想——无论在中晚期思想和早期思想之间有着怎样的不同——具有内在的一致性。马克思思想的这种一致性并不意味着他的整个智力发展是一条直线,毋宁说,正是由于马克思本人对语言和方法的杰出运用才导致前后两个时期的显著差异。基于奥尔曼在这个方面的学术贡献,我们可以认为他在马克思思想研究领域是一位杰出的考古学家,而这一点就连他自己也是承认的。

20世纪70年代初,奥尔曼在其博士论文《异化:马克思关于资本主义社会中人的概念》一书的绪论中认为,马克思一直都是思想领域的建筑师,而自己则是他的思想的考古学家。[1]在奥尔曼看来,马克思主义理论在本质上是统一的,尽管马克思本人作为伟大的思想家也会有不一致的时候,但他的思想体系在逻辑上是严密的、完整的和一贯的。对于奥尔曼来说,由于《异化》是奥尔曼的博士论文,也是他整个理论生涯的起点,我们可以把这个命题理解为他对自己的人生定位。在奥尔曼的总结性理论著作——《辩证法的舞蹈》——中,他又特别指出,《异化》这本书包含了未来一切发展的萌芽,他想解决的是马克思主义何以可能的问题。[2]这就进一步说明奥尔曼的理论

---

[1] Bertell Ollman, *Alienation: Marx's Conception of Man in Capitalist Society*. New York: Cambridge University Press, 2nd ed., 1976, p.xviii.
[2] Bertell Ollman, *Dance of the Dialectic: Steps in Marx's Method*. Univ. of Illinois Press, 2003, pp.6—7, 2.

旨趣在于深入发掘和梳理马克思的思想。在这个意义上，我国学者把奥尔曼的第一本专著即《异化：马克思论资本主义社会中人的概念》列入国外马克思学译丛加以出版，绝不是没有道理的。①从现有的资料看，国内外学者对奥尔曼的认识大多停留在他是一位重点研究马克思辩证方法的哲学家，并没有认识到奥尔曼最初的自我评价、学术定位及其重要性。比如，美国经济学家保罗·斯威齐（Paul Sweezy）就将奥尔曼视为美国马克思辩证法研究领域的学术权威，我国著名学者段忠桥教授也曾多次强调奥尔曼对于马克思主义辩证法研究所作的贡献。大体说来，这些都是不错的。然而，特别是国内的奥尔曼著作翻译者，在一些关键的问题上似乎搞错了。②实际上，只有当我们弄清楚奥尔曼在马克思思想中的考古发掘工作，才能够真正理解他为何以及如何创立马克思辩证方法的新的理解形态的。换言之，奥尔曼自称是马克思思想的考古学家，而我们则要首先成为一位奥尔曼学术思想的考古学家。

20世纪60年代末70年代初，奥尔曼开始创作博士论文，最终以《异化：马克思关于资本主义社会中的人的概念》为题出版。这部书是奥尔曼最好的专著，也是最受国内外学界欢迎和接受的一本学术书。从这时开始，奥尔曼开始接触辩证方法问题，并为之展开了大量而广泛的研究工作，也取得了较为丰硕的理论成果。

我们知道，马克思并不是一位像黑格尔那样的体系哲学家，但他确实在探究资本主义的过程中形成了自己独特的思想体系。按照马克思的观点，最蹩脚的建筑师和最好的蜜蜂比起来也是好的。从马克思的著述来看，他知道自己在做什么，以及怎样去做——尽管有不少重复，这一点在奥尔曼看

---

① 马克思学是关于马克思生平事业、著作版本和思想理论的研究，由法国著名学者M.吕贝尔在20世纪50年代首创，主要包括"考据学派""分析学派"和"挑战学派"，奥尔曼作为马克思主义研究领域的文献学家，属于考据学派，他对马克思主义原著是异常熟悉的。
② [美]奥尔曼：《异化：马克思论资本主义社会中人的概念》，王贵贤译，北京师范大学出版社2011年版，绪论部分。

来是不可避免的,正如康德在《纯粹理性批判》中的表现一样——而且做到了保持前后一贯以及内部的统一。奥尔曼说:"马克思主义在本质上是一个统一体。"①也就是说,马克思一直是一个很好的马克思主义者。然而,奥尔曼为什么说自己是一个马克思思想研究领域的考古学家呢?

首先,奥尔曼并没有夸大自己在这个研究领域的理论贡献。事实上,奥尔曼在美国纽约大学教授马克思主义理论课程时是比较有煽动性的,以至于时常引起美国政府的警惕。奥尔曼明确指出,马克思最大的难题是,他应该如何把他对于事物的理解传达给别人,这是一个马克思想要解决但没有真正解决好的问题。正是由于这个原因,奥尔曼首先关注了马克思对语言(术语)的独特使用。奥尔曼清晰地阐述了马克思的概念为什么显得模棱两可,或者甚至有点模糊,并通过这些阐明自己对马克思思想的理解。在奥尔曼看来,马克思经常使用同一个术语表达不同的概念,而这些概念都是根据特定的历史发展阶段或者某种具体的语境来确定其内涵和外延的。结果,人们很容易误认为马克思的术语含义是模糊的,思想前后也很不一致。与此同时,马克思又经常使用不同的术语表达同一个概念。恩格斯曾经谈到我们在理解马克思的术语时有这样一个无法解除的困难,他说:"某些术语的应用,不仅同它们在日常生活中的含义不同,而且和它们在普通政治经济学中的含义也不同。"②因此,我们不能仅仅凭借作者所使用的术语和按照常识的标准来判定其思想的性质。奥尔曼主张我们应该或有必要把马克思的语言转化为自己的语言,只有这样,我们才能正确地解读马克思的思想。奥尔曼说:"凡是伟大的思想家都不会出现前后不一致,也不至于使自己的理论缺乏解释的能力。"③因此,问题就归结为我们应当如何解读马克思的语

---

① Bertell Ollman, Alienation: *Marx's Conception of Man in Capitalist Society*. Cambridge University Press, 2nd ed., 1976, p.xiv.
② 马克思、恩格斯:《马克思恩格斯文集》第 5 卷,人民出版社 2009 年版,第 32 页。
③ Bertell Ollman, Alienation: *Marx's Conception of Man in Capitalist Society*. Cambridge University Press, 2nd ed., 1976, p.9.

言。在这方面，奥尔曼被认为是一部活字典。

但是，奥尔曼为什么要以这样的方式去研究马克思的语言，以及他的这种研究路向又意味着什么呢？答案就在于他对内在关系哲学的发现和利用。在奥尔曼看来，内在关系哲学构成马克思主义理论的思想基础。自从20世纪70年代以来，奥尔曼一直致力于对马克思的辩证方法进行研究，并由此取得了十分丰硕的理论成果。奥尔曼把内在关系哲学作为核心范畴对马克思的辩证方法提出了新的阐释方案。从国内外学者的研究文献来看，他们大多对奥尔曼关于马克思辩证方法的解读进行了高度评价，但并没有充分认识到内在关系哲学对这一阐释方案的极端重要性，结果使我们既不能正确认识和评价奥尔曼的新思想，也不能通过马克思的辩证方法找到重新发现社会现实的具体途径。所以，我们有必要对奥尔曼关于内在关系哲学的观点和结论进行全面和系统考察，以求在它和马克思的辩证方法之间建立起本质而且重要的学术联系。

奥尔曼对马克思辩证方法的持续关注主要有两个方面的原因。首先，马克思是通过他的辩证方法才做出重大发现并建构出一种兼具科学性和革命性的思想体系的；其次，随着资本主义的不断发展和日趋复杂，今天我们这个时代比以往任何时候都需要马克思的辩证方法，因为它可以帮助人们更加充分地认识和评价资本主义。奥尔曼认为，如果没有辩证方法的帮助，马克思不可能真正理解资本主义；如果我们对马克思的辩证方法缺少牢固的把握，也就不能进一步发展他对资本主义的理解和认识。对于奥尔曼来说，马克思的辩证方法不仅是我们理解和阐释马克思主义理论的一把钥匙，也是我们在实际运用这一理论时需要重点加以掌握的对象。所以，奥尔曼最终把马克思的辩证方法作为学术研究的主题。

奥尔曼在美国学术界被认为是研究马克思辩证方法的权威人物，主要是因为他在以下三个领域作出了实质贡献：(1)马克思的辩证方法究竟是什么，或者说包括哪些功能；(2)马克思又是如何运用他的辩证方法的；(3)我们应该怎样把马克思的辩证方法更有效地运用于今天的资本主义。从内容上说，这些贡献都是十分重要的，而且是相互联系和依次递进的。奥尔曼在不同发展阶段推出的标志性著作就集中体现了他在上述三个研究领域所取得的成果。在博士论文《异化》一书中，奥尔曼认为马克思的辩证方法首先是一种世界观，从而具有一定的本体论意义，其次还是一种研究方法和叙述方法。也就是说，马克思的辩证方法具有理解、研究和叙述等三重功能。在《辩证法探究》(1993年)这部书中，奥尔曼首次对抽象过程在马克思辩证方法中的地位和作用进行了详尽阐述，从而解答了马克思如何运用自己的辩证方法这个难题。在总结性著作《辩证法的舞蹈》中，奥尔曼又阐述了两种较为具体的方法论路径，从而使我们有可能把马克思的辩证方法更有效地运用于今天的资本主义。不难看出，奥尔曼的解读事实上触碰到了马克思的辩证方法是什么和做什么的问题，其中，后者又包括马克思是怎么做的和我们又该怎样做两个问题。尽管如此，奥尔曼却没有提出和一并回答马克思的辩证方法为什么的问题，这就为国内外学者的各种不同的观点和结论提供了更为丰富的可能性。与此同理，只有先行确定好马克思辩证方法的理论目标和实践旨趣，我们才能正确理解和评价奥尔曼关于马克思辩证方法的解读。

奥尔曼认为，马克思的辩证方法首先是一种世界观，从而具有一定的本体论意义。为了打破现有学科之间的分化和壁垒以及建立知识共同体，越来越多的研究者们开始转向马克思的辩证方法。之所以如此，主要是因为马克思的辩证方法是一种全新的世界观。奥尔曼指出，马克思的辩证方法不仅告诉我们世界是什么，而且还要求我们知道自己是谁，并且在我们和外部世界之间建立有机的联系。按照马克思的辩证方法，世界并不是事物的集合体，而是关系和过程的集合体。这里的"关系"不是指事物之间的那种"关系"，而是指作为"关系"存在的事物(things as Relations)。作为观察的主体，我们并不是独立于世界之外，而是所处世界本身的有机组成部分。奥尔曼把这种相互关系叫作本体论关系。其次，马克思的辩证方法同时也是一种研究方法和叙述方法。恩格斯在《反杜林论》中把世界理解为一幅由种种联系和相互作用无穷无尽地交织起来的画面,其中没有任何东西是不动的和不变的。面对这样的世界图景,我们又该研究什么,以及从哪里开始呢?在奥尔曼看来,马克思的辩证方法主要致力于揭示事物之间或事物内部的各种关系,以及阐明有关事物的发展过程。具体来说,马克思先行把研究对象理解为一个整体,进而研究整体内部的各个部分以及该整体所从属的更大背景,最后追溯这个整体的历史前提和发展趋势。这种研究方法后来被概括为"先系统后历史"的方法。因此,马克思的辩证方法在研究上的使命主要是从世界整体中找出可能的部分,并把这些部分之间内在勾连的多样化方式在思维中再现出来。然而,在叙述方面,马克思对辩证方法的运用是截然不同的,因其要把在资本主义语境中发现的各种关系传递给他的读者。为此,马克思需要组织好研究材料,并选择合适的术语。这就要求我们一方面贯彻真正历史的原则,即把最为重要的方面作为整个叙述的逻辑起点,并找出具有本质重要性的所有实体性要素,另一方面则要把一定历史时期各要素之间的内在联系合乎逻辑地表述出来。在术语的选择上,马克思经常会使用同一个术语表达不同的实体性要素,或者采用不同的术语来表达同一个实体性要素,这些都体现出马克思辩证方法的独特内涵。

事实上,马克思并没有写出关于辩证方法的专著,但他留下的主要作品却是如何运用辩证方法的典范。奥尔曼指出,马克思的后继者们是通过他对辩证方法的具体运用及有关表述才得以发现和构建这个辩证方法的。加州大学 Philip J. Kain 教授认为,马克思的辩证方法与《1844 年经济学哲学手稿》《德意志意识形态》《1857—1858 年经济学手稿》(The Grundrisse)和《资本论》(主要是第 1 卷)等著作有关,而奥尔曼特别重视上述文本,并根据这些文本对马克思如何通过抽象过程来运用他的辩证方法作了精彩的阐述。奥尔曼说:"马克思的抽象是从感性具体开始的,再通过思维的抽象把世界分解为一系列用以思考的精神要素,然后才达到理性的具体,即在思维中把经过重构和已被理解的整体再现出来。"①在奥尔曼看来,马克思之所以能够从感性具体进到理性具体,是因为他在这两者之间植入了一个抽象过程,即有意识或无意识地划定界限的精神活动。

奥尔曼对内在关系哲学的发现和利用具有原创性质。哲学家所看到的世界就充满着海量的事物或物体。这个观点最完美地体现在 Butler 主教的一句话里:"每一件事物都是他自己所是,而不能是别的事物。"②休谟对事物之间因果必然性的否认背后也包含着这种意思。休谟说,所有的观念都是彼此独立的。只要我们对一件事物持有一种很确定的观念,那么这个事物就势必可以设想为和其他事物分离开的。这样的话,事物之间就不可能有那种必然的联系了。奥尔曼如此描述马克思的观点:"按照常识的观点,一个社会要素往往被认为和其他与之有关联的要素之间在逻辑上是彼此独立的。它们之间的联系是偶然的,而不是必然的。按照这个论点,一个人可以在逻辑上把任何社会要素设想为脱离其他要素而存在的。但是马克思认为,这种关系却是内在于各个要素之中的,它们之间是一种本体论的关系。因此,当其中一种关系发生改变时,事物本身也会发生变化。"③

关于马克思的整个智力发展,目前主要有两个基本观点:一是奥尔曼和麦克莱伦所代表的,他们认为马克思自从 1844 年获得基本的认识和观点后没有发生什么大的变化,麦克莱伦对奥尔曼的《异化》一书给予了高度评价;另一种是阿尔都塞和胡克所代表的,他们主张马克思 1846 年前后抛弃了《1844 年经济学哲学手稿》时期的观点,再也没有回到这个起点了。他们各自为自己的主张进行了有力的辩护,并且是不厌其烦地从马克思主义原著

---

① Bertell Ollman, *Dance of the Dialectic: Steps in Marx's Method*, Univ. of Illinois Press, 2003, p.60.
② 转引自 Bertell Ollman, *Dance of the Dialectic: Steps in Marx's Method*, Univ. of Illinois Press, 2003, p.69。
③ Bertell Ollman, *Dance of the Dialectic: Steps in Marx's Method*, Univ. of Illinois Press, 2003, pp.25—26.

中寻求支持。笔者认为,大家可以把马克思理解为一个多变的人物,但我们要善于从这些变化中找出一些不变的东西。关于这一点,国内一些主要的研究者在研究马克思思想的发展史时有着十分重要的启发式成果,使笔者找到了理解奥尔曼的哲学思想和通过奥尔曼理解马克思学术思想的钥匙。马克思的思想最本质的是对于社会现实的发现,而之所以如此,是因为在思想史上,马克思分享了内在关系哲学的传统。马克思虽然只活了66岁,但他完全有可能不止一次改变致思的路向。按照吴晓明教授的观点,我们暂且以《1844年经济学哲学手稿》为出发点,那么,马克思恩格斯合著的《德意志意识形态》和马克思并不用于发表的《1857—1858年经济学手稿》可能构成最为重要的思想转折点。笔者发现,国内马克思主义学界对《德意志意识形态》在马克思思想上重要性的强调是有充分道理的,而奥尔曼教授之所以会如此重视马克思那些仅用于自我澄清的文本也是基于上述这些理由。

因此,奥尔曼关于马克思思想的研究提出了一个非常重要的思想史问题:思想不是可以人为地割裂开来的,那是因为它立足其上的那个现实基础(社会存在)是一个有机的整体,马克思主义在这个意义上也可以说真的是一整块钢。在学术界,一部分人只是从一件事情的两个端点去看,认为马克思的思想没有经历实质性的重大变化;而另一部分人只是对马克思的思想演进过程进行了过多的考察,无意中忽略了前提和结果之间的内在统一,因而否认在马克思思想的起点和终点之间有接近的可能性,两者都是不可取的。如果我们不清楚马克思的思想及其发展过程,我们就不能知道马克思是谁。从这个意义上说,奥尔曼是一位地道的马克思思想的考古学家。

第二节 奥尔曼的阐释路径及其目标

奥尔曼对马克思辩证方法的解读是有自己的"套路"的,我们通常将其称为阐释路径。为了增强奥尔曼研究的学理性和规范性,我们有必要对奥尔曼本人在解读马克思的辩证方法时所贯彻的思想路径进行一番说明和论证,这不仅有利于学界理顺和统一掌握奥尔曼关于马克思辩证方法的思考和见解,而且也可以帮助我们对奥尔曼的学术思想进行准确的定位和给予恰当的评价。同样,澄明奥尔曼关于马克思辩证方法的阐释路径,对于我们系统清理国内学界在奥尔曼研究领域的零散状况以及化解或减少在该领域的无谓的概念之争,是有重要意义的。以此为基础,我们就可以通过奥尔曼公开发表的文本来阐明这一阐释路径的历史发展线索。其中,奥尔曼在思想理论上的连贯性和统一性,以及他在解读马克思的辩证方法时所具有的独特性和创造性,都将获得有序的展开和落地。

一、奥尔曼的阐释路径及其线索

在《辩证法的舞蹈》这本书中,奥尔曼集中表达和阐发了自己的阐释路径,我们可以将其概括为以下六个方面的内容:(1)明确界定马克思的主要关注点和研究对象,认为既不是资本主义,也不是共产主义,更不是人类社会,而是资本主义与社会主义和共产主义之间的内在关系;如果我们把资本主义作为马克思的学术关注点,那么,这里的资本主义就不是纯粹的资本主义或作为纯粹事物存在的资本主义,而是以内在关系为主体内容的资本主义,其中的内在关系不仅要从横向层面理解,即把资本主义社会内部诸关系和资本主义与其外部环境的关系均作为其本身是什么的一部分来对待,而且要从纵向层面理解,即把资本主义发展诸环节之间的相互关系作为资本主义现实的有机组成部分;(2)把马克思纳入内在关系哲学传统,使其与古希腊哲学家巴门尼德、近代著名哲学家斯宾诺莎和莱布尼茨,以及德国古典哲学的集大成者黑格尔成为一家,并表明马克思对黑格尔的批判并不包括内在关系哲学,而是继承了这一哲学传统;这就突破了把马克思与黑格尔在理论上的本质关联仅仅归结为社会现实的发现这一认识模式,进而主张两者同样分享了内在关系哲学的思想基础;(3)断定马克思的辩证方法是理解和阐释马克思主义理论的核心范畴和关键环节,而抽象过程又是我们阐明和解读马克思辩证方法的中心概念和主要角色。奥尔曼指出:"如果离开辩证法,马克思不可能理解资本主义;与此同理,如果没有对这一方法的牢固掌握,我们也不可能延续和发展对马克思关于资本主义的系统理解。"①(4)认为马克思的辩证方法是靠两条腿走路,一是内在关系哲学,二是抽象过程,后者是前者的实现形式和合乎逻辑的发展结果,而前者是后者得以可能的本质根据和思想前提,两者共同构成马克思辩证方法的主要支柱;(5)在马克思思想内部,主张马克思的早期思想与其中晚期思想之间具有内在的一致性。当然,这并不是说,奥尔曼会认为马克思的思想没有发展的过程,而是指出在马克思思想的各个发展阶段,都具有某种意义上的同一性,且彼此之间也是有统一性的;(6)在马克思恩格斯学术关系问题上,奥尔曼倾向于赞成他们在辩证方法问题上的见解是高度一致的观点;恩格斯是马克思主义理论的共同创始人,他和马克思有着非凡的友谊和独特的智力合作关系,这使得长期以来人们都是把恩格斯当作马克思主义思想同等的发言人来对待。但是,最近几十年来,有越来越多的学者认为马克思和恩格斯在马克思主义理论内部,尤其是在辩证方法的研究领域,存在非常重要的区别,甚至是原则上的差别。奥尔曼否定了这一观点,但同时指出,我们应把主要的注意力放在马克思身上,其中的缘由在于与恩格斯不同,马克思为我们解读辩证方法提供了最重要的文字材料,而在有必要和确有帮助时,我们应当毫不犹豫地使用恩格斯的有关文献。

　　奥尔曼研究马克思的辩证方法花费了40年时间,大致可以划分为四个发展阶段:(1)20世纪70年代是起步期,奥尔曼写出了《异化:马克思关于资本主义社会中人的概念》和《社会革命和性别革命:关于马克思和赖希的论

---

① Bertell Ollman, *Dance of the Dialectic: Steps in Marx's Method*, Univ. of Illinois Press, 2003, p.19.

文》,这是提出问题的阶段,其间,奥尔曼发现了马克思辩证方法的问题,并首次碰到对这一方法哲学基础进行重构的问题;(2)20 世纪 80 年代是初探期,奥尔曼完成了《左派学院:美国高校的马克思主义研究》(三卷集),每两年出版一本,6 年内出齐,这是尝试解决问题的阶段,奥尔曼认识到一个坚定的马克思主义者至少要满足以下两个要求,一是对马克思辩证方法的守护,二是自觉参与阶级斗争的实践;(3)20 世纪 90 年代是突破期,奥尔曼不仅为马克思主义理论撰写了一部简明扼要且非同寻常的导论著作,而且还完成了关于马克思抽象之谜的研究,为我们呈现了马克思到底是如何抽象的以及这种抽象具有何种特质,写出了《辩证法探究》等重要著作,提出了抽象过程是和内在关系哲学一样重要的观点,认为两者共同构成奥尔曼关于马克思辩证方法解读的关键环节;(4)21 世纪最初 10 年,奥尔曼基本完成了对马克思辩证方法的解读,写出了总结性著作《辩证法的舞蹈:马克思方法的步骤》,正式提出了他关于马克思辩证方法的阐释方案,并与其余有关理解形态进行了对话和交流,进而彰显了自己的优势和特色。值得补充的是,奥尔曼在 2015 年还发表了一篇题为《马克思主义和内在关系哲学》(《资本与阶级》第 39 卷第 1 期)的长篇论文,为其对马克思辩证方法的解读作出进一步的论证和说明。

奥尔曼对马克思辩证方法的关注始于其创作博士论文期间,后来该研究以题为《异化:马克思关于资本主义社会中的人的概念》的专著出版,获得了巨大的成功,成为 20 世纪 70 年代以来有关马克思异化理论研究的四大权威著作之一。尽管该著作主要是研究马克思的异化理论,但作为研究基础的却是关于马克思的辩证方法的,具体来说就是有关马克思主义的哲学基础的。奥尔曼明确指出:"马克思的著述在决定性的意义上绝不是单方面的,他在向我们呈现一个运动着的世界时也不会遇到什么困难,在这个世界中,不同时间维度之间的相互作用和相互贯通是主导性的规则,甚至大规模的转化也成了常态。"[1]

---

[1] Bertell Ollman, *Dance of the Dialectic: Steps in Marx's Method*, Univ. of Illinois Press, 2003, p.4.

尽管这一点确凿无疑，但还存在着不甚清晰的一面，即对于初涉语言哲学的年轻学生来说，马克思用以描述这一图景的概念似乎是模糊不清的。究其原因，似乎与马克思很少提供关于事物的合适定义有关，但这一点也不会影响到我们关于马克思到底说了什么的判断。对于奥尔曼来说，真正的困难在于，当他执着于一点时，总是不能确切地掌握其中的内涵，其中既没有准确度，也没有清晰度。而当奥尔曼按照马克思的方式来建构其对事物的定义时，他意外地发现马克思的概念和关键术语经常是随着语境的不同而改变其意义的，而且还发现这种差别在很多时候是非常巨大的。在奥尔曼之前，意大利社会学家维尔弗雷多·帕累托（Vilfredo Pareto）已经洞见到马克思在使用概念时赋予其内涵丰富弹性的特质，这说明马克思的术语或其对语言的使用本身是一门学问。所以，奥尔曼是通过发现马克思的语言之谜和其对语言的独特使用进到对马克思辩证方法的研究的，这是《异化》一书最主要的理论贡献，也是这本书引起注意和获得成功的重要原因。

问题的发现和提出是奥尔曼对马克思的辩证方法进行解读的第一步，但也是最具重要性的一步，因为提问的内容和方式在某种意义上决定了该问题的合法性和能否得到有效解决。在展开和分析问题的过程中，奥尔曼面临四种选择：（1）完全忽略这个问题，以至当其不存在或从来没有被发现过；（2）通过有关具体的概念将马克思在大多数场合或某个最重要的场合表达的意思当成其真实意思表达；（3）把马克思重要概念的多义性理解为马克思思想的缺陷，由此认为马克思是一位思想不甚连贯、前后逻辑矛盾和用语含糊不清，以至于在理智上不诚实的理论家；（4）努力探寻马克思概念使用背后的世界观因素以及语言和含义在该世界观中的地位和作用。奥尔曼对马克思的语言实践进行了艰苦的理论探索，但困难一直存在着，即每当要拧出其中一个含义时，就会让其余的含义处于一种未被说明和给予论证的状态，要么就是陷入一片理论混沌之中不能自拔。尽管如此，奥尔曼坚定地认为，马克思绝不是一个无可救药的糊涂蛋，也不会是一位粗心的思想家。

因此，余下的任务就是，对马克思的世界观进行细致的研究，以便从中了解他是如何运用和驾驭学术语言的。正是在这种理念的影响和支配下，奥尔曼在自己的马克思主义研究中首次发现了内在关系哲学。

按照奥尔曼的说法，内在关系哲学是马克思继承黑格尔，且在后者之前有更早理论渊源的思想形态。根据内在关系哲学，任何事物所处的关系或诸多关系的总和都是该事物本身是什么的一部分，因此，这一或那种关系的重大变化都将对其所属系统或整体造成决定性的影响。在这种思想的视域中，构成现实的基础性单位不再是事物，而变为关系了。至于现实概念的内涵，它将根据其涵盖的具体关系到底包含哪些因素或环节而有所变化。只有这样，我们才能理解和阐明马克思的语言之谜。在大量关于马克思辩证方法的阐释文献中，内在关系哲学受到的关注相对较少。当然，在一些主要的阐释者那里，譬如，卢卡奇、萨特和科西克等人，他们已经注意到，马克思对黑格尔的批判并不包含内在关系哲学，恰恰相反，前者继承了后者的内在关系哲学。不过，遗憾的是，这些思想理论家当中，没有一个想到要以内在关系哲学作为基础去重建我们对马克思辩证方法的理解，这就使得他们不可能真正理解马克思对语言非同寻常的运用。

对于奥尔曼来说，《异化》一书对于马克思辩证方法的重建主要是为了理解和澄清马克思的人性概念和异化理论。为此，奥尔曼史无前例地实现了对于内在关系哲学的发现和利用。然而，作为思想基础，内在关系哲学对于我们深入理解马克思是如何构建出马克思主义的人性概念和异化学说却显得很不够，也不太能帮助人们按照马克思的方式研究社会有机体的其余部分。在奥尔曼看来，内在关系哲学只不过是一种哲学，它能做的主要是为马克思的辩证方法奠定思想基础，并且使得通过这一方法研究所处的世界以及组织，并表达其中的理论发现。奥尔曼指出，如果要想更充分地把握马克思的辩证方法，我们必定要把注意力同等地向这一方法的其他因素转移，其中，最为主要的又是马克思的抽象过程。

基于内在关系哲学的本体论意义,马克思所建构起来的部分不能作有限的理解,也就是说,马克思所谓部分并不是有限的存在,而是可以进一步延伸和不断加以扩展的,这是其概念的伸缩性和弹性所在,但绝对不是世界所呈现给我们的那个样子。因此,通过精神的抽象过程,马克思在一个充满关系的世界中划定了各种各样的临时界限,从而区分出和由此获得用以展开自己研究的诸多部分,而这些部分主要是通过把变化和相互作用的重要元素包括进来得以实现出来的。结果,就有了相应的理论洞见和发现,正是这些理论发现构成了今日的马克思主义,其中的各个组成部分都带有这些最初抽象的痕迹。在此基础上,奥尔曼最终完成了他关于马克思辩证方法研究的第二本主要著作,即《辩证法探究》。其中,奥尔曼不再以内在关系哲学为主题,而是将马克思的抽象过程提升到自己关注的中心位置。在奥尔曼看来,不管他之前说过什么或者怎么说的,都不影响我们把内在关系哲学和抽象过程结合起来加以运用。这样做有三大好处:(1)充分说明了奥尔曼关于马克思辩证方法解读的独特之处;(2)奥尔曼对马克思辩证方法的阐释路径主要是为了推进学界对资本主义及其主要部分的研究;(3)奥尔曼关于马克思辩证方法的研究路向及其理论成果可以帮助我们掌握和更好利用马克思的思想成就。

最后,奥尔曼在《辩证法的舞蹈》这本书中基本完成了对马克思辩证方法的研究,并在随后主编的著作《新世纪的辩证法》中作了重要补充和说明。根据奥尔曼的说法,他关于马克思辩证方法的解读主要有以下几个方面的内容:(1)为内在关系哲学提供最详尽的论证和说明,主要见诸第二章、第三章和第四章;(2)阐明整个研究的主题,并提供一份介绍性的综述,具体可见第一章;(3)阐述马克思的抽象过程及其与内在关系哲学的有机联系,主要在第五章,这一章非常长,极有可能是本书最重要的部分;(4)解释马克思究竟是如何运用他的方法在与现在的内在关联中研究过去的,以此为基础,奥尔曼继续探讨马克思辩证方法的不同环节和阶段,以便说明这一方法又是如何帮助马克思达到对资本主义国家的认识和理解的,主要见诸第六章、第七章和第八章;(5)说明马克思是如何运用自己的辩证方法在与现在的本质关联中研究社会主义和共产主义的未来,以及梳理和总结在前述各个章节中已经提到的一些内容,从中我们可以发现马克思用以构建"双城记"即关于资本主义和社会主义或共产主义两座城市的故事的大多数框架,主要在第九章;(6)奥尔曼把自己关于马克思辩证方法的解读与批判实在论和系统辩证法关于这一方法的阐释加以比较,揭示了他们相互之间在思想理论上的联系和区别;(7)奥尔曼将马克思辩证方法中的一些理论元素运用于分析日本这样一个较为特殊的资本主义国家,充分证实了自己的阐释路径及其有效性,但作为一个个案研究,它还没有得到学界的广泛认可。

综上所述,在近40年的研究生涯中,奥尔曼对马克思的辩证方法进行了大量的研究工作,产生了为数甚多的著作和论文。其中,比较重要的包括《异化》《社会革命和性别革命》《辩证法探究》和《市场社会主义:社会主义者之间的争论》等著作,以及《什么是政治科学,它应当是什么?》等论文。认真考察这些著作和论文,有助于我们从中提炼出奥尔曼的解读风格和发现他的理论目标。

二、奥尔曼的解读风格及其目标

马克思的辩证方法与黑格尔的辩证方法在哲学上有着非常重要的本质关联。黑格尔对方法的哲学要求是它要与内容相一致。这个内容毋宁说就是他的方法的对象。在黑格尔哲学的语境中,方法以内容为对象并与之相一致直接意味着方法是内容显现自身的一种方式。问题在于,此种方法与之相一致的这个内容到底是什么?黑格尔说:"我的哲学的劳作一般地所曾趋赴和所欲趋赴的目的就是关于真理的科学知识。"[1]按照黑格尔的逻辑学,关于真理的科学知识毋宁说就是关于真理的绝对知识。黑格尔哲学的旨趣根本在于把握作为真理的绝对,黑格尔意欲达到的最终知识恰好就是绝对

---

[1] [德]黑格尔:《小逻辑》,贺麟译,商务印书馆1980年版,第5页。

知识。因此,黑格尔指出,"哲学的历史就是发现关于'绝对'的思想的历史。绝对就是哲学研究的对象。"①笔者着重指出的是,黑格尔是诉诸正确的哲学方法去规范思想,把握作为真理的绝对性。对于黑格尔来说,绝对是我们所要把握的内容和实质,即理念,它的特点主要是自在自为。黑格尔认为,理念就是真理,而真理总是具体的,它必定是在自身中展开其自身,而且必定是联系在一起和保持在一起的统一体。所以,黑格尔的真理就是全体,即具体的总体。黑格尔是通过他的辩证方法来理解和把握具体的总体的,即是说,具体的总体是黑格尔的辩证方法的理论目标,它也构成黑格尔辩证方法的对象。黑格尔在《逻辑学》中充分认识到,思维自身的本性就是辩证法,思维作为理智必陷于矛盾,必自己否定其自身,认识到这一根本见解是辩证法的一个主要课题。黑格尔认为,思想,作为思维的结果,尽管在形式上是主观的,但是在内容上却是客观的。黑格尔说:"客观思想一词最能够表明真理,——真理不仅应是哲学所追求的目标,而且应是哲学研究的绝对对象。"②对于黑格尔来说,客观思想就是精神的内在核心,就是事物的实质和内容,就是真实的和现实的东西。黑格尔指出,这些东西属于活生生的精神的范围,它的本质就是现实。要言之,黑格尔把理念作为哲学的对象,而理念决不应当被看作永远只是应当如此,而不是真实如此。即是说,黑格尔辩证方法的宗旨就是要把握研究对象的现实性,即理念的现实性。毋宁说,黑格尔的辩证方法是以现实,特别是社会现实为对象和目标的。德国哲学家伽达默尔指出:"黑格尔哲学通过对主观意识观点进行清晰的批判,开辟了一条理解人类社会现实的道路。"③黑格尔对哲学方法问题的存在论揭示对我们有重要的理论启发,那就是:方法本身根本不是可以与内容相脱离的抽象的形式,相反倒是作为现实的内容自身在逻辑上的展开。

---

① [德]黑格尔:《小逻辑》,贺麟译,商务印书馆1980年版,第10页。
② [德]黑格尔:《小逻辑》,贺麟译,商务印书馆1980年版,第93页。
③ [德]伽达默尔:《哲学解释学》,夏镇平译,上海译文出版社2004年版,第113页。

在辩证方法这个哲学主题上,马克思是黑格尔的学生,但是又与后者有截然的不同。这种不同倒不是说在于他们对辩证方法与社会现实关系的理解上有什么差异——两者都认为辩证方法是洞见和开启社会现实的历史过程——而是在于马克思的辩证方法倒转了黑格尔辩证方法关于社会现实是思辨理性的外部表现和实现形式的唯心主义观点。马克思说:"观念的东西不外是移入人的头脑并在人的头脑中改造过的物质的东西而已。"[①]在马克思看来,黑格尔辩证方法的神秘方面在很大程度上遮蔽了社会的现实,阻碍了人们对重大现实问题的探索。但是,这并没有否定黑格尔哲学包含有丰富的合理内核。对于马克思来说,真正的问题在于拯救出这一合理内核。马克思说:"现代德国的批判着意研究旧世界的内容,而且批判的发展完全拘泥于所批判的材料,以致对批判的方法采取完全非批判的态度,同时,对于我们如何对待黑格尔的辩证法这一表面上看来是形式的问题,而实际上是本质的问题,则完全缺乏认识。"[②]黑格尔的批判方法体现在:他根据否定的否定所包含的肯定方面把否定的否定看成真正的和唯一的肯定的东西,而根据它所包含的否定方面把它看成是一切存在的唯一真正的活动和自我实现的活动。马克思认为黑格尔为历史的运动找到了抽象的、逻辑的、思辨的表达,但这个运动在黑格尔那里还依然是非批判的,即便在形式上黑格尔确实是批判的。马克思指出:"辩证法,在其合理形态上,引起资产阶级及其夸夸其谈的代言人的恼怒和恐怖,因为辩证法在对现存事物的肯定的理解中同时包含对现存事物的否定的理解,即对现存事物的必然灭亡的理解;辩证法对每一种既成的形式都是从不断的运动中去理解,因而也是从它的暂时性方面去理解;辩证法不崇拜任何东西,按其本质来说,它是批判的和革命的。"[③]马克思的辩证方法在合理性上与黑格尔有所不同,甚至存在着原则差异,后者仅

[①] 马克思:《资本论》第1卷,人民出版社2004年版,第22页。
[②] 马克思:《1844年经济学哲学手稿》,人民出版社2000年版,第94页。
[③] 马克思、恩格斯:《马克思恩格斯选集》第2卷,人民出版社1995年版,第112页。

仅把现实束缚在精神的自身运动中,而马克思则把现实理解为人们在对象性活动中生成和形成的全部物质关系,并且还提出不但要理解现实,而且要在此基础上改变现实的理论目标。由此看来,尽管马克思和黑格尔在把社会现实的发现作为他们的哲学主题这个基本立场上有着千丝万缕的内在联系,但是在对这一现实的理解和把握上却又是如此相互区别,以至于马克思的辩证方法虽说也是以社会现实的开启为研究对象和理论目标的,但是就其思想性质和本质内涵来说已经有很大不同了。

卢卡奇是对马克思与黑格尔理论关系做出过原创性解释的哲学家。作为西方马克思主义的奠基人,其学术贡献主要体现在,他决定性地颠覆了第二国际主要理论家对马克思主义的正统解释,提出了黑格尔和马克思之间在辩证方法问题上存在着共同点,并试图恢复和展现马克思辩证方法的批判本质和革命本质等重要问题。卢卡奇说:"正统马克思主义并不意味着无批判地接受马克思研究的结果。它不是对这个或那个论点的'信仰',也不是对某本'圣'书的注解。恰恰相反,马克思主义问题中的正统仅仅是指方法。"①对于卢卡奇来说,正确地认识马克思主义离不开马克思的辩证方法。这种方法只能按其创始人奠定的方向发展、扩大和深化。这里的方向到底是什么意思呢?笔者以为,它无非是指马克思辩证方法开启的社会现实向度。马克思的辩证方法应当是着眼于现实的。马克思辩证方法的研究对象和理论目标就在于精准把捉社会的现实。为了对这个问题有一个正确的理解,我们必须懂得理论和实践之间的辩证关系,而为了懂得理论与实践之间的辩证关系,我们又必须从方法以及方法与它的对象的关系中抽出和把握理论的实际本质。理论对于实践来说,如果我们对理论的本质有一个实际的了解和洞见的话,就不是外在的和偶然的,反倒是内在的和必然的。因此,理论和实践之间的真实关系就是:理论是实践的一个内在环节,它们之

---

① [匈]卢卡奇:《历史与阶级意识》,杜章智、任立、燕宏远译,商务印书馆1999年版,第47—48页。

间的关系是一种内在关系,这种内在关系对于马克思的辩证方法来说是一个根本问题。倘若没有这种内在关系本体论作哲学基础,马克思的辩证方法并不能服务于发现并洞见到社会现实的工作。只有将方法与现实之间的关系置于内在关系的语境中,我们才可以达到理论与实践的辩证统一,从而实现和崭露理论的革命作用。卢卡奇指出:"弄明白理论的这种作用也就是认识理论的本质,即辩证的方法。"①卢卡奇认为,我们应该把历史发展过程中的主体和客体之间的辩证关系提到马克思辩证方法的中心地位,因为这种主体与客体之间的内在关系是最为根本的相互作用,而且,辩证方法的中心问题就在于改变现实。卢卡奇说:"正是在行动问题上……辩证法是能给行动指明方向的认识现实的唯一方法。"②卢卡奇认为,历史唯物主义的方法——马克思的辩证方法——是与无产阶级的实践的和批判的活动分不开的,它本身也是社会现实的自身反映和发展过程。

奥尔曼是"辩证马克思主义"学派的主要代表人物。在美国,他被誉为辩证法和马克思辩证方法研究领域的权威;在世界,他的关于马克思辩证方法的著述也具有非常强大的影响力,包括著名生态马克思主义者保罗·伯克特(Paul Burkett)对奥尔曼的研究成果很感兴趣。在奥尔曼看来,马克思主义的主要理论功绩在于它为我们提供并确定了一种方法,即马克思的辩证方法。离开马克思的方法,或者淡漠马克思的辩证方法有关问题的研究,都不能使我们充分理解和有效把握当今世界的变化和相互作用。奥尔曼指出,"我们关于世界的认识是由世界是什么、我们是谁,以及我们如何进行研究所决定的。"③在当今资本主义社会里,由于各种旨在强调事物相对静止和彼此相互独立的方法盛行于世,有关事物的各种变化和它们之间的相互作用

---

① [匈]卢卡奇:《历史与阶级意识》,杜章智、任立、燕宏远译,商务印书馆1999年版,第50页。
② [匈]卢卡奇:《历史与阶级意识》,杜章智、任立、燕宏远译,商务印书馆1999年版,第75页。
③ [美]伯特尔·奥尔曼:《辩证法的舞蹈:马克思方法的步骤》,田世锭、何霜梅译,高等教育出版社2006年版,第4页。

的问题反而变得晦暗不明和日趋复杂,以致不能被我们加以有效地认识,这在很大程度上又是由于资产阶级意识形态之蔽。在奥尔曼看来,现代社会是一个无限复杂的有机体,它随着时间的推移而不断演进和变化。资本主义社会的既得利益者总是采用武力和诡计等手段力图防止占据社会多数的人口在生活和思想两个层面认识到对资本主义社会进行革命性变革的需要。在资产阶级意识形态的笼罩之下,人们只是凭借当下的耳闻目睹来认识事物,不自觉地陷入一种不但孤立而且静止的观点。奥尔曼将资本主义社会比作一辆正在行驶的汽车,而候车的乘客只不过都在竭尽全力爬上这辆汽车以求得一份工作、一个家庭、各种商品和服务。奥尔曼注意到,现今的资本主义社会在变化的速度和规模方面都有点超乎历史的想象,他因此非常担心,生活在资本主义社会条件之中的人们是否对资产阶级意识形态具有足够的批判能力和反省意识。生活中的大多数人都不过是在满足于当前事物的现状,而丝毫不能超出资产阶级意识形态所划定的历史界限。在这个基础上,奥尔曼高度肯定马克思对那种只专注于事物的现象而疏忽于事物产生的真实历史及其所属的更大背景的资产阶级意识形态的批判①,从而转向马克思的辩证方法。在奥尔曼哲学中,现实,特别是社会的现实,构成马克思辩证方法的对象和目标。

田世锭教授是国内系统研究奥尔曼的第一位学者。他通过对奥尔曼与卢卡奇的辩证法思想进行比较得出结论:两者共通的地方在于他们都认为马克思主义辩证法在本质上是一条通向现实的道路。②这在某种程度上印证了奥尔曼对马克思辩证方法的研究路向和理论旨趣。在奥尔曼哲学的语境中,马克思的辩证法或者马克思的辩证方法和马克思主义辩证法基本上是同义语。也就是说,奥尔曼是把社会现实作为马克思辩证方法的理论目标来对待的。

---

① [美]伯特尔·奥尔曼:《辩证法的舞蹈:马克思方法的步骤》,田世锭、何霜梅译,高等教育出版社2006年版,第7页。
② 田世锭:《"内在关系的辩证法"与"总体性的辩证法"——奥尔曼与卢卡奇的辩证法思想比较》,《烟台大学学报(哲学社会科学版)》2007年第2期。

第三节　马克思辩证方法的哲学基础

对于奥尔曼来说，由马克思和恩格斯两位创始人奠基的马克思主义理论无非是对资本主义的批判和对共产主义的论证。在奥尔曼看来，共产主义是资本主义非常可能成为的东西。作为未来的社会形态，共产主义的现实性在于，我们不但要对资本主义展开理论的批判，同时还要开展实践的批判。只有经由理论和实践的双重批判才能实现共产主义这样一种高度的可能性。为了实现这样的可能性，马克思为我们提供了划时代的方法即他的辩证方法，而我们只有掌握马克思辩证方法的双重本质，即批判的和革命的本质，才能合乎逻辑地开展出对资本主义的双重批判，实现理论批判和实践批判的有机结合。然而，对马克思辩证方法的真切把握肯定是离不开对它的具体解读的。概言之，奥尔曼对马克思辩证方法的解读是从它的哲学基础与社会现实的关系开始的。

一、内在关系哲学与社会现实

自从黑格尔以来，社会现实就构成一项重要的哲学主题。对于黑格尔来说，哲学的真正重要性在于，理解并深入于社会现实本身。马克思对黑格尔哲学的批判和改造丝毫没有改变这一带有根本性的哲学任务，相反却在一个更高的水平上推进和丰富了社会现实这一哲学主题。奥尔曼认为，马克思和黑格尔不仅在社会现实方面有着千丝万缕的学术联系，而且还通过内在关系哲学勾连在一起。在奥尔曼看来，内在关系哲学是社会现实得以构成并被理解的重要思想基础。

在《辩证法的舞蹈》这本书中，奥尔曼清晰梳理出内在关系哲学的学术谱系，并详尽阐明了马克思持有一种内在关系哲学的具体理由。奥尔曼指出,内在关系哲学最早发端于古希腊哲学家巴门尼德,并于近代在斯宾诺莎的著作中首次获得显著地位。斯宾诺莎哲学继承了亚里士多德关于只有实体能够独立存在的观点,并把整个自然界理解为唯一的实体。在这个实体内部,不论是物理性的事物,还是精神性的事物,都可以被视为这个实体的过渡形式,即其存在样式,而诸要素本身都表现其与整体相互关系的总和,实体各个组成部分的性质是由这个总和决定的。与斯宾诺莎相反,莱布尼茨认为只有单子才是真正的实体,这些单子没有部分,不占有任何空间,因而纯属一种精神性建构,但其与整个宇宙之间的关系却构成现实的本质要素。

将近一个世纪以后,黑格尔第一个阐明了内在关系哲学的主要含义并发展出一套完备的理论体系。对于黑格尔来说,事物并不只是其自身特性的总和,它还以一种特殊方式反映所属更大的整体。黑格尔通过阐明事物特性和外部世界的有机联系,在对个体事物进行区分的同时,他不遗余力地使我们保持一种总体意识,从而把事物和事物之间的同一性建立在内在关系哲学的基础之上,而作为真理的现实无非就是全体。马克思对黑格尔哲学的批判和改造并不包含内在关系哲学,毋宁说只是这种哲学的运用方式以及由此展开的全部问题域。奥尔曼从文本、逻辑和历史等多个方面为我们提供了马克思持有一种内在关系哲学的具体理由。俞吾金先生在《问题域的转换》一书中同样谈到了马克思哲学特别重视对人与人、人与事物、事物与事物之间"内在关系"的研究。正因为马克思和黑格尔分享着同样的哲学传统,他们才能在社会现实的发现方面建立起最为本质也最为切近的学术联系。

内在关系哲学的基本观点是:(1)任何整体都是其组成部分的总和,但被称为"部分"的始终是一个关系结构,而关系则是构成事物的最小单位;(2)从横向结构来看,在一个整体内部,任何事物与其他事物乃至进入该整体内部的所有事物之间的关系构成该事物是什么的一部分;(3)从纵向结构来看，对于单个事物来说，它的真实的历史和未来发展的潜在是该事物本身的一部分，在其发展的每一阶段上，事物本身都能在关系语境中作为思考其所属整体的一部分来发挥作用。由此可见，内在关系哲学处理的是整体和部分之间的关系。在思想史上，内在关系哲学传统的内部差异主要是关于整体和部分各自含义有理解上的不同，而这直接关系到有关哲学家理论目标的实现。

根据内在关系哲学，任何事物的本质和重要性都是通过和其他事物之间存在某种关系实现出来的。不仅如此，按照奥尔曼的说法，事物也只有通过与包括具有一定物理和社会特性的人在内的其他事物的联系才能产生和发挥作用。从这一哲学立场出发，我们可以通过时间和空间两个维度来规定社会现实的基本含义。从时间的维度来说，社会现实表现为一种历史关系，即我们要把任何事物的形成过程以及可能的将来纳入到对该事物的理解中去，并作为它本身的组成部分；从空间的维度来说，社会现实又表现为一种系统关系，即我们要把事物所属的系统背景——其中包括事物内部诸关系和诸事物之间关系两种形式——理解为事物本身的构成要素。也就是说，社会现实是由过程（历史过程）和关系（系统关系）两者组成的，换言之，社会现实包含历史关系和系统关系两个向度，缺一不可。在资产阶级意识形态强势遮蔽的时代条件下，我们只有借助内在关系哲学，才能有效克服把现实理解为现成的和直接给定的主观主义倾向，以便在思维中再现和把握社会现实。

黑格尔首次在现代形而上学的范围内把社会现实作为哲学的主题，并且通过对主观思想的批判开辟出一条理解人类社会现实的道路。在黑格尔哲学中，现实概念既是本质与实存的统一，也是展开过程的总体。因此，按照黑格尔的观点，社会现实一方面是指社会发展中现象世界里带有或包含本质性即普遍必然性的那一部分，另一方面则是历史发展中全部环节或阶段构成的过程总体。这样的观点决不是先验的，也不是纯经验的。恰恰相反，黑格尔的社会现实概念表明事物的本质和事物的存在具有内在的一致性，换句话说，只有在它们两者之间具有一种内在关系的条件下，我们才能理解现实乃是内（本质)与外(存在)所直接形成的统一。与此同时,黑格尔的社会现实概念还是真正历史性的,即是说,现实不是现成的、一经产生就静止不变的东西;相反,作为一个总体,现实是事物在历史发展过程中形成的全部关系构成的具体的总体,在这个总体内部,事物历经的各个阶段和环节都是这个总体下面的有机组成部分,顶多算是部分现实。黑格尔不仅在内在关系哲学的基础上构造其社会现实概念,而且其针对主观思想所作的全部批判也同样立足这样一种哲学传统。黑格尔在《小逻辑》中认为只有思想所把握的事物自身才是真正的客观性,从而对"只是我们的思想,与事物的实质或事物的自身有区别的主观思想"提出明确的批判态度。在黑格尔看来,主观思想的局限有两个方面的表现:(1)割裂一般原则与特定内容之间的内在关系,将一般原则运用到任何内容之上,这就是黑格尔所谓的"外在反思";(2)掩盖或取消过程和结果之间的内在关系,不仅看不到历史发展的总趋势,而且还不能在事物自身的运动过程中把握现实性和必然性。对于前者,黑格尔提出理性与现实的和解;对于后者,黑格尔主张真理是全体。吴晓明先生指出:"正是黑格尔对主观思想的批判,将'现实'——特别是'社会现实'——的概念赋予了哲学,并试图将它置入一般科学的意识中。"[1]如此看来,我们既不能把社会现实理解为在知觉中能够直接给予我们的东西(历史事实),也不能根据那些属于本质性领域的各种先验的教条或教义(主观思想)来设想社会现实。

在黑格尔之后,马克思充分肯定黑格尔通过对主观思想的强力批判开辟出一条理解和深入于社会现实的道路,但是同时批判了他的思辨唯心主义哲学仅仅满足于理性与现实的和解。马克思对黑格尔哲学的批判和改造导致了一场哲学革命,这场革命的主要目的在于拯救再度被遮蔽的社会现实本身,但决不是根本改变了这一概念所依循的内在关系哲学传统。在马克思看来,真正的社会现实并不在绝对理念构成的总体中,而是在市民社会

---

[1] 吴晓明:《论黑格尔对主观思想的批判》,《求是学刊》2011年第1期。

的现实生活过程之中,这里涌现出来的决不是现实对理性的让步与和解,而是本质的矛盾和冲突。按照马克思的历史唯物主义,社会现实乃是人类现实生活过程中形成和实现的全部社会关系。因此,人的本质,抑或人类历史的本质,都要从这样的社会关系总和中加以规定和得到认识。马克思的社会现实概念具有双重含义:(1)社会现实表现为人类的现实生活过程;(2)社会现实由人类寓居于其中的全部社会关系所构成。从这两点来看,马克思是在内在关系哲学传统内部重新构造自己的社会现实概念。卢卡奇说:"由于马克思采纳了黑格尔方法的进步方面,即作为认识现实的方法的辩证法,他不仅使自己与黑格尔的继承人分道扬镳,而且把黑格尔的哲学本身也分裂为两部分。"[①]马克思对黑格尔哲学的划分不是随意做出的,他接受了黑格尔哲学所从属的内在关系哲学传统,但有意识地改变了这一哲学在新的境域中的运用方式。奥尔曼教授也指出,马克思的辩证法主要有两个支柱,其中之一就是内在关系哲学。由此可见,内在关系哲学对于我们认识和把握社会现实来说具有何等重要的意义。

随着时代的发展和社会的进步,我们不仅需要深刻地理解和把握社会现实,而且还要在观念和行动两个领域重构社会现实。为此,我们一方面应当大力吸取马克思和黑格尔的思想资源,另一方面又要立即认识到两者之间的原则差别。对于前者我们除了继续对主观思想进行深刻的批判之外,同时还要求大家能够认识到内在关系哲学对于社会现实重构的理论意义;对于后者我们在认识到马克思和黑格尔不仅通过社会现实的发现联系起来,而且还分享同一个内在关系哲学传统的同时,又要承认两者在内在关系哲学的具体运用以及社会现实概念的主要构成等方面的根本差异。在黑格尔把绝对观念即上帝理解为最高现实的地方,马克思却把人类的现实生活过程(历史的总体)和全部社会关系(结构的总体)建立为一个全新的整体。

[①] [匈]卢卡奇:《历史与阶级意识》,杜章智、任立、燕宏远译,商务印书馆1999年版,第67页。

马克思和黑格尔在社会现实上的差异正是从这里发源的,并且直接意味着两者在各自哲学具体化纲领上的不同。

二、内在关系哲学的主要内涵

自从20世纪70年代以来,国外马克思主义的研究热点开始从西方马克思主义转移到英美马克思主义,关注的重点也由批判现存的资本主义制度和批评苏联的社会主义模式转向探讨这样一个问题,在苏东剧变和资本全球化的历史条件下,发达资本主义国家如何走向社会主义以及如何应对资本主义在全球的扩张。①英美马克思主义的这两个方向对应于辩证法和政治哲学这两个主题。按照奥尔曼的观点,马克思的辩证方法不仅促使人们将大多数人孤立看待的事物看作包含有内在关系和有机联系的,而且要求人们把对事物的观察和处理从作为现象的事实提升到作为本质的现实。所以,马克思的辩证方法在帮助人们认识自己生存于其中的这个世界中正在不断发生着的一切,特别是在认识事物的变化以及事物之间的相互作用方面具有重要作用。尽管马克思在概念使用上的灵活性经常使人陷入困惑的境地,但是,只要抓住了辩证的方法,他的思想是可以得到科学解释的。奥尔曼认为,这个解释是由内在关系哲学来奠基的。然而,在众多的解释者中,包括卢卡奇、萨特、列斐伏尔、马尔库塞和科西克在内,他们尽管认识到马克思对黑格尔的批判是有所保留的,但是,他们却未能充分估计到内在关系哲学对于马克思辩证方法的基础性作用。

奥尔曼认为:"辩证法并不是可以用来解释一切的正—反—合的顽固组合;它也没有提供一个使我们能够证明或预言一切的公式;它也不是历史的动力。同样,辩证法并没有解释、证明、预言任何东西,没有导致任何东西的发生。"②这就告诉我们不能把马克思主义辩证法当作万能公式来使用。按

---

① 段忠桥:《20世纪70年代以来英美的马克思主义研究》,《中国社会科学》2005年第5期。
② [美]伯特尔·奥尔曼:《辩证法的舞蹈:马克思方法的步骤》,田世锭、何霜梅译,高等教育出版社2006年版,第5页。

照奥尔曼的说法,应该将辩证法看作"一种关注世界上所发生的一切变化和相互作用的思维方式"①,只有依靠这种方式将所有的运动变化和相互作用有序地组织起来才谈得上对于现实的理解和把握。马克思的辩证方法在社会现实这个哲学主题上有两个基本观点:一是关于"事物"的"过程"观(包括事物的历史和可能的未来);二是关于事物之间的"关系"观(把一种事物与其他事物之间的联系当作该事物本身的一部分)。奥尔曼关于事物的关系观和过程观(notions of relation and process),在马克思内在关系哲学基础上,重构了人们关于社会现实的概念。

在奥尔曼看来,马克思的内在关系哲学首先表现在马克思把事物当成关系的论述上。例如,"物本身是对自身和对人的一种对象性的、人的关系"②;"人的本质不是单个人所固有的抽象物,在其现实性上,它是一切社会关系的总和。"③马克思还主张原子"只不过是一种关系"。奥尔曼指出,马克思不仅把人理解为社会关系的总和,而且同样理解为物。比如,"人本身单纯作为劳动力的存在来看,也是自然对象,是物,不过是活的有意识的物。"④在论述商品拜物教的时候,马克思又直接把社会关系当作事物来看待。

马克思哲学还包含人和自然(或其物质成分)之间的一种内在关系。比如,"所谓人的肉体生活和精神生活同自然界相联系,不外是说自然界同自身相联系,因为人是自然界的一部分。"⑤马克思还说:"人直接地是自然存在物。"⑥就在同一个地方,马克思认为人所欲望的对象是表现和确证他的本质力量所不可缺少的、重要的对象。也就是说,任何人都和他们自己所欲望的对象共处同一个集合之中,他们实际上是相互包含的。换言之,每一个人都

---

① [美]伯特尔·奥尔曼:《辩证法的舞蹈:马克思方法的步骤》,田世锭、何霜梅译,高等教育出版社2006年版,第5页。
② 马克思:《1844年经济学哲学手稿》,人民出版社2000年版,第86页。
③ 马克思:《关于费尔巴哈的提纲》,载《马克思恩格斯选集》第1卷,人民出版社1995年版,第60页。
④ 马克思:《资本论》第1卷,人民出版社1975年版,第228页。
⑤ 马克思:《1844年经济学哲学手稿》,人民出版社2000年版,第56—57页。
⑥ 马克思:《1844年经济学哲学手稿》,人民出版社2000年版,第105页。

要被当作一种关系来加以理解,任何人都不是孤立存在的。奥尔曼指出,马克思把"社会经济基础的发展"看作"自然历史过程"以及他关于"人本身的自然力"的看法都充分说明了人和自然之间的内在关系,人作为自然的某种延伸以及自然作为人的某种延伸都是可以成立的。

如果否认马克思哲学的内在关系哲学定向,那么马克思所说的很多话将不仅显得多余,而且对于理论整体来说十分有害。比如,"太阳是植物的对象,是植物所不可缺少的、确证它的生命的对象,正像植物是太阳的对象,是太阳的唤醒生命的力量的表现,是太阳的对象性的本质力量的表现一样。"①马克思还进一步指出,"一个存在物如果在自身之外没有自己的自然界,就不是自然存在物,就不能参加自然界的生活。"②这些话语只有在内在关系哲学的语境下才能得到理解。但我们不能因此把物质现象的因果解释附加到马克思的身上。马克思哲学不是经济决定论,不能用僵硬的因果关系去解释马克思辩证法的哲学基础。

奥尔曼主张,马克思的辩证方法来源于黑格尔、莱布尼兹和斯宾诺莎的内在关系哲学传统。马克思在青年时期非常重视这些思想家的理论,其间确实受到了他们所主张的内在关系哲学的影响。在奥尔曼看来,人们之所以不肯承认马克思哲学是内在关系哲学,往往是因为内在关系哲学的名声不太好的缘故。奥尔曼不但梳理了内在关系哲学的历史,而且同样回应了一些针对内在关系哲学的批评意见。奥尔曼对经济决定论的批评,以及他对阿尔都塞哲学的批判,都是为了确立马克思哲学是内在关系哲学的观点。奥尔曼由此把内在关系哲学作为马克思辩证方法的哲学基础。

三、内在关系哲学的基本定位

根据奥尔曼的见解,资本主义的碎片化存在与社会科学的分化和割裂

---

①② 马克思:《1844 年经济学哲学手稿》,人民出版社 2000 年版,第 106 页。

使得人们不仅不能认识和把握资本主义，甚至还对资本主义视而不见。为了能够理解资本主义，我们首先必须让资本主义进入到视野中来。为此，奥尔曼引入内在关系哲学的视角，在解释资本主义运动规律的同时，不遗余力地揭露资本主义的社会现实。对于奥尔曼来说，内在关系哲学首先是一种世界观，借此我们把世界理解为关系的聚合体；其次才是一种方法论，由此我们在研究、叙述和应用等方面获得清晰的定位。

在成名作《异化》一书中，奥尔曼把内在关系哲学作为观察世界的一种基本理论工具，并且指出，就社会现实来说，关系都是不能化简的最小单位。因此，我们只能在关系视域中理解资本主义社会，而不是仅仅把资本主义看作由一系列实体性要素构成的社会。为了方便起见，奥尔曼在两种不同的意义上使用关系概念：（1）第一种指的是不同要素之间的关系（relation），相当于"联系"（connection）；（2）第二种则涉及要素本身，我们用"Relation"表示，比如，我们把资本理解为一种社会生产关系。在奥尔曼看来，整个世界处在连续不断的运动、变化和发展之中，并没有常识观点所认为存在的那种明确的分界线，这就意味着自然和社会是内在地关联在一起的，它们在逻辑上并不相互独立。从时间的维度来说，任何实体都是由该事物与它过去所是和将来各组成部分之间的关系所构成的；从空间的维度来说，在特定条件下，实体的每一个组成部分都以关系的形式出现，即把与其他组成部分之间的关系理解为自身的一部分。如此看来，世界不仅不是既成事物的集合体，也不是离散事物的综合体，而是事物内部以及事物之间关系的聚合体。与此同理，资本主义的社会现实由历史过程和系统关系两部分构成：对于前者，我们把资本主义的历史起源和后资本主义社会的未来理解为人类社会发展的一部分；对于后者，我们把资本主义内部的各种相互联系建构为一个全新的总体。也就是说，资本主义一方面只是人类发展过程中的一个历史性阶段，另一方面又是一个需要对之进行辩证分析的具体的总体。

正是在这种意义上，奥尔曼开始关注和强调内在关系哲学的方法论意义。奥尔曼说:"内在关系哲学是一个观念问题而不是一个事实问题。"如果从事实层面来看,我们并不能在经验领域直接洞见事物及其属性相互之间的各种内在关系。因此,奥尔曼主张内在关系哲学更多的是一门观念重构的艺术,即在思维中再现和把握社会现实的方法论。大体说来,内在关系哲学的方法论意义主要体现在研究、叙述和应用等三个方面。

从研究方法来说,内在关系哲学使我们一开始就追问事物为什么看起来显得有如静止一般,以及它们为什么会呈现出一种彼此分离的特征。在资产阶级意识形态的作用下,人们往往只凭借感觉、经验来认识资本主义条件下的各种事物,经常不自觉地陷入一种孤立、静止和片面的形而上学观点。奥尔曼指出:"现实不只是现象,如果只关注现象,只关注那些当下和直接给我们留下印象的证据,就具有相当的误导性。"[①]内在关系哲学要求我们扩展关于任何事物的观念,在探求一事物何以结束和另一事物何以开始的同时,不断揭示有关事物所属更大的背景或系统及其内部所包含的各种关系。按照内在关系哲学,对现在的认识是与对于过去以及未来的认识紧密联系在一起的。奥尔曼主张采用逆向研究历史的方法,以便把事物的形成过程和未来发展趋势作为它们是什么的一部分。这种方法同样基于内在关系哲学,它意味着我们的研究不仅从现在开始并以之作为前提,而且最后又要回到自身。我们首先需要对资本主义的现在展开批判性的分析,一方面揭示出存在于过去且是必要的历史前提,另一方面又把其中逐渐显露出来的向对立面(共产主义)转化的潜在凸显出来。在此基础上,奥尔曼把我们之前发现的各种要素和特点纳入对未来的建构之中,进一步彰显社会主义/共产主义的必然性。最后,我们以有待实现的社会主义/共产主义未来为视角反观资本主义的现在,将其重构为一个包括它自身的过去在内的崭新的整体。

在上述过程中,第一个步骤最为关键,因为不管其中的对象多么有限,

---

① [美]伯特尔·奥尔曼:《辩证法的舞蹈:马克思方法的步骤》,田世锭、何霜梅译,高等教育出版社2006年版,第6页。

对它的任何研究都要求我们关注其所属的复杂的有机整体。奥尔曼认为,我们应该从系统或人们对系统所能达到的理解出发,继而进入对各个部分的研究以便了解它们的合适位置以及发挥作用的方式,最终达到对作为起点的整体的更加充分的理解。在奥尔曼看来,内在关系哲学的实际用途主要在于揭示世界上所有变化和相互作用中的现实性和必然性以及在思维中充分地认识和把握它们,这就不仅允许而且还要求一个抽象的过程。这里所谓的抽象,特指把世界分解为我们用以思考的元素的精神活动,以便开启对部分及其相互关系的研究。这些关系的基本样式包括:(1)彼此作为一个更大系统的构成要素而存在;(2)各自成为相互依存的整体(复数)。在考察它们之间的内在关系时,每个部分都有可能成为中心视角,从而在研究对象保持不变的情况下,不断地改变研究的侧重点和方法。经由抽象过程,我们一方面澄清了前提,即最初面对的是一个未被触动的感性具体,另一方面又划定了界限,即在对事物或其特性进行区分的基础上有意无意地关注其中的一部分内容,其余的部分则隐退到视线之外。对于奥尔曼来说,抽象过程的最终结果就是,事物各方面丰富生动的关系得以呈现出一种系统性。按照此种路径研究资本主义,我们就不难理解资本主义为什么会是一个具体的总体,而关于资本主义永久不变和不可思议的神话也就自动破灭了。

从叙述策略来讲,内在关系哲学使我们专注致力于材料的组织和术语的选择。在组织材料的过程中,内在关系哲学要求我们一方面贯彻真正历史的原则,即把最为重要的方面作为整个叙述的逻辑起点,另一方面按照系统性原则,在特定的结构中阐明各要素间的内在关系。遵循以上两个原则,不仅使事物真实的发展过程和未来趋势跃然纸上,而且还使事物所处的境域和发展动态充分展现出来,我们因此也就能够按照事物的本来面目来认识世界。根据奥尔曼的观点,这种叙述方法有两个突出的特点:(1)每一个研究对象即主体都从不同的角度去加以分析和阐述;(2)对事物在不同时期和语境中所采取的具体形式一直保持密切的关注。不过,由于事物内部或事物之间的内在关系并不会一下子全部涌现出来，我们的叙述也不是一步到位的，而是要经常进行修改和补充。关于这一点，内在关系哲学为我们提供了极大的便利。比如，我们可以用一定的术语来表达已经被我们了解清楚的关系的大部分含义，但同时又在不自造新词的情况下把未被表达出来的其他含义纳入其中。因此，术语所能表达的概念是可以变动的，这一点对于读者来说是一件难事。对于作者来说，如何选择术语就成为一件至关重要的事情。按照内在关系哲学，我们在通过一些术语表达某种关系的特定内涵的同时，还要采用一些简略的表达式以便指出关系结构内部那些不必深究的内部联系，从而使我们注意到明显不同的事物之间其实是包含有一定的同一性的。这就意味着两种结果：(1)我们可以用同一个术语来表达内部结构不同的实体性存在；(2)我们还可以用不同的术语来表达同一个关系结构。对于前者，通过同一个术语表达出来的各种事物只是同一个关系结构的不同方面；对于后者，不过是已进入到各个不同领域去的同一种内部联系的理论表现。

此外，内在关系哲学还有一个应用的维度。应用充分体现出理论的实践旨趣，并把作者和读者一并带动起来，它要求知和行的统一。奥尔曼认为，内在关系哲学不仅意味着方法与现实之间的内在勾连，也意味着知识和行动之间的有机联结。按照奥尔曼的看法，在当今资本主义社会里，社会现实由于各种旨在强调事物相对静止和彼此独立的属性的方法而变得晦暗不明和日趋复杂了。因此，我们必须重提对资产阶级意识形态的批判，并且经常向内在关系哲学请教。在笔者看来，内在关系哲学不仅给我们提供了奥尔曼所说的"从未来看现在"的方法论，而且还为今天的历史研究注入了强烈的当代意识。如俞吾金先生所说，"不懂得现在，就无法理解过去。"①

四、内在关系哲学的理论辩护

在奥尔曼的解读中，马克思的辩证方法有内在关系和抽象过程两个立

---

① 俞吾金：《历史主义与当代意识》，《文汇报》2010年9月25日第8版。

足点,也就是两大支柱。奥尔曼证明马克思的辩证方法有一个内在关系哲学基础,这是一个备受争议的哲学话题。人们并不满意奥尔曼把马克思的辩证方法奠定在内在关系哲学的基础之上,因为若要遵循此见解,我们不太可能或者根本不能识别出个体。换句话说,我们该如何向自己也向他人指证,一定数量的特定关系建构出一把椅子、一个人,或者其他个体事物。这里涉及个体化问题。

在西方哲学中,奥尔曼的关系哲学无疑会受到挑战,这些挑战主要有三种类型。对于这三种类型的挑战,奥尔曼给予了积极的关注和相应的解答。

斯图亚特·汉普希尔(Stuart Hampshire)认为,我们拥有很多可能的方式用来分解现实,为了便于传达,人们有必要把这些或多或少独特的部分经常性地纳入到我们对现实的理解中。我们必将无可避免地把现实看作是由各种各样的存在事物构成的。在汉普希尔看来,我们必定有可能在事物和它的属性之间作一个绝对的界分。事物历经其属性的变化以及观察视角的转化都保持不变。如果有人坚持内在关系哲学,主张单个事物是所有属性的总和以及单个属性潜在地就是一个事物,那么,单个事物就无法得到理解和识别。

彼得·斯特劳森(Peter Strawson)认为,我们只能在确定个体事物方面取得成功,因为这些事物就是它们实际存在的形式。斯特劳森的观点是建立在关于现实的常识理解之上的。在《个体》(Individuals)中,斯特劳森主张世界是由客观的个体事物组成的。基于对个体事物的常识理解,斯特劳森并没有在感觉问题上多费工夫,而是致力于解释为什么基本个体必须是物质实体。对于斯特劳森来说,物质实体和事物一样都有一个前概念的存在,任何事物的确定都要基于一项个体化事实,通过这个事实,我们对该个体获得真实的了解而不是其他。

艾耶尔(Ayer)认为,人们不可能在整体的各个部分中对整体加以思考。因此,莱布尼茨关于任何具体个人的真实陈述都包含着人类历史整体的观点是不可取的。在艾耶尔看来,马克思虽然能够在自己的著作中显露出在部分之中思考整体的能力，但是这种能力并不能确证马克思的力量，反倒显露出他的缺点和不足。艾耶尔的观点是建立在对整体和部分之间的关系的常识理解上的。按照这种常识，任何整体都是部分的总和，而部分本身仅仅是被叠加在一起的、相互之间独立而又截然不同的要素，它们之间只能有一种外部关系，而不可能有内在关系。根据艾耶尔的观点，我们是在一个封闭的圆圈中来对整体加以认识和理解的。

面对上述责难，奥尔曼着重从以下四个方面做出了自己的回答，为马克思辩证方法的哲学基础——内在关系哲学——作了辩护。

第一，内在关系哲学是一个观念问题，而不是一个事实问题。如果后者成立，那么内在关系哲学很容易受到攻击。关于现实的常识观点与马克思对现实的双重理解（现实既是关系又是过程）处于尖锐对立之中。在两者之间进行选择主要取决于两者在解决问题或者杜绝问题方面的效用。由此看来，汉普希尔和斯特劳森对内在关系哲学的意见基本上属于两种不同的类型。斯特劳森认为在确定个体时引入马克思的关系观无助于问题的解决；汉普希尔则以可传达性为依据拒斥了马克思辩证方法有一个内在关系哲学的观念。

第二，对马克思不能表达个体的指责本身是不能在关系观的基础上被表达的。按照汉普希尔的说法，个体在关系观中不能存在，而同一性常常被用来表示许多人将会认为是根本不同的事物之间的关系。即便存在观念上的巨大差异，马克思还是能够向众人传达他的思想，正如语言之间的可通约性使得操持不同语言的人能够对于实质上相同的内容有所认识一样。在这方面，斯宾诺莎、莱布尼茨和黑格尔等哲学家都是著名的例证。他们持有一种内在关系哲学，却总是力图成功地介绍和传达自己的思想。因此，真正的问题就在于，马克思是否成功传达了其关系观使其能够添加到这些核心观念之上的那些附加特征。

第三，在内在关系哲学的语境中，被称为部分的是一种关系的结构，是为了某种特定目的而从现实中抽取出来的一个要素，它与其他结构相同的要素之间的相互依存被清楚地保持在观点之中;而且整体正是这种相互依存,它可以为了特定目的而在它的任何部分内部被加以概念化。奥尔曼认为我们并不需要关于个体的严格的知识。问题的实质在于,在内在关系哲学的框架里,我们获得了以这种方式理解和把握的部分和整体概念。因此,奥尔曼指出:为了理解正在被说明的东西,人们必须首先理解创造了用于说明它的概念的关系观。

第四,奥尔曼认为,在只知道部分,而不知道从定义上来讲既包括过去也包括未来的整体的时候,我们仍然可以通过部分来对整体进行思考。其中的奥妙就在于人们之间的争执根源于他们之间不同的整体观和部分观。在奥尔曼看来,整体永远是未完成的,而我们依旧可以而且必须从整体出发才能认识部分。世界范围内事物之间普遍的相互依存表明:内在关系哲学使得马克思辩证方法的对象即现实——关系整体——永远不可能得到完成。所以,即便是伟大的思想家,也无法确切地知道整体的全部细节。

总的说来,奥尔曼为马克思的辩证方法完成了内在关系哲学的奠基。尽管我们由此并没有完成对于整体的认识,却开辟了通过正确理解的部分认识关联地包含在部分中的整体的道路。通过内在关系哲学,黑格尔、马克思、狄慈根等哲学家不但认识和把握到他们所洞察到的特定相互作用,而且还理解和把握住变化和发展的范式。当这些范式以可能性、潜在,或者确定性进展到未来时,它们也就演变为尚未被经验到的整体内部的元素。正是在这个意义上,马克思分析和解读资本主义的主要概念都已经先行地包含着他关于共产主义的部分见解。

第四节 马克思辩证方法的三重功能

基于内在关系哲学的原则立场,马克思的辩证方法主要从关系的角度理解和把握事物。在奥尔曼看来,马克思的辩证方法在理解和把握事物的过程中事实上发挥着三重功能。首先,马克思的辩证方法是一种观察事物的方法,也就是说,把事物理解为环节(moment)并在其发展过程中加以具体的把握,而这个过程是一个该事物在其他事物之中,或与其他事物一起,或通过其他事物得以发展的过程。在所有马克思所惯用的辩证法术语中,关系范畴都是最基础的,并且构成马克思主义理论框架的理想元素。之所以如此,主要是因为这个范畴的适用范围极广,而且其含义也是易懂和能够被大众普遍接受的。其次,马克思的辩证方法还是一种研究问题的方法,由此探究各种关系,其中既包括不同实体之间的关系,也包括同一实体在不同发展阶段之间的关系。再次,马克思的辩证方法也是一种叙述研究成果的方法,这里主要是指他对自己主题的组织和见解的表达,其中就有对术语的选择和使用方法。奥尔曼认为,只有把握马克思辩证方法的三重功能,我们才能真正理解这一方法以及避免在对其认识问题上产生困惑和争论。

一、作为观察方法的辩证法

恩格斯在自己的晚期著作中,尤其是在《反杜林论》和《自然辩证法》两部著作中,谈到了作为观察方法的辩证法问题,这是对马克思的辩证方法作为一种观察方法的最清楚的表述。奥尔曼认为,马克思对这种看法是非常支持的,这是由于他们二人十分亲密的合作关系。据了解,恩格斯是一字一句把《反杜林论》读给马克思听并征得同意后才将其出版的。在更早时候,如果没有两者在辩证的方法问题上的高度一致,马克思和恩格斯也不可能合著《神圣家族》和《德意志意识形态》这两部著作的。更何况,在此后两人长时间的通信或面对面接触中,我们可以看到马克思、恩格斯在辩证方法领域并没有出现理论上的分歧。所以,我们基本上可以肯定,即便是按照恩格斯的说法,马克思的辩证方法首先是一种观察的方法,这一点是有马克思主义经典文本做支撑的。

在写作《反杜林论》期间，马克思与恩格斯保持了密切的接触。尽管二人各有分工和特长，且都十分忙碌——马克思主要致力于最终完成《资本论》的写作——但他们并没有在辩证方法问题上发生原则性的分歧。恰恰相反，恩格斯在与马克思的通信中以及长时间的合作中很少在未经后者同意或知晓的情况下，单独对辩证的方法进行阐发和论述。所以，即便是恩格斯独立撰写的《自然辩证法》这样一部著作，马克思事实上也是有相当的发言权的。换言之，在必要的时候，我们可以从《自然辩证法》中找出与马克思的辩证方法有关的内容。此外，我们也可以看到，马克思对自然科学抱有浓厚的兴趣，虽然他没有写过有关这方面的专著，但在与对手或友人的通信中时常表达出与恩格斯在辩证方法问题上的一致意见。可以说，马克思是赞成恩格斯在观察自然时所适用的辩证方法的。

马克思说："在这里，也像在自然科学上一样，证明了黑格尔在他的《逻辑学》中所发现的下列规律的正确性，即单纯的量的变化到一定点时就转变为质的区别。"[①]如果仅从表面上看，马克思似乎主张自然领域和社会领域都有各自独立的辩证法，无论是从分析的角度，还是从综合的角度来看，自然辩证法都是处于优先的位置的。换句话说，社会辩证法是自然辩证法在人类历史领域的具体运用。然而，马克思从来没有把自然和社会视为两个相互分离的领域，所以，奥尔曼有充分的理由认为自然和社会是两个内在相关的领域，其中，对于任何一个领域的某个方面的考察都会促使我们立即去考察另一个领域的所有方面。由于各个部分在逻辑上都不是独立的，所以，它们相互之间也就不存在孰先孰后的问题。作为观察事物的一种方法，马克思的辩证方法力求把握的现实在数量上是一个有机的整体，而不是多个实体性存在；所以，客观事物的辩证法也只有一个，而不可能是多个。恩格斯为此提供了大量的实例，各个领域都有，因而做出了迄今为止是最好的阐释性论证。

———————————
① 马克思：《资本论》第1卷，载《马克思恩格斯全集》第44卷，人民出版社2001年版，第358页。

恩格斯指出："当我们通过思维来考察自然界或人类历史或我们自己的精神活动的时候，首先呈现在我们眼前的，是一幅由种种联系和相互作用无穷无尽地交织起来的画面，其中没有任何东西是不动的和不变的，而是一切都在运动、变化、生成和消逝。"①在恩格斯的晚期著作中，这种观点是比较多见的。按照这种观点，我们在考察事物及其在头脑中的反映时，本质上要从它们的联系、它们的联结、它们的运动、它们的产生和消失方面去考察，这才是辩证的观察方法。从历史的观点来看，我们在运用辩证的方法观察事物时，首先映入眼帘的只是一个混沌的整体，其中的细节还不是很清楚，同样也还没有得到恰当的理解。为此，我们就要对事物发生发展的过程进行分门别类的考察，有机的整体联系被人为地拆解成各个有机组成部分，而这些彼此独立的部分又合并或聚集成某个领域。从历史的观点来看，这一工作直到19世纪才得以完成。然而，正是由于这种考察路向，人们对事物的观察陷入形而上学的窠臼之中，也就是习惯于把自然界中的各种事物和各种过程孤立起来，撇开宏大的总的联系去进行考察。对于马克思的辩证方法来说，在观察事物的过程中要克服这种形而上学的倾向，就要在哲学研究过程中摒弃自然科学的方法，也就是要从培根和洛克等近代思想家的有限世界观中超脱出来。

其实，在黑格尔那里，辩证的方法就已是一种观察事物的方法了。黑格尔的现实观建立在对事物及其关系的细节有大量掌握的基础之上，因而他的辩证方法就作为观察方法的功能来讲，相比于古希腊哲学来说，确实构成崭新的历史高度，但问题在于，黑格尔站在唯心主义的哲学立场上，他把物质世界领域的各种联系仅仅看作观念联系的摹本和反映形式，所以，最终成为一个用头立地的哲学家。马克思纠正了这个错误，他在观察事物和理解世界的各种物质联系方面采取了唯物主义的哲学立场，这就为马克思的辩

---

① 恩格斯：《反杜林论》，载《马克思恩格斯文集》第9卷，人民出版社2009年版，第23页。

证方法发挥了观察功能奠定了哲学基础。

至于观察到的内容,经过将近两个千年的积累,人类在知识领域已经可以对细节问题有很好的掌握,而黑格尔和之后的马克思、恩格斯也都能对其中的内在关系进行高度的概括。他们不仅仅宣布万事万物都是相互联系和经常处于变化之中的,而且还对这些联系和发展的性质和类型进行了界定和区分。恩格斯说:"辩证法被看作关于一切运动的各个最普遍的规律的科学。这就是说,辩证法的规律无论对自然界中和人类历史中的运动,或者对思维的运动,都必定是同样适用的。"[1]在此处,运动概念已经包含了各种相互联系和发展变化,从上下文来看,通过马克思的辩证方法,我们可以观察到的内容无非是三个方面:(1)量变质变规律;(2)对立统一规律;(3)否定之否定规律。在具体的观察活动中,这三大规律具有不同的地位和作用。量变质变规律体现了事物发展渐进性和曲折性的统一,对立统一规律提供了人们认识世界和改造世界的根本方法,否定之否定规律揭示了事物发展的前进性与曲折性的统一。不管哪一种情况,马克思的辩证方法都是把被观察的事物理解为关系的,它们的内容差别和表现形式的不同主要源于观察角度和理论旨趣的不同,这便是内在关系哲学的实质。也正是由于马克思的辩证方法,我们对事物世界的观察才富有成果。

对于奥尔曼来说,任何对于事物的观察都是建立在一定的世界观的基础之上的,而由于这个世界的组成要素是彼此互相关联和经常处于流动状态之中的,所以,藏身于观察背后的世界观也必然是和辩证法三大规律相吻合的。不管人们观察到什么以及是如何观察到的,我们只有按照马克思辩证方法的要求才能观察到事物的本来面目,否则,就会陷入对客观世界的歪曲和误读。在马克思的辩证方法中,物体通常被认为是同一个事物的组成部分。因此,只有在同一个整体中,我们才能设想其中诸多组成部分之间的

---

[1] 恩格斯:《自然辩证法》,载《马克思恩格斯选集》第4卷,人民出版社1995年版,第365页。

矛盾。在这种情况下,对我们而言,马克思、恩格斯要么持有一种内在关系哲学,正是循着这种哲学,我们才可以据此探究事物相互关联的具体方式,要么他们关于事物关联方式的论述显得非常荒谬和因为缺乏根据而不可接受。这就凸显了马克思的辩证方法及其重要性,而正是由于这一点,大多数批评人士把火力集中对准了马克思的辩证方法这个研究领域。

对于任何一个实体来说,它的历时关系是由其与过去是什么和将会是什么的联系构成的,而所有这些联系都构成其组成部分。根据奥尔曼的看法,每一个这样的部分本身又是一个关系(relation),它的发展只不过是所处环境的特殊布局的一种功能。该实体发展得如何以及将变成什么是由实体内部所有类型发展的最终结果决定的。矛盾事实的存在表明,这些发展的方向和内容有可能是有原则差异乃至相互冲突的。为了按照既定的方向前进,任何一个组成部分都要根据需要对自身的活动进行调整或对另一个组成部分的活动轨迹进行干预。在同一个框架结构内部,只有当两个彼此连接在一起的组成要素之间的矛盾得到完全的解决,新的更大的实体才会得以形成和最终产生出来。

在实体内部,当其中一个组成部分由于事物本身的现状和发展趋势所决定的缘故要相对于另一个因素占据优势地位的时候,该部分就会融入或者消除与之对立因素的某些常常是隶属性质的关系特征,在进行适当调整的情况下,发展到下一个阶段。马克思、恩格斯坚持认为这个转化过程是非常引人注目的,这一点在资本主义向共产主义的发展过程中是十分正确的。按照马克思的辩证方法,矛盾始终是辩证矛盾,因而本身是客观的,它从来不会完全消失,相反一直都在,且永远不会毁灭彼此矛盾的双方,而是为了适应新的目的对之进行重新塑造。恩格斯指出:"每一种事物都有它的特殊的否定方式,经过这样的否定,它同时就获得发展,每一种观念和概念也是如此。"[1]

---

[1] 恩格斯:《反杜林论》,载《马克思恩格斯选集》第 3 卷,人民出版社 1995 年版,第 485 页。

这就说明，每一个事物及其发展过程都有自己的本质特征，彼此是各不相同的。以资本为例，它包含无产阶级和资本家等两个组成部分，但这两个部分彼此是不能共存的，各有自己的关系构成及其朝向的目标。随着资本家和无产阶级各自力量的此消彼长，这些关系也随之改变，由此导致资本内部的矛盾变动，每当矛盾获得解决时，资本本身已经变成了其他事物，自己归于消亡。从矛盾发生发展的全过程来看，最终的结果是吸取了矛盾内部的各种因素的，且有一种基本的不平衡性，因而整体上表现出某种否定之否定的特点，而资本也是遵循这个规律发展得来的。

在奥尔曼看来，与否定之否定规律密切关联在一起的是事物发展的螺旋形式。当然，这是一个很好的隐喻，且说明任何发展都不会是直线进行的，也不会是整齐划一的，其中有各种各样的效应和影响在其中起作用。基于因矛盾而起的变化，我们可以把实体发展的每一个阶段都视为对此前经历阶段的反应。如果这样看待事物发展的话，恩格斯的话就是十分有道理的，他说："排斥是运动的真正主动的方面，吸引是被动的方面。"[①]对于马克思、恩格斯来说，事物经过否定之否定的发展过程，似乎又回到了原来的出发点，但这一回复绝对不是简单的和朴素的，而是一种更为高级的复归，两者是有本质区别的。正是由于这个缘故，在论证马克思的辩证方法时，恩格斯考察了辩证思想从古希腊到黑格尔的发展，并且对矛盾问题中的"扬弃"进行了界定。

在奥尔曼论述马克思的辩证方法及其观察功能时，主要涉及三大规律形态，或者也可以说是四大规律，因为最后关于螺旋发展的趋势也是事物发展规律的一种具体实现形式。奥尔曼认为，正是这四大规律为马克思运用辩证的方法去观察世界万事万物及其变化提供了普遍适用的模式。在这种操作模式下，任何进入马克思视野中来和马克思打算与之打交道的实体都

---

① 恩格斯：《自然辩证法》，载《马克思恩格斯全集》第 20 卷，人民出版社 1958 年版，第 629 页。

会被视为在同一个背景中与所有其他实体内在相关的,而这个背景自然是处于永恒的运动状态之中。所以,马克思的辩证方法实际上是我们洞察事物质变和通过矛盾及其解决不断扬弃自身的发展过程的理想工具。

就马克思辩证方法的观察功能来说,它并没有提供普遍适用于所有领域现实的操作公式,而是为了提高有关范畴或概念在认识和把握对象上的作用,有意识地对几大规律和模型进行了相应的调整和重置。在这种视域下,马克思的规律和范畴并不打算针对某些特定的实体提供任何具体的细节和真实的信息,因为这样的话,会让他的辩证方法适用范围变得有限。因此,我们最好把这几大规律理解为对人们日常生活经验的重塑和综合,之所以做出这种加工和处理,完全是由于人们经常把一些彼此内在相关的因素分割开来结果导致歪曲现实的缘故造成的。在他们看来,这些规律和范畴不过是一些形而上学的虚构,不可理喻。但当我们按照恩格斯的意见对这些概念公式进行具体解释时,其中的本质内涵、功能和作用也就开始向人们显现出来并被接受。对于马克思来说,这些规律和范畴从来就不是陌生的,他不需要也感到不是很必要为自己的辩证方法寻找特殊的证明,而且在任何情况下都不会觉得它们仿佛是新鲜事物。在辩证方法的作用下,马克思对任何事物都能辩证地加以掌握,他事实上也不可能把某些事物作为自己的辩证方法的反证。究其原因,所有这一切都要归功于马克思在观察事物及其所属世界时所持的关系概念,而这些规律和范畴不过就是这一概念的变形和重构。要言之,马克思的辩证方法在人们观察事物和世界的过程中起到一种整理和重建日常经验的作用。

在观察事物的方法上,奥尔曼认为马克思的辩证方法只是提供了一般原理,用今天的话来说,就是"普遍的真理"。在论述马克思主义和阐释马克思的时候,这一点尤其应当加以注意。尽管如此,无论是马克思主义理论的朋友,还是敌人,都一度想把辩证法作为一种方法和手段用来提供和佐证事实和事物。在《反杜林论》这本书中,恩格斯之所以认为杜林不懂辩证法,是由于后者仅仅把辩证法看作对事物的证明,这就褫夺了马克思的辩证法作为一种辩证的观察方法的地位,结果沦为与形式逻辑和基础数学一样的地位。如果我们对马克思的辩证方法做出这样的理解,那么,它在被用以观察事物和世界时就会被附加上一些本来没有的框架和内容。在马克思辩证方法的范畴体系中,否定之否定规律和事物螺旋发展的趋势是最有可能落此窠臼的。这样做的逻辑结果必然是正题、反题与合题之类的僵化公式的建立,以至于在事实得以确立和被获取之前就已经启动了预测性的工作。照此推断,马克思的辩证方法就被严重地误读了,甚至因此被降格为一种猜谜游戏。根据奥尔曼的判断,人们之所以对形式主义的三段论感到厌烦和迫切希望辩证法能发挥一种生产出某种事物的方法论的功能,背后的原因是大多数人感觉到有必要把他们的注意力放在那些不怎么变化的事物上。[①]就这一点来说,即便人们把变化作为观察的主要对象也无济于事,因为他们一开始就不能以辩证的态度对有关事物加以处理和做出必要的说明。

奥尔曼认为,马克思的辩证方法在作为观察方法发挥功能作用之前首先要做的是为三段论公式中的每一个部分或环节划定界限。由于每一个实体都是关系的聚合体,我们实际上很难确定哪些关系或哪几组关系构成一个正题、反题或者合题,我们又在哪里,以及根据什么标准,来划定这三个因素之间的关系。对于这些问题,奥尔曼还是给出了自己的答案,要知道,即便是那些辩证地对待事物和世界的人们也会经常遇到此类问题。在他看来,马克思的辩证方法首先不是用来预测事物和证明某物的。奥尔曼指出,如果把马克思的辩证法用来预测事物,这种方法本身不会出现什么错误,只是有可能被认为是愚蠢和没有任何价值的。因为作为合题出现的东西一旦没有如期来到,我们完全有可能说这是一个罕见的例外,或者就此转向另一个合题,要么就是继续等待原来的合题最终出现的时刻。在奥尔曼看来,马

[①] Bertell Ollman, *Alienation: Marx's Conception of Man in Capitalist Society*, New York: Cambridge University Press, 2nd ed., 1976, p.59.

克思既不会以这样的方式提出问题,也不会得出诸如此类的结论,他从不把辩证方法的规律和范畴作为论据来使用,因为它们本身也是一个又一个的抽象。在马克思那里,他对具体事物做出的结论不是建立在事物螺旋发展的基础之上的。

在对杜林进行批判的过程中,恩格斯正确地指出了马克思的辩证方法在如何看待资本主义生产过程方面的理论特征。恩格斯说:"当马克思把这一过程称为否定的否定时,他并没有想到要以此来证明这一过程是历史地必然的。相反地,他在历史地证明了这一过程部分地实际上已经实现,部分地还一定会实现以后,才又指出,这是一个按一定的辩证规律完成的过程。这就是一切。"[1]由此可见,尽管马克思认为资本主义生产方式的诞生和发展过程遵循了一定的辩证规律,是在马克思所谓辩证方法的理论视域中得以呈现出来的,但这个具有历史必然性的过程并不是一定要靠这种方法作为理论工具的作用才能发生出来和发展起来。也就是说,事物的逻辑发展和历史过程是一回事,而马克思对其的观察和领会又是另一回事,两者虽不是截然有别,但肯定是有非常大的区别的。

总的来说,以上所述规律和范畴在马克思的辩证方法中具有非同寻常的重要性和意义,因其作为理论工具和思维范式强有力地影响了马克思对于研究对象的观察和组织观察所得的具体路径。一方面,这些规律和范畴帮助马克思把事物的变化纳入关注的中心,另一方面,它们又使马克思在任何情况下都不会忽略那些不应该受到忽视的发展因素,也会注意到那些没有受到充分注意的结构和变化。但是,仅此而已。因为对于马克思来说,可以作为证据和预期存在的实体性内容,并不是这些辩证法范畴和规律,而是马克思通过对特定实体的研究所洞见和把捉住的真实存在的关系及其总和。不过,就马克思的辩证方法来说,这些规律和范畴始终存在,且作为对

---

[1] 恩格斯:《反杜林论》,载《马克思恩格斯选集》第3卷,人民出版社1995年版,第477页。

客观事物变化的类型模式的描述在日常经验层次上继续发挥作用。在最好的情况下，且在事实已经收集完毕的条件下，辩证地说来，像正题、反题、合题这样一套标签是可以用来辅助陈述的。只是，在马克思看来，这并不是一种理想的叙述方式。马克思在《哲学的贫困》这部早期著作中很好地表达了这一观点。①奥尔曼据此判断内在关系哲学才具有更加重要的作用。

二、作为研究方法的辩证法

马克思的辩证方法不仅是一种观察方法，而且同时也是一种研究方法和叙述方法。我们先来看什么是马克思的研究方法。奥尔曼是把研究方法和叙述方法进行对比来说明这个问题的。马克思说："在形式上，叙述方法必须与研究方法不同。研究必须充分地占有材料，分析它的各种发展形式，探寻这些形式的内在联系。"②对于马克思而言，叙述方法说到底是要把自己的研究发现表达出来，这就要在材料的组织形式和术语的选择上下功夫。奥尔曼指出，内在关系哲学并不会否定马克思研究方法的经验特征。所以，马克思绝不会从术语的含义中推导出自己关于资本主义的理解，而是像社会科学家一样，通过自己的研究得出结论。在某种意义上说，马克思是运用这种研究方法的典范，因为他甚至由于想了解英国将爆发的经济危机会以一种怎样的方式向前发展，而有意识地推迟《资本论》第二卷的出版。

作为一种研究的方法，马克思的辩证方法力求做到的是对诸实体性要素内在相关的多元化的方式进行分析和考察。从研究对象的角度来说，马克思的辩证方法并不是以任何单个的实体性要素为理论探讨的主题的，毋宁说，是把更大范围的背景和在一定的认识层次上特定的整体作为主体来对待的。其中，任何一个部分都是内在地包含其对整体的本质联系。所以，对于马克思的研究方法而言，第一个要紧的问题就是，如何在一个整体中划

---

① 马克思：《哲学的贫困》，载《马克思恩格斯选集》第1卷，人民出版社1995年版，第138页。
② 马克思：《资本论》第1卷，载《马克思恩格斯选集》第2卷，人民出版社1995年版，第111页。

分出可能的部分,以便探究各部分之间以及部分和整体之间的内在关系,而这里的整体只是事先经过假设而存在的,所以还需要后期进行科学的论证。奥尔曼指出,这个理论工作通常叫个体化,即把活生生的现实划分出在理论实践中具有一定可操作性的要素,以便辩证的研究。在奥尔曼看来,所有的内在关系论者都要面临这方面的问题,而对于这个问题,马克思在《资本论》中宣称是要用"抽象力"来解决的。

奥尔曼认为,我们之所以要运用"抽象力"来探究现实,主要是因为现实是一个整体,而这个整体内部的各种本质联系并不是显而易见的。任何一个抽象的结果都构成这个整体的有机组成部分,而它与其余部分乃至整个现实之间的联系是需要我们认真加以研究的对象。按照奥尔曼的一贯看法,这个部分就自身来说也是一个整体,或者,我们在其中能够看到该部分所属的整体。在马克思哲学中,抽象和具体是相对而言的,只有通过抽象的行动,我们才能在思维中进到具体。因此,根据马克思的观点,说我们所处的世界是由抽象构成并且也是被抽象统治和支配的,这是对世界的现实认识不完全和世界本身尚存异化的证明。事实上,不管马克思对世界的观察如何,他都不能免除在研究中需要用到个体化的部分,这是辩证研究的必然要求。两者的差别只是在于,经过抽象划分出来的部分很有可能是有所不同,且在把这些部分所包含的关系内涵加以主题化和凸显出来的规模和程度等方面也会有所不同。由此可见,马克思在研究中所适用的抽象方法并不限于得出"生产关系"和"剩余价值"这样的新概念,而包含了很多其他的和进入马克思的理论研究中来的其他理论元素。对于马克思来说,所有这些元素都是辩证抽象的结果,即从一个整体中划分出部分的抽象行动的结果,而这个被先行预设而后又加以论证和不断获得巩固的整体又是包含在每一个部分之中的。奥尔曼指出,马克思对部分的抽象和划定源于两个考虑:(1)他在现实中所把握到的具体事实;(2)马克思所要面对的问题和研究的需要。正是由于这个缘故,马克思作为抽象大师,在黑格尔之后,给我们留下了《资本论》的大逻辑,为我们认识和考察马克思的辩证方法提供了分析的对象文本。

为了对整体的各个部分进行研究,马克思首先得将所有部分从整体中抽象出来,但由此得来的结果并不就是抽象,至少,作为结果的部分并不全是抽象。按照奥尔曼的看法,抽象一词是有特定内涵的。在马克思那里,抽象的意思是指已经剥离其与整体有机联系的部分,用奥尔曼的话来说,就是和所属现实背景或历史条件脱离开来的单元。这样一些抽象自然是就其与生长于其中的特定社会的联系完全处在人们的视野之外而言的。奥尔曼指出,马克思主要把劳动理解为资本主义社会的特殊产物,而当人们以为劳动一般来说是任何社会的存在条件时,就变成一个抽象存在物。在奥尔曼看来,只有当我们把人的生产活动具体化为奴隶劳动、行会劳动、雇佣劳动等,我们才能避免把劳动理解为抽象的一般,而这又是因为我们把人们的生产活动与其存在条件,以及把这种活动条件与劳动产生的结果联结起来了。

马克思在研究资本主义的过程中,非常注意出发点的选取工作。研究从哪里开始,这是马克思运用辩证方法的过程中首先注意的一个问题。在马克思看来,作为研究出发点的东西不能是感性具体的东西,而应该是一个真正的抽象或者科学的抽象。所以,在《资本论》中,马克思以之为出发点的并不是资本主义社会常见的雇佣劳动,也就是现代工人的劳动,而是劳动本身或者劳动一般。奥尔曼指出,马克思之所以这样做,主要是为了规避一些不必要的麻烦,也是为了在对资本主义生产方式展开真正的研究之前,不要卷入到资本主义体系的具体范畴中去。正由于此,马克思的政治经济学批判开始于"一般的抽象的规定,因此它们或多或少属于一切社会形式"①,并且进展到一些具体的形式,而这些形式不过是正在讨论的社会形态的结果。按照这种理解,我们不难理解,马克思对资本主义的研究是从劳动和价值等

---

① 马克思:《〈政治经济学批判〉导言》,载《马克思恩格斯选集》第 2 卷,人民出版社 1995 年版,第 26 页。

这样一些合理的抽象开始的。不管它们合理到什么程度——毕竟还是抽象——马克思在研究的过程中始终注意把这些抽象与其所属的更大背景联系起来，它们与这些作为背景存在的整体是内在地关联在一起的。马克思的经济学研究并不会滞留于这些抽象本身，而是力图通过利用它们达到对资本主义整体的理解和掌握。换言之，在《资本论》第一卷第一部分中，马克思的假设是唯一科学合理的假设。所以他写信给恩格斯说："只有这样，才能在研究每一个别关系时不致老是牵涉到一切问题。"[1]这就说明，抽象在马克思的研究方法中占有重要的一席之地，也得到了国内外学者的广泛关注。

马克思在研究方面的特点虽说最终是凸显了资本主义整体，但尤其关键之处却在于划定了用以研究整体的部分。每当部分被构造出来，马克思紧接着就开始探究这些部分相互作用的具体方式和多元化的途径，无论是把它们视为自成一体且彼此有联系的总体，还是一个更大背景的有机组成部分。在奥尔曼看来，马克思的辩证方法既要把一个整体内部的各个部分作为一个有机整体来对待，也要对诸多部分与更大整体之间的内在关系进行探究，从而建构起对资本主义生产方式的完整理解。在研究它们相互作用和彼此制约关系的过程中，马克思事实上选择了多个不同的角度，其间经历了从资本到劳动再到价值的转换，无论是哪一个，都是马克思对资本主义复杂机制的研究。在每一种情况下，研究的对象是一样的，但选择的角度和研究的具体路径却又不太一样，这体现出马克思的辩证方法在研究问题上的一些典型特点。关于这一特点，我们可以在《1844年经济学哲学手稿》中找到大量的证明。

马克思的辩证方法为其考察事物变化的模型提供了普遍有效的理解框架，通过它们可以洞见和发现一些特殊种类的发展。尽管如此，奥尔曼认为马克思始终是以资本主义社会内部产生的错综复杂的影响为研究主题的。

---

[1] 《马克思致恩格斯》，载《马克思恩格斯全集》第29卷，人民出版社1972年版，第300页。

马克思之所以能发现其中的影响机制并从中成功地走出来,靠的是自身强大的抽象思维能力和在部分中把握整体的能力。因此,恩格斯认为,如果没有马克思,我们对资本主义的理解远不是今天这个样子。进一步说,马克思主义之所以是科学,无非是因为马克思把握住了资本主义的本质联系,而这些联系在马克思主义理论体系中是被理解为本质或科学的。马克思经常把本质和现象进行对比,然而,在马克思哲学中,凡是本质都是包括现象在内的,但又在各个方面超出了现象,而现象也正是在与本质的相互作用和相互影响中获得自己在认识上的重要性和意义的。在理解和把握事物的过程中,马克思认为重要的和处于关键地位的因素或角度往往是随着考察对象的不同而有所不同的。所以,马克思对其本质规定的认识也是不一样的。这一点尤其体现在他对人的本质之多方面的展开方面。从原著来看,马克思分别从人的活动、社会关系和劳动对象等方面对人的本质进行过界定,但这绝不意味着马克思会认为人的本质是上述各类规定的混合物,而是要意识到,马克思正是通过本质范畴清晰地标明了自己研究的主要关注点和强调的重点。正因为这样,我们在翻译马克思的关键术语和理解他的语言时会面临极大的困难。譬如,我们不能把 essence 简单地翻译为核心或者结构,也不能把马克思所谓本质的东西直接说成是经济条件。准确地说,经济决定论之所以误会了马克思,是因为其主张者忽略了在马克思那里经济因素起作用的各种条件和中介作用。换言之,对经济基础的强调并不意味着经济条件会自动地起作用,它需要有与之相适应的社会条件和文化中介。

奥尔曼指出,马克思的辩证方法在研究上的功能是要抓住事物的本质和根本,这就是说,要从可见的现实中提取出那些主要的本质关系和根本内容。在奥尔曼看来,要想做到这一点,我们必然要从日常生活的经验出发,把普遍联系在一起的各种实体性事物之间的外部关系作为关注的焦点和对象,深入挖掘,进而探究出内在的结构和本质的关联。所以,奥尔曼不仅把事物理解为关系,或者从关系的角度理解事物,而且还强调对事物及其所属世界的研究也就是对该事物寓居于其中的关系及其集合进行探究。用恩格斯的话来说:"指出每一个物或过程在自然联系中的地位,从而认识它们。"①马克思对这一点是非常赞同的,他的辩证方法在研究上的主要功能就在于从一切表现形式那里探寻"隐匿在它们背后的基础"②。

马克思为辩证方法的研究功能做出了很多的阐释。在致路德维希·库格曼(Ludwig Kugelmann)的一封信中,马克思也谈到了这个主题。尤其是当 1848 年欧洲革命失败以后,马克思退回书房,开始从事政治经济学批判研究,他说出的第一句话也是:"如果事物的表现形式和事物的本质会直接合而为一,一切科学就都成为多余的了"③。所以,作为一种研究方法,马克思的辩证方法具有和发挥着十分重要的功能,它使我们从现象层面进展到本质的关系,让我们得以从表象世界中挖掘出处于基础地位的核心要素。这样,根据日常生活经验来看待和理解的事物因此就有可能被科学地理解,从而发现其中那些不可见的现实,即通过掌握有关的信息和对之进行梳理在思维中重构那些晦涩的难以理解的关系。

最后,马克思的辩证方法事实上解决了有关"马克思主义到底是不是科学"的疑问。作为一种研究方法,马克思的辩证方法明确界定了研究的目标在于从对象事物中找出内在的关系,以及通过划定有关部分相互之间的界限以及探究它们相互之间的本质关联,来回答这个问题。对于奥尔曼来说,他对马克思的辩证方法感兴趣和做出专门研究也主要是因为这种方法可以帮助其在探寻马克思的语言之谜的过程中有所洞见和发现。奥尔曼是正确的,马克思从来没有在自然科学的意义上使用科学概念,因而,我们应当在有别于通常的科学概念的基础上对马克思主义是否科学的问题做出新的回答。

---

① 恩格斯:《自然辩证法》,载《马克思恩格斯选集》第 4 卷,人民出版社 1995 年版,第 340 页。
② 马克思:《资本论》第 1 卷,载《马克思恩格斯全集》第 44 卷,人民出版社 2001 年版,第 621 页。
③ 马克思:《资本论》第 3 卷,载《马克思恩格斯全集》第 46 卷,人民出版社 2003 年版,第 925 页。

三、作为叙述方法的辩证法

奥尔曼认为,如果把马克思的研究方法理解为对抽象出来的部分之间或寓居于其中任何一个部分的内在关系的研究,那么,马克思的叙述方法就是马克思为把这些发现出来的关系向预定的读者进行推介和表达的策略。马克思的叙述方法与一般人不同,与专门的学者也有差异,他有自己独特的叙述方法。按照奥尔曼的看法,马克思的辩证方法在其叙述策略上的实现首先是通过对英法古典经济学家的批判得以实现的。对于马克思来说,叙述的方法旨在对特定的读者传达自己的研究发现,也就是被隐匿起来的各种内在关系。马克思辩证方法的这个功能将帮助读者真正发现被隐匿起来的内部结构,而这又是通过科学发现出来的。奥尔曼指出,马克思面临的真正困难在于,人们通常发现的是事物之间的关系,而他本人经过研究得出的都是作为关系存在的事物,这的确是一个叙述上的难题。马克思解决问题的方案首先体现在他的叙述目标上,即要给读者提供一个对现实的镜像理解,而判断这个目标是否得到实现的标准则在于,我们是否在人的思维中再现和重构了关系主体的现实生活过程。当然,马克思对此也有疑虑,他曾指出:"材料的生命一旦观念地反映出来,呈现在我们面前的就好像是一个先验的结构了。"①这是马克思的辩证方法在叙述功能方面的重要特点。

马克思在叙述方面的目标是最终形成一个演绎性质的体系,其中著作的各个部分彼此有着密切的本质关联。譬如,马克思说道:"不论我的著作有什么缺点,它们却有一个长处,即它们是一个艺术的整体;但是要达到这一点,只有用我的方法,在它们没有完整地摆在我面前时,不拿去付印。"②诚然,马克思非常想把自己看到的和经过研究得出的世界图景告诉人们,但总是对自己付出的努力和由此达到的成果不甚满意。所以,马克思似乎从来

---

① 马克思:《资本论》第 1 卷,载《马克思恩格斯选集》第 2 卷,人民出版社 1995 年版,第 111 页。
② 《马克思致恩格斯》,载《马克思恩格斯全集》第 31 卷,人民出版社 1972 年版,第 135 页。

没有能够真正表达出他想对我们说出来的。马克思的书信表明,在《资本论》创作期间,他不断暗示自己一直在努力完善自己的表述。奥尔曼指出,马克思在《1857—1858年经济学手稿》中使用过的叙述方法也在后续著作中被超越,而在《资本论》第一卷正式出版之前,马克思因好友库格曼的要求再次改变了叙述的策略,以迎合读者对说理的要求。同样,《资本论》德文第二版的叙述风格也与此前大不一样,而几年之后的法文版亦复如是。甚至在马克思1883年去世之时,恩格斯告诉我们他依然在改进自己在《资本论》中的叙述方式。因此,马克思几乎从来没有真正达到对现实的镜像理解,尽管他是以此为理论目标的。

奥尔曼指出,为了在思维中再现作为具体的总体的现实,马克思主要致力于组织研究所得的材料和选择合适的术语。在这里,马克思对他的研究主题的呈现具有双重特征:(1)历史地再现,即把事物在发展过程中最为重要的因素加以主题化和重点强调;(2)辩证地重构,即把在特定时期被主题化的对象里面的内在关系加以阐明和进行解释。在《资本论》中,马克思提供了这两方面比较多的例子。比如,马克思从横向和纵向两个维度分析了资本、劳动和利息等经济形式,认为从起源来看,这三者有一种历史关系,同时又彼此互为对方或第三方的一部分,从而呈现出一种辩证关系。对于这两个方面本身之间的关系,马克思主义创始人也多有论述。在马克思和恩格斯的通信中,两位导师经常就叙述方法和方式的问题交换意见和看法,有力地促进了两种叙述策略的融合共进。

但是,在一般读者看来,辩证地叙述和历史地叙述是一种二元对立的表述方式,但只要在马克思主义理论中,这两个叙述策略就不会彼此冲突,相反会合而为一。恩格斯说:"逻辑的方式是唯一适用的方式。但是,实际上这种方式无非是历史的方式,不过摆脱了历史的形式以及起扰乱作用的偶然性而已。"①

---

① 恩格斯:《卡尔·马克思〈政治经济学批判·第一分册〉》,载《马克思恩格斯选集》第2卷,人民出版社2012年版,第14页。

恩格斯表述的虽然是逻辑和历史相统一的方法论思想,但这里的逻辑的方式和奥尔曼对马克思辩证方法的理解是有一致性的。所以,我们可以认为,马克思的辩证方法是其历史方法的另外一种形式。对于马克思来说,任何事物都是历史发展的结果,因此,对该事物内部及其与另外事物辩证关系的揭示也就相当于展示了事物发展的具体过程,而对事物发展过程的分析也就是对该事物所处辩证关系的系统处理和揭示。这些都是没有疑问的。

奥尔曼认为,马克思的辩证方法在叙述方面有两个非常显著的特点:(1)每一个主体都从不同的角度加以处理;(2)同一个主体都考虑其在不同的历史发展阶段所采取的特殊形式。按照恩格斯的说法,正是由于这两个典型特征,他在编辑出版马克思《资本论》的未完成手稿时遇到极大的困难,也正是在这些手稿中发现了叙述方面的大量实例。具体来说,马克思在叙述消费、分配或交换时都要与生产联系起来进行,他对资本家角色的设定也要跟自己关于工厂、国家、市场等范畴的论述联系起来才有意义。特别是当资本家成为马克思的研究对象时,我们又可以分别从前述各个角度认识,结果就是马克思或有大量的重复。

马克思的叙述方法是要在事物的发展过程中探究其具体的表现形式。在马克思主义理论体系中,特别是在马克思的政治经济学批判体系中,价值的形式变换就是一个最为显著的例子。其中,价值从劳动那里起源,历经资本、利息、地租,最终又表现为货币,也就是出现在流通领域。这是马克思的主要著作《资本论》里面的一条清晰的线索,我们可以从中发现,马克思分析和阐明过的每一个不同的经济范畴实际上是同一个经济形式的不同表现。也就是说,通过不同的角度表述同一个事物以及把看起来明显有差异的事物表述为具有同一性的事物,马克思一直在努力实现对现实的镜像理解,其中,诸实体性事物之间都彼此相连,对于每一个关系来说都是本质又重要的组成部分。

如此看来,马克思事实上并不能在单个环节或因素那里阐明和揭示所有的关系,至少不能立即完成这个任务。所以,马克思在处理和研究任何一个问题时都选择按照步骤来进行,总是要经历一系列的阶段,美国著名马克思主义经济学家保罗·斯威齐(Paul Sweezy)把这种方法叫作"连续接近"的方法。奥尔曼指出,在每一个领域乃至在每一本书中,马克思都是部分地接近了这个现实,按照这个方式处理他的材料。因此,我们可以说,马克思的结论大多带有暂时的性质,或者说并不具有最终的性质,原因在于,新的发展随后又能促使马克思对自己的研究主题做出新的修正。

奥尔曼认为,马克思的叙述方法使得马克思可以在不了解未知事物的情况下对它进行科学的假设,个中原因在于他已经掌握了与之有联系的各种因素或环节。为了推进和继续自己的研究任务,马克思把尚未得到表述的部分和已经得到表述的部分联系起来,并把前者纳入后者之中,或归作一类,从而也就可以用后者的术语加以表述。马克思说:"如果一个方程式的已知各项中没有包含解这个方程式的因素,那我们是不能解这个方程式的。"①这句话非常形象,可以直接用来解释马克思的叙述方法,即马克思对术语的选择和使用已经包含了他在研究过程中对事物达到的理解。奥尔曼指出,在学习马克思的著作时,我们普遍能够感觉到一个基本的事实,即马克思的用语和我们通常理解的是不一样的,有时候甚至截然不同,这表现在随着我们对其著作阅读的推进,大家会愈来愈发现马克思的术语日益显示出新的和更为宽广的内涵。根据奥尔曼的说法,如果达到这样的结果,我们就在理解马克思的道路上又向前迈进了一步。

奥尔曼认为,马克思的现实概念具有双重要求:(1)在对作为关系存在的事物进行研究时做出科学的假设,以便实现深刻的尽管是片面的理解;(2)在表述和指明被洞见到的现实联系时,采用速记或快捷表达的方法,而不是在细节上进行处理。马克思的辩证方法在叙述方面的策略也已成为他

---

① 马克思:《马克思致斐·多·纽文胡斯》,载《马克思恩格斯全集》第35卷,人民出版社1971年版,第154页。

的批评者们的眼中钉和肉中刺。譬如,马克思使用了"反映"(reflection)、"表现"(manifestation)、"另一种表达"(another expression)和"用同样的尺度"(in the same measure)等术语,这些都给马克思主义的反对者甚至是对马克思主义抱有同情理解的学者造成了不少的困扰。诚然,这些表达方式并不就是一个意思,但它们都是马克思的辩证方法在叙述领域的具体运用和实现形式,主要目的在于把读者的注意力引向和吸引到看似没有什么联系的实体性事物之间的内在关系上来。在任何一种情况下,马克思所表达的要素彼此互为对方或其他各方的一部分。

奥尔曼指出,如果不能掌握马克思的辩证方法在叙述方面的实现路径和表达策略,我们就不能很好地理解马克思的很多判断和命题。在马克思主义阐释史上,经常发生这样的情况,马克思用他的关系框架去理解不同事物之间的同一性,而他的对手们却一味地去把本来有机地联系在一起的事物分离开来。在《德意志意识形态》中有这么一句话:"分工和私有制是相等的表达方式,对同一件事情,一个是就活动而言,另一个是就活动的产品而言。"①这句话揭示了"分工"和"私有制"之间的同一性。在马克思、恩格斯看来,分工和私有制是有着内在关系的,两者都是同一个整体的有机组成部分。如果不严格按照马克思的辩证方法及其叙述策略来理解,我们就很难在现实生活过程中真正把握两者之间的具体联系,但也只是内在联系而已。换言之,通过这句话,我们并不能深入到分工和私有制这两个因素之间联系的具体性质,但已经可以知道它们互为对方的一个组成部分,以及构成彼此存在的物质条件。

英国哲学家布拉德雷(Francis Herbert Bradley,1846—1924)对同一性概念的界定有助于我们对马克思叙述策略的理解。布拉德雷同样是内在关系论者,根据奥尔曼的考察,他认为人们通常说的同一性并不是指有关实体

---

① 马克思、恩格斯:《德意志意识形态》,载《马克思恩格斯文集》第1卷,人民出版社2009年版,第536页。

性事物具有相似的性质,而是就它们共同属于一个更大的整体,且相互之间的本质联系已被研究和制定出来。事物的同一性表明,它们相互之间的关系是实体性的存在,并且是各自分别是什么的一个有机组成部分。正因为如此,对其中任何一个事物的充分的说明都离不开对与之相关事物的阐释和评价。不难理解,马克思会说,而且很早就说:"历史本身是自然史的即自然界生成为人这一过程的一个现实部分。自然科学往后将包括关于人的科学,正像关于人的科学包括自然科学一样:这将是一门科学。人是自然科学的直接对象;因为直接的感性自然界,对人来说直接是人的感性(这是同一个说法),直接是另一个对他来说感性地存在着的人;因为他自己的感性,只有通过别人,才对他本身来说是人的感性。"①在《共产党宣言》中,马克思、恩格斯所谓"资产阶级=资本"的说法在某种程度上也是非常典型的例证,说明他们一贯采取辩证的叙述方法,即把有关事物的内在关系充分揭示和表达出来。

总而言之,马克思运用他的辩证方法叙述自己的研究成果有以下两大好处和优势:(1)马克思能够使用同一个术语表达完全不同的事物;(2)马克思又能够使用完全不同的术语表达同一个事物。对于前者来说,我们之所以能够采用同一个术语来表达彼此不同的事物,主要是由于各不相同的事物在本质上是该术语所承载的关系聚合体的不同的方面。对于后者来讲,我们之所以能够采用互不相同的术语来表达同一个事物,则是因为所有的术语都带有为日常经验认可和支持的共同规定性。在奥尔曼看来,马克思不过是在一个整体内部追踪组成部分之间的关系而已。换言之,前者强调的是关系的整体在各个部分之中的具体实现形式,而后者的关注点则在于各个实体性要素在关系整体中的集中表现形式。事实上,在对实体的考察中,不同的角度意味着我们对其功能发挥和表现方式的不同理解。奥尔曼

---

① 马克思:《1844年经济学哲学手稿》,载《马克思恩格斯全集》第3卷,人民出版社1995年版,第308页。

由此认为整个马克思主义理论都在广泛采用这两种叙述方法，这是他在阐释马克思辩证方法的功能方面所取得的又一成果。

第五节　马克思辩证方法与抽象过程

奥尔曼认为，在马克思主义的理论体系中，马克思的辩证方法是最容易受到歪曲和滥用的，这种现象并不只是发生在对马克思主义和社会主义怀有敌意的人当中，而且也出现于对两者表示友好的学者之中。前者以卡尔·波普尔（Karl Popper）为代表，后者以乔治·索雷尔（George Sorel）和琼·罗宾逊（Joan Robinson）为代表。可是，马克思的辩证方法又是非常重要的。奥尔曼指出，很多思想家都把马克思的辩证方法看作他对社会主义理论的最重要奠基，卢卡奇甚至宣称正统马克思主义的唯一标准就在于对马克思的辩证方法的坚持。马克思的辩证方法对于不同的学者或者思想家来说具有不同的意义和价值。在奥尔曼看来，这种不同是由多种因素造成的，其中最重要的是我们对辩证法作为一种哲学方法的主题的性质没有给予充分的注意。对于奥尔曼来说，在辩证法的基本任务上达成一致是一个至关紧要的问题。

奥尔曼认为，首先而且最为重要的一点是确定辩证法的主题。对于奥尔曼来说，变化和相互作用构成辩证法的主题，事物或者诸事物始终而且毫无例外地处于变化和相互作用之中，问题在于我们如何充分地领会并在思想中认识和把握它们，同时还要不遗漏或者歪曲这些已存在的变化和相互作用。从原著来分析，马克思是通过抽象来解决这个问题的。对于马克思来说，抽象是一个复杂的理智过程，这个过程还很少得到理解，以致构成一个重要的哲学问题，即抽象之谜。奥尔曼对马克思辩证方法的解读较为独特的地方在于他发现了马克思对抽象的使用及其过程，并对之做出了自己的解释。在奥尔曼看来,内在关系哲学和抽象过程构成马克思的辩证方法的两大理论支柱。由此出发,我们认为奥尔曼对马克思辩证方法解读的理论贡献也就在于他提出了内在关系哲学对于马克思辩证方法的奠基意义以及洞见到马克思辩证方法中的抽象过程,并详尽地阐述了这个抽象之谜的解答对于马克思辩证方法有关功能的发挥所具有的价值。

一、马克思抽象概念的独特内涵

对于马克思来说,抽象(abstraction)是一种力(force)。在《资本论》第一卷第一版序言中,马克思指出了政治经济学的研究方法与物理或化学的研究方法的不同。马克思说:"分析经济形式,既不能用显微镜,也不能用化学试剂,两者都必须用抽象力来代替。"[①]关于抽象在马克思辩证方法中的地位和作用,我们可以从马克思在《资本论》中对"从抽象上升到具体"这一著名原理的强调来得到理解。就马克思的辩证方法来说,抽象是真正的出发点,但是我们要对抽象有正确的理解。苏联哲学家伊林柯夫通过对《资本论》的解读得出这样的结论:马克思的抽象是真实的,客观的。在伊林柯夫看来,这个结论有两个根据:其一,马克思的抽象是完全的;其二,马克思的抽象不是形式的,而是有内容的。[②]伊林柯夫关于马克思的抽象的观点具有一定的说服力。

奥尔曼认为,黑格尔和马克思都是抽象大师,但他们的抽象在本质上是不同的。黑格尔把实在理解为自我综合、自我深化和自我运动的思维的结果,而马克思则认为,从抽象上升到具体的方法只是思维用来掌握具体并把它当作一个精神上的具体再现出来的方式。因此,它绝不是具体本身的产生过程。在奥尔曼看来,马克思的抽象过程应该是这样的:从现实的具体出

[①] 马克思:《资本论》第1卷,载《马克思恩格斯选集》第2卷,人民出版社1995年版,第99—100页。
[②] [苏]伊林柯夫:《马克思〈资本论〉中抽象和具体的辩证法》,孙开焕、鲍世明、王锡君、张钟朴译,山东人民出版社1993年版,第197页。

发,经由思维的抽象过程,再进展到思维的具体。①根据奥尔曼的观点,马克思的抽象只是思维用来把握具体(真正的具体就是现实)的手段和中间环节,它表现为一个过程。奥尔曼认为,在解读马克思辩证方法的过程中,人们虽然能够认识到马克思对抽象的使用,但对这个使用过程还甚少了解,更不用说理解了。

在奥尔曼看来,抽象在马克思的辩证方法中扮演了一个十分重要的角色。但是,抽象之所以拥有如此重要的位置,则是基于马克思对现实概念的理解。奥尔曼认为,马克思关于现实的洞见是从把现实分解为可以得到理解并且易于把握的要素开始的。奥尔曼由此把马克思的辩证方法划分为理解现实、研究现实和叙述现实三个阶段(环节),也可以说是三个方面(部分)。其中,对现实的理解是通过内在关系哲学加以实现的,而对现实的研究和叙述则是通过对马克思辩证方法中抽象过程的发现和阐释加以实现的。

对于奥尔曼来说,现实是一个关系整体,这里属于现实的理解问题。但是,我们对现实的研究和叙述则不能从整体着眼和开始。奥尔曼说:"我们的理智并不能一下子穷尽整个世界,正如我们的肠胃不能吸收它一样。"②为此,我们需要在思维中把现实分解为各个独立然而又能为我们所掌握的部分,这个过程就是抽象。对于马克思来说,抽象所要实现的任务就是:凸显事物的某种特征,以适当的方式聚焦这些特征并把它们有效组织起来。奥尔曼把我们对现实的研究和叙述看作完成此项任务的两个有机环节。需要说明的是,这些被突出的特征并无脱离原来所属的总体,它们由此所获得的独立性只是暂时的。

根据奥尔曼的观点,抽象本质上是一种划定界限的精神活动。我们的视觉、听觉等各种感官所接收的信息都只是我们所遇到的信息的一部分,因

---

①② Bertell Ollman, *Dance of the Dialectic: Steps in Marx's Method*, Univ. of Illinois Press, 2003, p.60.

为我们在与这些信息打交道的过程中,总会有意或者无意地确立一个中心,也就是关注点。围绕这个中心(关注点),我们把与此有关的东西和与此无关的东西区分开来。因此,我们在思考和考察某个对象的时候,实际上只是聚焦了这个对象和它的现实的某个方面或者少数几个方面,而不是全部,由此把很多与此聚焦无关的性质和关系抽象掉了。因此,奥尔曼说:"确定这种界限的精神活动,无论是有意识的还是无意识的——尽管它通常是两者的混合物——就是抽象过程。"①奥尔曼把抽象理解为精神领域的划界活动,并从过程这个角度加以解读,为我们深刻认识马克思对抽象的独特使用提供了一种视角。

奥尔曼主张抽象对我们确定认识对象的独特性有重要作用。一方面,我们要不可避免地接受来自外部物质世界的影响,同时还要受到我们置身于这个世界所获得的经验的影响;另一方面,我们会受到个人的愿望,所在团体的利益以及其他社会因素的影响。奥尔曼认为,尽管我们始终受到上述双重影响,但是,一旦引入抽象这个维度,我们也就更加容易确定上述我们与之打交道(也就是相互作用)的因素的独特性质。借助于抽象这个维度,我们在认识对象和考察现实时,就更加容易把握其中所蕴含着的尺度。比如,在划定界限的过程中,我们通过抽象的具体展开使某物成为同一类的一个,或者两到三个,并让我们确切地知道它们所属的这一类从哪里开始以及到哪里结束。只有当我们确定认识单元和考察要素后,才能专心并致力于阐述这些单元或者要素之间的一系列具体关系。根据奥尔曼的内在关系哲学,这些关系又是这些单元或者要素自身的一部分。抽象在这里实现的是分类功能和解释功能。

按照奥尔曼的说法,抽象通过它的分类功能和解释功能为我们确定聚焦的对象和范围提供了依据。我们对于对象的理解和把握是由我们怎样抽

---

① [美]伯特尔·奥尔曼:《辩证法的舞蹈:马克思方法的步骤》,田世锭、何霜梅译,高等教育出版社2006年版,第73页。

象决定的。举例说来,我们在观赏一部戏剧时,我们对一个人的抽象、对一群人的抽象,或者对舞台某一部分的抽象,都为我们研究本部戏剧的意义以及为检验这种意义提供了决定性的动因。我们在抽象文学时,我们在哪里划定界限,将决定我们研究哪一部作品以及研究这部作品的什么部分,采用哪一种研究方法,涉及哪些其他学科,按照什么顺序,乃至由谁来研究等问题。比如,如果我们在抽象文学时把它的读者包括进来,那么就会产生一门文学社会学;如果我们对文学的抽象排除了除形式以外的其他内容,则又会导致各种不同的结构批评方法。

奥尔曼认为,抽象本身是一个抽象,这是马克思辩证方法中的一个难题。这就是说,马克思辩证方法中的抽象本身是奥尔曼从这种方法中抽象出来的产物,而马克思的辩证方法又是从马克思主义理论中抽象出来的,马克思主义理论又是从马克思的生活和工作中抽象出来的。在奥尔曼看来,抽象的过程同时伴随有感知、概念、划界、记忆、推理、甚至思考等为人们所熟悉的诸过程。抽象过程既让人们对之感到陌生,同时也有某种熟悉感,其缘由也就在这里。从这些为人们所熟知的过程来看,它们当中的每一个在某种程度上都是通过把它们所面对的那种现实的某些方面分离出来并聚焦它们,将它们列为我们关注的重点。在进一步的抽象中我们又把上述抽象过程中的某些共同特征划分出来并聚焦它们,同时对之加以强调。奥尔曼说:"对于抽象的抽象既不容易做到,也不那么好觉察到,因此,很少有人能够做到这一点。"①马克思的抽象实践却成功地做到了这一点。

奥尔曼认为,马克思的抽象虽然取得了成功,但是令人难以理解。在奥尔曼看来,这个难题来源于马克思在不同的意义上使用了抽象,尽管这些意义之间又是紧密关联在一起的。首先而且最为重要的一点是,马克思的抽象是指把世界划分为可以用于我们对之思考的精神结构的思维活动。第二

---

① Bertell Ollman, *Dance of the Dialectic: Steps in Marx's Method*, Univ. of Illinois Press, 2003, p.61.

则是指上述划分的结果，也就是现实被拆分成的实际部分。从上述两个方面可以看出，马克思的抽象不仅是个动词，而且也是一个名词。换言之，在奥尔曼看来，马克思既把抽象看作一个行为，而且同时将之看成结果。此外，马克思也在第三种含义上使用抽象概念，即是指一类特别不合时宜的精神建构。在马克思那里，此种抽象错失了它的对象的现实，从而不能对之有充分的把握。这种抽象的失足之处在于，它过于狭窄，覆盖面太少，过于停留在现象层面，或者由于其他原因没有很好地建构起来。基于第三种含义，抽象就是意识形态的基本元素，这是异化社会中生存和工作的不可避免的观念后果。以"自由"为例，如果这种自由脱离一定个人的存在条件，那么这种自由就是一个错误的抽象，即处于这种自由中的个人不是"现实的个人"，而是"抽象的个人"。马克思对意识形态的批判就是对所批判的意识形态中抽象的批判。最后，马克思还在第四种意义上使用"抽象"一词，它指的是对现实世界中一系列与资本主义的功能实现有关的要素的独特组织。在奥尔曼看来，这种抽象为资本主义社会中的大多数意识形态抽象提供了客观基础。与上述三种抽象不同，第四种抽象存在于现实世界之中，而前三种抽象则只存在于人们的观念中。通过第四种抽象，某些时空界限和联系凸显出来，而其余的界限和联系则显得模糊乃至不可见。这就使得在实践中本来不可分离的东西显得独立，以及事物历史地获致的独特性质在它们的更为一般的形式后面趋于消失。马克思说："个人现在受抽象统治，而他们以前是互相依赖的。"[①]根据马克思的看法，所谓抽象，无非是那些统治个人的物质关系的理论表现。奥尔曼认为，这种抽象正是他所说的第四种意义上的抽象。

奥尔曼通过对马克思抽象概念的四种内涵的说明，为我们探究马克思的抽象过程奠定了基础，即马克思在他的辩证方法中是如何理解这个重要

---

① 马克思：《1857—1858 年经济学手稿》，载《马克思恩格斯全集》第 30 卷，人民出版社 1995 年版，第 114 页。

方面的。在这四种内涵中,我们不能耽搁其中任何一种内涵。一般说来,我们往往只是关注马克思对抽象的批判,从而使我们把注意力不自觉地转移到抽象的后两种内涵上来。可是,我们需要同时关注抽象的前两种内涵:作为动词的抽象(对现实的分解)以及作为名词的抽象(分解现实的结果)。尽管康德所谓普通知性也会而且是经常性地在前两种意义上使用抽象,但是马克思对这两种含义的领会和利用却是独树一帜的,马克思经由此种抽象建构出来的马克思主义理论也是与众不同的。

二、马克思抽象过程的基本样式

长期以来,人们对马克思的抽象过程没有清楚的认识,这部分是来源于他的抽象与普通人的抽象有深刻的不同。因此,解答这个谜团的首要任务就是要澄清马克思的抽象在什么方面以及在何种程度上与其他人的抽象有这种不同。只有通过此番澄清,我们才能谈论马克思抽象概念的本质特征。

首先,马克思的抽象概念有两个限定条件。第一,马克思的抽象与其他人的抽象并非完全不同,而是有许多相互重合的地方。否则,马克思所用的语言就不能为我们所了解,而他本人也会被误认为创立了一门私人语言(private language)。第二,马克思的抽象——从结果来看——在很大程度上是对现实世界的反映,尽管这种抽象从过程来看主要表现为一个有意识的理性活动。总之,在我们聚焦马克思的抽象过程时,他的思想的现实主义基础是毋庸置疑的。

其次,马克思的抽象始终聚焦并整合从属于一定体系的变化和相互作用,这些变化和相互作用发生于特定的时代(资本主义时代)并以特定的形式(资本主义生产方式的双重运动即系统的运动和历史的运动)出现。对于奥尔曼来说,马克思的研究对象始终是资本主义,他对资本主义的研究旨在揭示并解释资本主义是什么,它的运动方式、历史起源以及发展趋势,其中包含着资本主义运动的两种形式——有机的(organic)和历史的(historical),我们将这些称为资本主义生产方式的双重运动。在奥尔曼看来,这两种运动形式的相互关系是:它们彼此相互影响,并且我们对其中任何一种运动形式的领会和把握都会影响到我们对这种双重运动的整体领会和把握。问题在于,我们应当如何研究其中的任何一种运动形式,特别是变化的主导因素在于系统本身的历史情况下。在奥尔曼看来,马克思最为首要的一步是把资本主义社会中所有变化和相互作用的一般形式整合进他作为其研究的一个部分建构起来的所有抽象之中。由此看来,马克思眼中的资本主义并不局限于马克思主义的理论体系,这个理论阐明的是资本主义体系的各个要素本身。不过,马克思对于资本主义的理解的很大一部分都可以在马克思用来建构他的理论的抽象过程中找到。

再次,马克思的抽象不仅始终围绕着变化和相互作用展开,而且不曾歪曲或者错估这些变化和相互作用。马克思对变化和相互作用的关注是从资本主义的历史运动开始的。他所展开的研究之所以甚少为人所了解,是由于很少有人将这一抽象过程完整地展示出来。在完成《异化》一书并在学术界取得成功后,奥尔曼的研究重点在于将这一过程展示出来,其中包括:马克思如何思考变化,他又如何抽象这种变化的,以及他是如何把这些抽象融入对变化着的世界的研究的。奥尔曼通过对古希腊哲学家赫拉克里特(Heraclitus)的一句名言的解读来说明马克思抽象实践的独特之处。赫拉克里特说:"我们不能两次踏进同一条河。"[1]奥尔曼认为,这个命题之所以作为经典流传于世,就在于它强调了事物的运动和变化。也就是说,在两次踏入的瞬间,水流已经变得不同,尽管我们还是一如既往地把这条河流称为同一条河流。赫拉克里特的观点与常识的见解完全不同,他关注的不是河流本身,而是河水的流变情况,也就是运动。在奥尔曼看来,赫拉克里特视野中的变化是无处不在、无时不有的,只不过我们不曾充分地思考并把握它们

---

[1] 全增嘏主编:《西方哲学史(上册)》,上海人民出版社1983年版,第47页。

罢了。同样，马克思所特有的抽象能力也体现在：他随时随地将各种运动和变化纳入思考范围之中，即便这些变化和运动如何细微和不引人注目，并且还按照一定的语境和目的来把握它们。

然而，当代社会科学所致力于研究的却是一种或者另外一种变化，而不是这种变化发生于其中的过程。所以，我们即便都以"变化"作为研究主题，但是对变化的理解却是非常不同的。对于奥尔曼来说，社会科学的失足之处在于：它们错误地把我们考察的对象、条件或者群体在发展过程中经历的不同状态之间的比较看作我们研究的主题，而不幸耽搁了发生于我们的研究主题范围之内的演化和变迁过程。为此，奥尔曼反对普遍地存在于政治科学领域中通过民意测验的方法来说明美国选民政治思维的变化，因为这些民意测验只不过是把各个静止阶段经由比较所产生的不同当成了变化，从而大大缩小了"变化"概念的内涵。实际上，这些不同静止点之间的不同表示的只是一定变化过程的反映和证明。如果我们把这些不同理解为变化过程本身，那就是一个极大的错误。

与上述做法完全相反，马克思的抽象实践有自己独立的做法。马克思指出："只要这样按照事物的真实面目及其产生情况来理解事物，任何深奥的哲学问题都可以十分简单地归结为某种经验的事实。"① 对于马克思来说，抽象的关键在于从事物的发生过程来理解事物本身。因此，马克思的抽象把事物的发生过程理解为事物本身的一部分。照此理解，资本不仅是资本的当下表现及其功能，也包含资本的演进历史过程。基于上述观点，我们不难理解马克思为何把自然和历史贯通起来，而不是将它们像其他人那样把自然和历史截然对立起来。奥尔曼认为，在其他学者看来，事物在时间上是在先的，并且总是处在不断的运动和变化之中。此外，根据这些观点，事物在时间上的存在与这些事物的运动过程在逻辑上没有任何关联。因此，这

---

① 马克思、恩格斯：《马克思恩格斯选集》第 1 卷，人民出版社 1995 年版，第 76 页。

些学者认为,历史(表现为运动和变化)仅仅是附加到事物之上的,它并不是事物本身的组成部分。如果是这样,我们在考察研究对象的变化时就会面临不少困难,因为研究对象本身与它所经历的变化之间的关系是外在的,也就是可有可无的。对于马克思来说,只有以正确的抽象为其有机部分的辩证法才是合理形态的辩证法,这种辩证法所蕴含的抽象是与上述见解完全两样的。马克思说:"辩证法对每一种既成的形式都是从不断的运动中,因而也是从它的暂时性方面去理解。"①这句话是颇能说明问题的。

最后,马克思对历史的抽象或者马克思的历史概念是与众不同的。对于马克思来说,历史不仅意指过去,而且具有将来这个维度。就此而论,不管我们是否确知将来会是什么样子,我们都把事物的将来,连同事物的过去一起,作为事物现在是什么的一部分来看待。在马克思的著作中,资本就是这样一个概念。对于马克思来说,资本绝不仅仅意味着我们可以直接看见的诸如各种物质生产资料的东西,它还包含着这种物质生产资料的早期发展阶段,即原始积累时期。也就是说,资本的现在包括使资本得以成为资本的历史过程,这个过程促使财富在历史上最终采取价值的存在形式,而资本概念的将来维度则体现在目前正在发生的资本积累连同资本集中和资本积聚的趋势以及这种趋势对世界市场的发展和最终向社会主义的过渡之中。马克思认为,资本的概念自在地包含着增值的冲动以及扩大生产的趋势。正是因为这个缘故,马克思说:"创造世界市场的趋势已经直接包含在资本的概念本身中。"②

马克思对历史的真知灼见也体现在如下命题中:资本概念包括未来社会主义社会的萌芽。资本的日益增长的社会化趋势以及物质生产资料日益脱离资本家们的直接控制,不断证实着这个命题的正确性,而又使得资本家日益成为一个多余的阶级。在奥尔曼看来,资本的历史从属于资本概念

---

① 马克思、恩格斯:《马克思恩格斯选集》第2卷,人民出版社1995年版,第112页。
② 马克思、恩格斯:《马克思恩格斯全集》第30卷,人民出版社1995年版,第388页。

本身,包含在马克思对资本所作的抽象之中,因而同样构成马克思通过资本概念所要表达的内容。在马克思的著作中,劳动、价值、商品、货币等诸如此类的抽象都是涵盖过程、趋向、历史三个因素的。奥尔曼认为,从常识的观点来看,上述三个因素之间的关系是外部关系。然而,奥尔曼通过引证马克思的著作成功地证明了上述三个因素是如何有机地内在相关的,即事物的过去和将来如何融入我们对事物的现在的理解之中的。

奥尔曼指出,马克思习惯于使用"在本质上"这个词来表述事物的过去、现在和将来三个维度之间的内在关系。马克思说:"劳动能力的买者手中的货币或商品……从可能性来说是资本。"①在资本主义社会中,货币或者商品对于工人来说是某种独立的东西,然而又是工人所需要的东西,从而使它们有可能成为资本,取得支配劳动的权力,而这一切又是以劳动力的买卖为中介的。根据马克思的看法,资本是货币或者商品将要成为的那种东西,因而构成货币或者商品的将来,从而又是它们本身的一部分,正如货币和商品因其是资本过去所是,从而也构成资本现在是什么的一部分。所以,马克思说:"货币和商品就其自身来说,潜在地是资本,在可能性上是资本:一切商品就其可能转化为货币而言,货币就其可能转化为形成资本主义生产过程要素的商品而言,都是这样的资本。"②在同样的意义上,马克思说:"在生产过程之前,货币或商品仅仅从自己的目的来说,从可能性来说,从自己的使命来说,才是资本。"③与此同理,在资本主义生产条件下,劳动始终是雇佣劳动,而生产资料则从属于资本范畴。之所以如此,恰恰是因为这些劳动和这些生产资料的发展趋势是如此。

从上述四个方面来看,马克思抽象的独特性体现在他把事物的过去和可能的未来作为内在于事物的现在之中的有机部分来对待,并且还将上述

---

① 马克思、恩格斯:《马克思恩格斯全集》第26卷第1册,人民出版社1972年版,第426页。
② 马克思、恩格斯:《马克思恩格斯全集》第26卷第3册,人民出版社1974年版,第527页。
③ 马克思、恩格斯:《马克思恩格斯全集》第26卷第1册,人民出版社1972年版,第430页。

三个方面的因素作为一个整体把握为一个单一的过程。尽管如此,奥尔曼认为,马克思依然具有足够的能力按照一定的目的将这个单一过程中的一个瞬间或者一个部分抽象出来并赋予它以相对的独立性。马克思通过抽象实现了对现实的拆解,又通过再抽象按照他目前研究的具体要求将聚焦的范围予以规定。在这个过程中,他总是要强调这个被规定了的范围的暂时的性质和相对独立的性质,因为它处在一个更加宏大和持续变动着的过程之中,所以被描述为一个"要素"或者"环节"(moment)。马克思指出,作为资本的货币本身就是资本主义生产过程的特殊要素。① 在马克思看来,流通中的货币,只要是在资本主义生产方式的历史条件下,就要以资本的形式存在。因而,对于马克思来说,流通一般表现为资本主义生产体系的一个环节,而货币一般来说也就表现为生产的环节。奥尔曼认为,马克思对一定要素或者环节的关注和侧重并不表明他要赋予这些要素或者环节以认识论上的优先权,而只是把它们看作暂时的和表面的。所以,马克思聚焦的要素或者环节只有相对的意义,而不是凌驾于事物的运动之上的。于是,在马克思那里,静止只是变化的一种属性,或者说只是它的限制条件。这也是马克思与众多当代社会科学家之间的不同。也就是说,马克思并不关心事物为什么变化,而是把变化当作无可辩驳的前提;而在社会科学家们看来,变化只是附加到事物之上的一种偶然属性,结果蜕变为一种非独立性。

由此可见,变化在马克思的抽象过程中扮演了十分重要的角色。在奥尔曼看来,如果我们不以马克思所特有的方式把变化本身作为聚焦的对象,那么我们就不能理解并把握马克思的抽象过程,从而也就不能解答马克思辩证方法中的抽象之谜。奥尔曼认为,马克思抽象的特点在于,这种抽象不仅把变化或者历史纳入其中,而且还把这种变化或者历史所置身的那个系统的某些部分考虑在内。由于任何事物的变化只有在内在相关的因素之间

---

① 马克思、恩格斯:《马克思恩格斯全集》第 30 卷,人民出版社 1995 年版,第 171 页。

的复杂的相互作用内部并且通过这种相互作用才能得以发生,所以我们不但要把变化作为事物的内在部分,即其有机的固有的组成部分,而且还把刚才提到的相互作用也作相同的处理。要言之,就抽象来说,变化始终伴随有相互依存的因素。因此,马克思的抽象绝不是一系列与其环境和语境相脱离的结果,而是由这种环境或者语境所构成的不断进化着并相互作用着的系统的诸方面或者侧面。奥尔曼说:"马克思的抽象不是事物而是过程。这些过程必然也构成关系整体,而马克思所抽象的各种主要过程全都包含于其中了。"①在这个关系整体内部,每一个过程都是其他所有过程的一个方面或者一个从属部分,反过来说也是如此,而所有这些过程都不过是关系的集合体。通过此种抽象,马克思在他的思维中再现了资本主义生产方式的双重现实:有机的和历史的运动。这两种运动被奥尔曼描述为资本主义生产方式的双重运动。在处理变化和相互作用时,马克思的抽象显得如此不同,以至于他把自己的抽象与常识理智的抽象完全区分开来了。

奥尔曼认为,马克思对于抽象的具体运用也是与众不同的。在奥尔曼看来,当人们在讨论抽象的时候,尽管他们没有对之采取一种完全拒斥的态度,但是他们对抽象的关注往往会停留于对抽象的本质来源之追问上,而不是进而问及抽象的完整过程,以及在这个过程中马克思的抽象表现为怎样的以及如何表现出来的。作为不可避免的结果,马克思的抽象实践对于建构马克思主义理论的意义就大打折扣了,并且因而处于晦暗不明之中,我们也会因此不能采用马克思的抽象方法卓有成效地发展马克思主义。为此,奥尔曼把抽象的具体过程,这个过程是如何展开的,特别是马克思如何使他的方法贯穿这个过程的,作为他解读马克思辩证方法的中心环节。因此,奥尔曼又是通过把马克思的抽象过程完整地揭示出来并加以解释的方式来解答马克思的抽象之谜的。

---

① Bertell Ollman, *Dance of the Dialectic*: *Steps in Marx's Method*, Univ. of Illinois Press, 2003, p.68.

按照奥尔曼的看法,马克思的辩证方法以社会的现实为对象和目标。由此,马克思辩证方法中的抽象,不论有多少重或者哪一重,都是以社会现实的洞见为旨归的。在奥尔曼看来,抽象过程的具体展开就是马克思通过运用其辩证方法对现实进行把握并在思维中加以再现的过程,毋宁说,这是马克思的辩证方法体现并发挥其功能的过程。奥尔曼说:"剩下的问题是更为详细地分析在马克思进行抽象时实际上发生了什么,并探讨抽象为他的一些主要理论带来的结果和启示。"①在奥尔曼看来,这样的抽象过程有三个主要的方面或者样式。这些方面或者样式一方面是抽象对于被抽象部分的作用,另一方面是抽象对于这种部分所属并有助于其形成的系统所具有的作用。总而言之,在奥尔曼看来,以划定界限和调节聚焦为核心(本质内容)的抽象过程是在三种截然不同而又紧密相连的意义上同时发生的。这些意义与范围(extension)、概括层次(level of generality)和角度(vantage point)三者有关。

奥尔曼认为,对于被抽象物来说,每一次抽象都具有一定的范围,其中包含空间和时间两个维度。在时间一定的情况下,抽象对于空间范围的划分发生在特定时间点上的相互作用中,在空间一定的情况下,抽象对于时间范围的划分发生在特定空间内部任何部分的独特历史和潜在的发展中,即这个或者那个部分过去所是以及将来会是的东西之中。在抽象行动确立一个范围的时候,我们也要求确立一个概括层次来论述部分以及这些部分所属的整个系统。

在概括层次的抽象中,马克思的辩证方法是从最具体的东西开始的。所谓最具体的东西,就是指把某事物与其他一切事物区分开来的东西。马克思的辩证方法在概括层次的抽象上的展开,并从上述使某事物表现为独一无二的东西出发,一直发展到该事物的最一般特征或者不如说使它与其

---

① [美]伯特尔·奥尔曼:《辩证法的舞蹈:马克思方法的步骤》,田世锭、何霜梅译,高等教育出版社2006年版,第92页。

他事物相似的东西。通过概括层次的抽象，我们可以而且能够看到任何部分的独特性，或者与这个部分在资本主义中的作用有关的性质，抑或它作为人类社会的一部分所具有的性质。在这里，奥尔曼给出的只是这些概括层次中最为重要的性质。奥尔曼认为，在关于马克思辩证方法的传统阐释中，抽象过程的这一方面并不受到关注，然而我们在讨论马克思的辩证方法时势必要求提到"概括层次的抽象"。

在确立一定的范围和概括层次之后，马克思的辩证方法还需在其所注意的关系内部确定一个角度，以便人们从这里考察、思考和整合关系内部的其他组成部分；与此同时，这些关系的总和（由范围的抽象所决定）继而变成了一个理解其所属的更大系统的角度。马克思辩证方法中的角度抽象既为我们研究和分析提供了起点，又为我们提供了研究和分析得以在其中进行和发展的视域。角度的不同制约着我们能够观察到什么东西，而且影响着部分相互之间的秩序和各自意义的不同指向。

奥尔曼指出，马克思正是通过巧妙地利用范围、概括层次和角度这三重抽象，灵活地把事物放入中心或者从中排除，放入更好的中心，放入不同性质的中心，从而使他自己能够更加清晰地进行观察，更加准确地进行研究，并且还要更加全面而且动态地理解他所要面对的问题。下面我们将具体讨论奥尔曼所指出的马克思抽象过程的三个维度。

（一）通过"范围的抽象"解读马克思的辩证方法

奥尔曼认为，抽象过程在马克思的辩证方法中扮演着重要角色。对于奥尔曼来说，抽象过程在马克思辩证方法中的重要性首先是通过"范围的抽象"体现出来的。马克思说："在每个历史时代中所有权是以各种不同的方式、在完全不同的社会关系下面发展起来的。因此，给资产阶级的所有权下定义不外是把资产阶级生产的全部社会关系描述一番。"[1]奥尔曼通过解读

---

[1] 马克思、恩格斯：《马克思恩格斯选集》第 1 卷，人民出版社 1995 年版，第 177 页。

这个命题得出马克思关于"范围的抽象"的基本特点是宏大。对于马克思来说,范围宏大的抽象是充分地思考一个复杂的、内在联系着的世界的逻辑前提。所以,马克思说:"要想把所有权作为一种独立的关系、一种特殊的范畴、一种抽象的和永恒的观念来下定义,这只能是形而上学或法学的幻想。"①

奥尔曼认为,马克思是通过对政治经济学进行批判展示自己关于"范围的抽象"的基本观点的。在古典政治经济学家那里,抽象的范围通常都是狭窄的。之所以如此,是因为他们的抽象局限于太少的联系和太短的时间之中。李嘉图关于货币和地租的观念由于抽象了一个太短的时期而受到指责,他对于价值的抽象也因为忽略了社会关系而遭受同样的命运。在奥尔曼看来,马克思严厉地斥责过古典政治经济学家只注重结果而不管形成结果的具体过程的做法。然而,这些做法都事出有因,他们通过为自己的学术关注点设想不同的范围来回避资本主义特殊过程中的矛盾,这些矛盾引起了这些结果。奥尔曼通过比较马克思和古典经济学家在抽象"物"时所持有的不同范围来说明我们该如何解读马克思辩证方法中的抽象之谜。

在对"人"进行抽象时,如果范围狭隘,就会产生一系列的意识形态后果。马克斯·施蒂纳(Max Stirner)关于"唯一者"的抽象就是这样一种情况。在奥尔曼看来,施蒂纳为了个人的纯粹自由抽象出的人已经出离了自然的和社会的各种条件。马克思并不认为这是一个对于理解个人有所帮助的抽象,反而使我们看不到人的自由的任何可能性。然而,在奥尔曼看来,这种抽象正是资本主义社会较为常见的思维范式。资产阶级意识形态正是在"孤立的个人"这个范围内抽象"人"的存在方式的。马克思对"人"的抽象拥有较大的范围,他是从社会关系的总和这个宏大的范围来理解人和抽象人的。马克思说:"人的本质不是单个人所固有的抽象物,在其现实性上,它是一切社会关系的总和。"②由此可见,在抽象的范围方面,马克思与施蒂纳

---

① 马克思、恩格斯:《马克思恩格斯选集》第 1 卷,人民出版社 1995 年版,第 178 页。
② 马克思、恩格斯:《马克思恩格斯选集》第 1 卷,人民出版社 1995 年版,第 56 页。

是截然不同的,也正是由于这种不同,奥尔曼才得以解读出马克思在范围抽象方面的奥秘,从而有可能解答马克思辩证方法中的抽象之谜。

对于奥尔曼来说,真正重要的问题在于,马克思在"范围的抽象"方面的实践如何制约他的理论叙述以及这种抽象到底使得什么成为必要和可能,以及使得什么变得既不必要,也不可能。在奥尔曼看来,马克思在抽象的过程中通过给予思维单元以一定的范围来确定它们各自的位置并赋予相应的重要性。也就是说,在马克思关于范围抽象的实践运用中,什么应该包括进来,什么应该放在边缘,以及什么应该处于中心,都可以得到妥善的处理。奥尔曼认为,我们需要关心的问题是,在对范围的抽象中,马克思把何种关系确立为重要的(至少是相关的),其中的缘由又是什么,而这又意味着我们需要在被包括进范围之中的东西中以及被排除到范围之外的东西中寻求相应的解释。在"范围的抽象"中,马克思不但视野宏阔,而且能适时改变这种视野的大小,以方便他对资本主义生产方式双重运动的分析和研究。除此之外,奥尔曼着重从三个方面分析了马克思"范围的抽象"对于我们了解抽象过程的重要性。

第一,马克思"范围的抽象"为他的同一性理论奠定了基础。马克思说:"'人的理智'来自'生活深处',并且不会因为任何哲学或其他学术研究而破坏自己天然的习性,它的全部粗俗性格表现在:在它看出有差别的地方就看不见统一,在它看见有统一的地方就看不出差别。当它在规定差别的定义时,这些定义立即在它手下硬化为顽石,而它认为假如使这些僵化的概念互相撞击而打出火花,那是最有害的诡辩。"[①]从常识的观点来看,事物要么是相同的,要么是不同的,这就是普通知性所谓的同一性。在马克思看来,这种观点较为经常地体现在古典政治经济学家的著述中。马克思超出这些政治经济学家的地方在于,他能够把在多数人看来不同的关系看作同一的,而

---

① 马克思、恩格斯:《马克思恩格斯全集》第4卷,人民出版社1958年版,第332页。

不是相同的。马克思说:"自然界的社会的现实和人的自然科学或关于人的自然科学,是同一个说法。"①马克思所谓资产阶级即资本也是出于这种同一性理论。②

在马克思那里,同一性并不是指诸事物或者诸关系(Relations)之间的完全相同,而是指它们的统一性。马克思指出,在单独考察剩余价值规律时,只要剩余价值率保持不变,那么无论扩充总资本量,还是增加雇佣人数,其实都是一回事,只是同一事实的不同表现罢了。③奥尔曼由此把马克思所谓同一性界定为同一事实的不同表现,不过这个事实在马克思那里是要从关系的意义上来理解的,它包括一系列相互依存的部分,这些部分又组成一个系统。根据马克思的看法,我们应该在每一个与其他部分处于相互作用之中的部分内部体会到这种部分与部分之间彼此依存的关系,并且把这些与之相关联的诸部分看成是它本身的各个方面。奥尔曼认为,各个部分就它们共同隶属于同一个范围整体而言,以及它们各自从不同的方面来表达这个整体而论,就成为同一的了。马克思说:"作为雇佣劳动的劳动和作为资本的劳动条件,是同一种关系的表现,不过是从这种关系的不同的两极出发而已。"④这句话须在合理的范围抽象的基础上加以理解。

第二,马克思对范围的抽象为他批判现存分类体系并用自己特有的分类方案取而代之提供了依据。在奥尔曼看来,马克思的分类方案包括:社会的阶级划分,生产力和生产关系,现象和本质等等,这些方案为马克思主义理论提供了框架上的支持。奥尔曼认为,理论与理论之间的不同在于它对范畴类型的界分以及突出强调何种范畴作为其最为重要的方面。就此看来,马克思主义理论的与众不同之处在于,它在分类体系上与其他理论形成

---

① 马克思:《1844年经济学哲学手稿》,人民出版社2000年版,第90页。
② 马克思、恩格斯:《马克思恩格斯选集》第1卷,人民出版社1995年版,第278页。
③ 马克思、恩格斯:《马克思恩格斯全集》第26卷第2册,人民出版社1973年版,第467页。
④ 马克思、恩格斯:《马克思恩格斯全集》第26卷第3册,人民出版社1974年版,第545页。

鲜明的对照。从马克思的著作来看，生产力和生产关系、经济基础和上层建筑、唯物主义和唯心主义、自然和社会、客观条件和主观条件、本质和现象等成对出现的范畴占据着十分重要的位置。此外，马克思以生产方式为标准对历史时期的划分和他以人们在一定生产方式内部所处的关系为标准对社会成员所做的阶级定位也构成马克思主义理论内部的重要内容。奥尔曼认为，在资本主义社会中，马克思对社会的阶级划分集中表现为无产阶级和资产阶级之间的二元对立。马克思说："我们的时代，资产阶级时代，却有一个特点：它使阶级对立简单化了。整个社会日益分裂为两大敌对的阵营，分裂为两大相互直接对立的阶级：资产阶级和无产阶级。"①马克思对社会的阶级划分是建立在一定的范围抽象的基础之上的。

马克思对现存分类体系的批判也是以他关于范围抽象的学说为依据的。奥尔曼认为，传统的马克思主义阐释者力求确定上述成对出现的范畴体系中一方在什么地方自行终止，从而为另一方的出现和发挥作用提供起点，这在很大程度上总是归于失败。对于奥尔曼来说，这种结果的出现往往是因为阐释者们在对范畴进行分类时错估了马克思对人类生存结构的思考，以致他们在这个结构中划定界限时采取了一种一劳永逸的立场和态度。这种立场和态度的哲学根源在于，他们认为马克思的理论建基于外部关系哲学的基础之上。根据外部关系哲学，事物与事物之间的内在界限与它们可以被直接感知的属性之间的次序是一样的，从而这种界限一旦划定，那么也就会是亘古不变的了。奥尔曼指出，传统阐释者所立足并倚重的外部关系哲学诱使他们错失了马克思关于范围抽象的学说，而马克思是站在内在关系哲学的立场上将那些成对出现的范畴纳入宏大的范围中来的。

马克思制订出来的分类方案同样以他自己关于范围抽象的学说为依据。奥尔曼认为，马克思的分类方案集中体现于他的唯物史观之中。在这

---

① 马克思、恩格斯：《马克思恩格斯选集》第 1 卷，人民出版社 1995 年版，第 273 页。

个理论体系内部,马克思将生产方式与生活过程(社会的、政治的或者精神的)、经济基础和上层建筑、生产力和生产关系等范畴对举起来,但是保留了两个因素的重叠部分,即是说,这些成对出现的范畴并不是截然划分开来的,而是有一定的共同部分,因而是可以互相沟通的。在奥尔曼看来,马克思并无致力于在上述成对出现的诸范畴之间做出严格的划分,以致在对他的学说——马克思主义——进行阐释时产生了关于到底应该突出强调哪一方面的争论。不过,这些争论都是建立在下述两个广泛的共识基础之上的。第一,在对举的范畴系列中,第一个范畴在某种程度上都是决定第二个范畴的;第二,各对范畴之间的界限是比较固定的,或者是相对容易确定的。奥尔曼指出,如此清晰可辨的分界线在马克思那里并不总是可以成立的。马克思说:"宗教、家庭、国家、法、道德、科学、艺术等等,都不过是生产的一些特殊的方式,并且受生产的普遍规律的支配。"①此外,马克思还说:"理论一经掌握群众,也会变成物质力量。"②上述说法在某种程度上瓦解了部分阐释者在"范围的抽象"方面所持的错误观点,从而确证了马克思立足范围抽象学说制定出来的分类方案。

第三,马克思对于范围的抽象使他在思维中把捉在自然和社会中持续进行着的真实运动得以可能。对于马克思来说,把捉在自然和社会中持续进行着的真实运动构成其理论的目标。因此,马克思提出了要按照事物的真实面目及其产生情况来理解事物的理论要求。③为此,马克思一方面要跟踪事物的发生和发展的过程并予以准确的把握,同时要对事物在其所属的系统中的重要性给予恰当的规定。于是,马克思把事物的历史纳入到对事物本身的理解之中,从而把事物在发展过程中获致的具体内涵看作事物本身的一部分。在奥尔曼看来,我们对资本主义生产方式双重运动的理解不

---

① 马克思:《1844年经济学哲学手稿》,人民出版社2000年版,第82页。
② 马克思、恩格斯:《马克思恩格斯选集》第1卷,人民出版社1995年版,第9页。
③ 马克思、恩格斯:《马克思恩格斯选集》第1卷,人民出版社1995年版,第76页。

能仅仅倚重"变化"这个一般事实,而是要将其做出进一步的分解,也就是要把它划分为一定数量的次级运动形式,其中包括:质量互变,形态更替和矛盾运动。奥尔曼认为,这三种运动形式是事物运动和发生所可能有的方式,它们构成变化的各种具体形式。这些运动形式一旦把生成和时间本身组织起来并形成可以为人们所识别和把握的事件序列,那么它们也就赋予了这些事件以一定的秩序形式。在奥尔曼看来,正是通过对这些次级运动形式的领会和把握,我们才得以理解并把握马克思的理论框架,从而实现马克思范围抽象学说的理论功能:阐明资本主义的运行方式,发展过程和未来走向。

质量互变是一种历史的运动,它涵盖两个方面,即事物的形成过程及其结果。对于一定的过程和关系来说,作为其组成部分的一个或者多个因素在数量上的增减一旦到达关节点位置,就会发生从数量到质量的转变,这就意味着现象和功能上的变化。比如,货币只有达到一定的数量才能变为资本。马克思说:"单个的货币所有者或商品所有者要蛹化为资本家而必须握有的最低限度价值额,在资本主义生产的不同发展阶段上是不同的,而在一定的发展阶段上,在不同的生产部门内,也由于它们的特殊的技术条件而各不相同。"① 这里所说的"最低限度价值额"就是指货币进到资本所需的一定的数量。这个由量变到质变的转化,如果离开马克思在范围上的抽象,就会变得不太可能,至少不会被我们注意到,而这正是资产阶级意识形态最"期待"的结果。

形态更替是一定系统内部相互作用的一种有机形式。在这个系统内部,一个部分的特性(少数时候表现为现象,多数时候以功能的方式出现)被转移到其他部分,后者成为前者的一种形式或者诸形式。在马克思的劳动价值论中,价值通过异化劳动在生产中被创造出来并由此进入市场中去,从

---

① 马克思、恩格斯:《马克思恩格斯全集》第 23 卷,人民出版社 1972 年版,第 343 页。

而依次在商品、货币、资本、工资、利润、地租和利息等价值载体中出现。在奥尔曼看来,价值的形态更替是以两种方式发生的,即真实的形态更替和形式的形态更替两种。奥尔曼认为,第一种形态更替发生在生产领域,价值在其中经历了一个从商品到资本再到商品的移居过程;第二种形态更替发生于流通领域,这里实现的仅仅是价值的形式变换,比如,商品和货币之间的交换。商品被出售以后,价值中的一部分以工资的形式回到工人的手中,而另一部分则以剩余价值的形式表现为地租、利息和利润。在价值的形态更替中,其主人不断被置换,与此相适应,价值出现的形式和功能表现的方式也会显得彼此不同。对于工人来说,价值是生存手段;对于资本家来说,价值却是生产手段;对于地主来说,价值又是消费手段。在价值的形态更替中,马克思的抽象表现为一个宏大的范围,这个范围不但将正在变化着的事物包括进来,而且把这种转变的结果也接纳过来了。马克思通过范围的抽象把在这个范围内发生的形态更替把握为一个内在的有机的运动。

矛盾兼具质量互变和形态更替两种运动形式的因素,也就是说,它既具有历史运动的形式,也涵盖有机运动的形式。在奥尔曼看来,矛盾是一个由两个或者更多同时相互支持和相互削弱彼此各方的过程所组成的统一体。对于奥尔曼来说,这样的矛盾有五种彼此区分而又相互纠缠的运动形式。马克思说:"在'土地—地租,资本—利息,劳动—工资'这一公式中,剩余价值的各种不同形式和资本主义生产的各种不同形态,不是作为异化形式相互对立,而是作为相异的和彼此无关的形式、作为只是彼此不同但无对抗性的形式相互对立……它们根本没有任何内在联系。"[①]在这里,古典经济学家把地租、利润和工资看作彼此外在的关系,而马克思则把它们看成是内在相关的,因为它们都不过是剩余价值的不同表现形式而已。奥尔曼认为,只有当我们把彼此不同的各种因素理解为同一事物的不同方面时,我们才能把

---

① 马克思、恩格斯:《马克思恩格斯全集》第26卷第3册,人民出版社1974年版,第559页。

这种不同抽象为一种矛盾,之所以如此,是因为马克思在抽象矛盾时划定了一个范围,而这些不同随着时间的推移逐渐表现为相同。

总的说来,马克思通过"范围的抽象"为他的理论和学说提供了一块地基。奥尔曼通过对马克思的范围抽象学说的解读逐步揭开了马克思在抽象过程中的第一种样式,从而为他深入解答马克思的抽象之谜提供了导引和线索。

(二)通过"概括层次的抽象"解读马克思的辩证方法

对于奥尔曼来说,概括层次的抽象是马克思的抽象过程的第二个主要方面,或者说是马克思的抽象得以在其中发生的第二种样式。奥尔曼对马克思"概括层次的抽象"的发现是通过对马克思的著作的解读得出来的。在《〈政治经济学批判〉导言》中,马克思系统地叙述了他的方法并区分了生产和生产一般,同时肯定后者是一个合理的抽象。马克思说:"生产……总是指在一定社会发展阶段上的生产——社会个人的生产。"①对于马克思来说,生产就是资本主义生产,或者现代资产阶级的生产,这是一种特殊的生产形式。在奥尔曼看来,这种生产是发生在资本主义社会中的特定形式,它集中体现着资本主义社会中使得这种生产表现出来并且发挥作用的所有关系。与此同时,马克思说:"生产的一切时代有某些共同标志,共同规定。"②对于马克思来说,这个共同标志、共同规定,就是生产一般,但它只是一个抽象。在马克思看来,这个经过比较而抽出来的共同点,即这个一般,本身是由许多组成部分和各种规定的,因而绝对不是一个空洞的抽象,而是一个合理的抽象。其中有些属于一切时代,另一些是少数几个时代所共有的。奥尔曼认为,马克思所谓生产一般是指为所有社会形态所共有的劳动形式,这种形式的劳动并不涉及使得劳动得以发生的生产的不同的社会形式,而只是关涉人类在实行自然的物质变换时有意识地满足人类需要的有目的的活动。

---

①② 马克思、恩格斯:《马克思恩格斯选集》第2卷,人民出版社1995年版,第3页。

马克思认为,即便在资本主义生产内部,生产也是划分为各种不同的层次的。按照奥尔曼的说法,这样的生产有:作为总体的生产,即适用于资本主义内部各种各样的生产;作为一个特殊的生产部门的生产,即只适用于某个特定部门的生产。①奥尔曼认为,马克思在做出上述划分时,也就是在对生产进行抽象时,已经不再局限于范围上的变化了,而是进展到概括层次上的区分了。在奥尔曼看来,马克思在对生产作层次上的划分时,始终把生产活动与生产者以及生产的最终结果及其产品有机联系起来,并将其视为一种内在关系。在刚才所做的区分中,这种内在关系要么是在资本主义这个层次上发生的,要么是在把资本主义包括在内的人类社会这个层次上发生的,而生产一般正是在上述各种生产形式最小公分母(lowest common denominator)的意义上与生产者及其产品发生这种内在关系的。奥尔曼说:"马克思的抽象由资本主义生产进到生产一般,不再是一个范围的抽象,而是一个概括层次的抽象。"②奥尔曼认为,马克思在概括层次上对生产所作的抽象本质上是一个从对生产的特殊理解(资本主义层次)到对生产的普遍理解(人类社会层次)的思维进程。其中,前者意指资本主义这个历史阶段,后者则意指人类社会整个历史时期。

奥尔曼认为,马克思的政治经济学批判所涉及的一项重要内容,就在于他的批判对象错估了概括层次的抽象。在马克思看来,古典经济学家的视域仅仅停留于较高程度的概括层次,而没有顾及较低程度的概括层次,以至于他们把较为具体的东西当成了较为一般的东西,把特殊看作永恒,从而错估了资本主义生产的历史性质和过渡意义。根据奥尔曼的观点,马克思不但在理论叙述中能够聚焦资本主义和现代资本主义这两个概括层次,而且

---

① [美]伯特尔·奥尔曼:《辩证法的舞蹈:马克思方法的步骤》,田世锭、何霜梅译,高等教育出版社2006年版,第109页。
② Bertell Ollman, *Dance of the Dialectic: Steps in Marx's Method*, Univ. of Illinois Press, 2003, p.87.

还能统摄并运用其他类型的概括层次,比如,人类社会和阶级社会这样的概括层次。为此,奥尔曼提出要对马克思所论及的概括层次进行细致的划分。奥尔曼指出,这些概括层次都是马克思在理论实践中提炼出来并加以阐发过的,其理论目的在于从存在论上把握资本主义生产方式的双重运动,即资本主义生产方式的有机运动和历史运动。奥尔曼认为,尽管我们可以制定别的目标并根据这个目标来筹划并建构其他类型的概括层次,但是只要牵涉到马克思的理论追求和思想目标,我们就必须按照以下方式来叙说概括层次的谱系,从而以一种较为完整的方式反映马克思对于概括层次的抽象。

奥尔曼认为,马克思主要是在七个概括层次上展开它的抽象过程的,他通过这七个不同的概括层次对世界进行理论上的拆分,并以之作为理解和解释其研究对象的平台(plains),马克思主义理论也是由此得以创立起来的。具体说来,奥尔曼所谓概括层次在变化范围上是从单个人开始的,中间经过现代资本主义和资本主义,进到阶级社会,人类社会和动物世界,最终以物质世界为另一端点。在每个概括层次上,马克思的理论目光都聚焦特定的属性,不同的概括层次都会凸显一定的属性。其中,较高概括层次的抽象规制着在较低概括层次上事件发生的可能范围,而在较低概括层次上的行动也构成在较高概括层次上的行动的总体存在和转化的条件。此外,奥尔曼还分别论述了这七个概括层次。

奥尔曼把第一个概括层次规定为最具体的层次。在奥尔曼看来,第一个概括层次上的事物相互之间都是截然不同的。莱布尼茨认为,在有时间性的现实世界中,没有两个绝对相同的东西。因此,他认为,世界上找不到两片相同的树叶。这个说法大体可以放在奥尔曼所谓第一个概括层次上来理解。奥尔曼指出,第一个概括层次由于强调个别性,所以不论这些彼此区分的事物持续存在多长时间,都会始终保持其独一无二的性质。奥尔曼又把现代资本主义规定为第二个概括层次。在奥尔曼看来,第二个概括层次开始聚焦人类及其活动以及这种活动的结果在现代资本主义形式下较为一般的属性。我们在这个概括层次上不再关注那些特殊的个人,比如张三,而是聚焦张三在现代资本主义形式下所拥有的那种身份,并由此扩展到其他的人和事物。马克思所谓特殊的生产部门就属于这个层次上的抽象。奥尔曼还把资本主义本身规定为第三个概括层次。在奥尔曼看来,凡是其表现和功能都带有典型的资本主义特征的人及其活动和产品都是我们关注的对象和聚焦的中心。马克思所谓作为总体的生产就是属于这个层次。此外,奥尔曼把阶级社会规定为第四个概括层次。在奥尔曼看来,这个概括层次涵盖了以劳动分工为基础划分人类为社会阶级的历史阶段。符合这个层次的社会形态有奴隶社会、封建社会和资本主义社会。另需说明的是,奥尔曼把人类社会规定为第五个概括层次。古典经济学家将目光局限于这个层次,以致受到马克思的严厉批评。在这个层次上,人的活动及其结果仅仅是作为人类生存条件的一部分来加以处理和对待的。最后需要说明的是,奥尔曼还把动物世界和物质世界作为第六个和第七个概括层次。不过,这两个概括层次虽然偶尔被马克思提及,但是却远没有前五个概括层次重要。因此,当我们在传统教科书中强调世界的物质性及其发展规律的时候,还远远没有触及马克思主要的学术关注点。

奥尔曼认为,马克思的抽象是在上述七个概括层次上展开的,我们也正是通过这七个概括层次逐步解开马克思的抽象之谜的。对于奥尔曼来说,马克思的抽象过程不仅包括范围的抽象,而且还包括概括层次的抽象,马克思也正是由此把世界化约为可以思维的要素来加以思考和领会的。事实上,在马克思对范围进行抽象时,他也要同时对概括层次进行抽象。也就是说,马克思通过范围的抽象建立起来的所有关系(Relations)及其所属分类和运动形式,都要被放置在这个或者那个概括层次上来加以考虑和研究。尽管每个概括层次所聚焦的都是一个特定的历史时期,但是这些历史时期并不必然表现为或者被思考为"时间片段",也就是说它们相互之间并不是截然分离开来的。在奥尔曼看来,作为整体的历史是寓居于每个概括层次之上的,我们可以从马克思对每一个概括层次的使用中看到它们单个说来都蕴含着整个历史整体,哪怕这个单一的概括层次只是最为具体和特殊的层次。毋宁说,这些概括层次只是组织时间的种种方式。在组织时间时,马克思把与所要考察的对象的属性有关的历史时期置于优先考察的位置,并把之前所有导致当前属性的事物和关系看作目前正在考察的历史阶段的起源。

(三) 通过"角度的抽象"解读马克思的辩证方法

马克思的抽象得以在其中发生的第三重样式或者第三个方面就是"角度的抽象"。马克思说:"资本家只有作为人格化的资本,他才有历史的价值。"[1]与之相对应,资本之所以是资本,是因为它掌握在资本家的手中,被用来创造利润。此外,马克思在把国家看作在经济上占据统治地位的阶级的一种工具的同时,还把它看成是资本主义生产方式本身的一个方面。对于马克思来说,诸如此类的表述还有很多,但是这些表述显得有点让人难以理解和把握。奥尔曼认为,这些现象的出现并不是马克思理智迷误的结果,而是另外一种抽象样式的产物,这就是角度的抽象。它既不同于范围的抽象,也不同于概括层次的抽象,而是马克思在抽象过程中的第三个方面或者第三重样式。在奥尔曼看来,我们对于事物的理解方式就是把事物看作关系和过程,而不是停留于对事物的前提和结果的考察上。由此看来,马克思之所以会得出在常人看来非常不可思议的结论,恰恰是因为他已先行地从不同的角度去考察同一个对象,而不管这个对象是关系或者过程。如果从关系这个对象来看,因为关系必然是一个方面跟另一个方面的关系,所以我们必然由于看问题的角度不同而得出不一样的结论,也就会形成不同的表述。比如,从资本家的角度观察资本主义生产关系和从工人的角度审视这种关系是明显不一样的。如果从过程这个对象来看,因为任何过程都会有许多

---

[1] 马克思、恩格斯:《马克思恩格斯选集》第2卷,人民出版社1995年版,第239页。

时间节点，因此如果我们从不同的时间节点观察整个过程，自然也会造成非常不一样的结果。

奥尔曼对马克思"角度的抽象"的发现并没有脱离他对"范围的抽象"和"概括层次的抽象"的考察，而是把它们三者有机联系起来了。奥尔曼认为，在马克思的思维单元经由抽象获得一个范围和概括层次的同时，它们也在同一个精神过程中获得了一个角度或者说是立足点，由此观察任何特定关系的组成要素，并且在抽象范围既定的情况下，由之出发重建这种关系所归属的更大系统。对于奥尔曼来说，一个角度就是一种视域，任何进入这种视域的事物，无论其为关系，或者过程，都由这个角度或者视域赋予色彩和给予位置。也就是说，这个视域为这些过程或者关系确定秩序、等级和优先度，并分别赋予价值、意义和相关程度。此外，这种视域还要在这些具有不同价值和意义的关系和过程之间保持一种独特的连贯和一致性。在一个特定的视域内，不同的关系和过程相应地获得某种位置和重要性。然而，在另一个特定的视域内，这些关系和过程又可能失去已经获得的位置和重要性。所以，奥尔曼说："在一个既定的视域内部，有些过程和联系将显得大一些，有些明显一些，有些重要一些；而有些将会显得小一些、不重要一些和无关紧要一些；有些甚至是看不见的。"①

奥尔曼认为，马克思对于关系（Relation）的基本看法并不局限于把它仅仅看成是一种简单的联系，而是将它看作关系项的内在组成部分，因为我们需要从这个关系项或者那个关系项来观察这种联系，以便发现这个联系已经变成关系项的一个组成部分。马克思说："作为雇佣劳动的劳动和作为资本的劳动条件，是同一种关系的表现，不过是从这种关系的不同的两极出发而已。"②马克思指出，从流通的角度，我们可以把资本划分为固定

---

① ［美］伯特尔·奥尔曼：《辩证法的舞蹈：马克思方法的步骤》，田世锭、何霜梅译，高等教育出版社2006年版，第126页。
② 马克思、恩格斯：《马克思恩格斯全集》第26卷第3册，人民出版社1974年版，第545页。

资本和流动资本;但是,若从生产的角度,我们则要把资本划分为不变资本和可变资本。①奥尔曼充分理解马克思的上述做法,他说:"流通和生产两者都是被扩展的资本关系的一部分。"②不过,马克思并不像古典经济学家那样从流通的角度理解资本以及资本占据统治地位的社会,而是从生产的角度去理解并把握资本的增值和资本主义生产方式的双重运动。

奥尔曼指出,马克思的抽象过程是由范围的抽象、概括层次的抽象和角度的抽象三重样式组成的,它们之间是相互影响、相互制约的关系。奥尔曼说:"非常明显,马克思关于范围和概括层次的抽象在很大程度上决定着他关于角度抽象的类型,反之亦然。"③因此,在范围的抽象中,关系和过程的数量以及彼此依存的程度极大地影响并决定着我们选取什么样的角度进行抽象。马克思对资本的抽象以及对以资本为原则的生产的抽象都是具有一定的范围的。如果这个范围过分狭窄,马克思的理论洞见就要大打折扣。在一定的范围之内,马克思对概括层次的抽象则聚焦并着眼于一系列可以独立或者参与构成角度的属性,却由此排除了从寓居于其他的概括层次之上的属性发展出某种用以抽象的角度的可能性。反过来说,如果角度的抽象是一定的,那么马克思对于范围和概括层次的抽象也会适应这个角度并使马克思得以最大限度地利用好这个角度以构建和发展他的理论。在奥尔曼看来,马克思的抽象实践实际上是把他对于范围、概括层次和角度的抽象放在一起诉诸实施并加以运用的。对于马克思来说,这三重抽象样式的效果既是明显的,又是立即显现出来的。但是,在特定情况下,它们相互之间会有次序上的差别,其重要性也会相应地不一致。

奥尔曼对马克思"角度的抽象"的阐发为我们解答马克思的抽象之谜提

---

① 马克思、恩格斯:《马克思恩格斯全集》第26卷第2册,人民出版社1973年版,第659页。
② [美]伯特尔·奥尔曼:《辩证法的舞蹈:马克思方法的步骤》,田世锭、何霜梅译,高等教育出版社2006年版,第126页。
③ Bertell Ollman, *Dance of the Dialectic: Steps in Marx's Method*, Univ. of Illinois Press, 2003, p.100.

供了又一个视角。奥尔曼在这方面的理论建树要归功于卡尔·曼海姆(Karl Mannheim),因为正是后者在马克思主义发展史上首次从马克思那里继承并发展出一种关于角度抽象的观点。奥尔曼认为,马克思对于角度的抽象牢固地将每个阶级的观念置于它通常习惯了的抽象基础之上(意味着一个较为固定的观察角度),从而为充分展示和说明我们因为通过一定的思维元素在一定的视域内或者某种角度抽象的前提下来认识这个社会时所产生的观察结果上的不同铺平了道路。马克思关于角度抽象的基本观点为我们理解阶级处境和阶级认知之间的内在勾连提供了一把钥匙。由此看来,角度本身构成马克思的抽象过程的一个基本属性。此外,它还是采纳这个角度的人或者阶级的属性。就此看来,马克思抽象之谜的解答取决于我们能否对角度进行正确的抽象。

对于奥尔曼来说,角度的抽象对于我们认识事物具有本质重要性,问题在于选取一个什么样的角度以及如何选取这个角度。奥尔曼说:"随着每一个新角度的选取,对象中的许多重要差别、部分间不同的序列以及重要东西的不同意义就都可以被观察到。"①就某个特定的认识对象来说,我们如果采用一个不同于先前流行的观察角度,就会获得不同的理论视域并由此得出新的思想成果。在资本主义社会中,资产阶级和无产阶级在生活条件和工作环境方面是有重大不同的,他们因此构成两个不同的观察角度,我们从这两个角度出发得出的结论也会有所不同。英国古典经济学家囿于资产阶级的角度,它们并不能对资本主义的处境和命运作前瞻性的思考,马克思对古典政治经济学家的批判实际上是对他们立足其上的那个角度及其错误的批判。与古典政治经济学家不同,马克思是从无产阶级和全人类的角度去理解和阐发资本主义的运行机制和发展前途的,因此,他的学说——马克思主义——是通向无产阶级和全人类的解放的。在奥尔曼看来,无产阶级的角

---

① [美]伯特尔·奥尔曼:《辩证法的舞蹈:马克思方法的步骤》,田世锭、何霜梅译,高等教育出版社2006年版,第93页。

度比资产阶级的角度优越,马克思本人也是脱胎于资产阶级母体的无产阶级理论家。奥尔曼说:"他们(无产阶级)的优势并不来自他们生活的质量,其中只有小部分来自他们的阶级利益。"①对于奥尔曼来说,马克思之所以选取无产阶级作为观察角度,无非是因为资产阶级从自身的阶级利益出发经常歪曲和伪造存在于资产阶级和无产阶级之间的真实关系,而无产阶级通过他们在日常生活中广泛接触的事物,比如工厂、机器和他们的劳动来理解其所处的社会,则比较能切中资本主义社会的现实。从上述与无产阶级紧密关联的三个范畴来看,只有劳动范畴才构成我们借以思考的核心范畴。从这个核心范畴出发,马克思把资本主义社会的各种事物理解为关系(Relations)和过程,而且阐明其前提和结果,这就意味着马克思的学说同时涉及过去、现在和未来三个维度。

奥尔曼认为,马克思立足无产阶级的角度从事理论工作和实践活动总是受到来自资产阶级意识形态的干扰和破坏。在奥尔曼看来,资产阶级意识形态在范围的抽象、概括层次的抽象以及角度的抽象等方面都有其不当之处。从第一个方面来说,资产阶级意识形态对范围的抽象是比较狭窄的,这主要表现在它们抽象了太短的时间和太少的相互作用。奥尔曼指出,资产阶级意识形态在认识社会的时候,总是将视野锁闭在这个社会的当前状态,而对其过去的起源和将来的发展不太重视。从第二个方面来说,资产阶级意识形态错误地估计并利用了所要选取的概括层次。在奥尔曼看来,这些概括层次都是不适当的。资产阶级意识形态的视野局限于第一个概括层次,即最为具体的层次,和第五个概括层次,即人类社会的层次,以致它们要么拘泥于事物之间的不同,要么执迷于事物之间的相同,而不能从不同中看到相同,也不能从相同中看到不同,在人类社会发展认识方面存在严重的缺陷。从第三个方面来说,资产阶级意识形态以资产阶级为观察角度,并不能

---

① Bertell Ollman, *Dance of the Dialectic: Steps in Marx's Method*, Univ. of Illinois Press, 2003, p.101.

深入社会的现实,达到对社会的本质洞见。在这种情况下,我们无论研究任何具体问题,都会因为这个角度本身的问题而导致意识形态。对于采纳这个角度的人来说,与问题本身紧密相连的关系和运动要么被掩盖起来,要么遭受歪曲,而社会的本质和现实则始终在他的视野之外。

奥尔曼指出,黑格尔和马克思对抽象的理解有相同的地方,即他们都把抽象理解为单方面的,毋宁说是片面的,不过,后者还把这种片面理解为错误的,这构成两者之间的不同。[①]在奥尔曼看来,资产阶级意识形态是这种错误的集中体现,问题在于我们要弄清资产阶级意识形态在哪些方面抽象错了,只有这样才能解答马克思的抽象之谜。马克思通过对资产阶级意识形态的批判揭示了这种意识形态的起源,并由此指出它在抽象过程中的失足之处。此种失足从表面上看是由于资产阶级意识形态在抽象过程中过于狭窄、局部、模糊,或者片面的缺点,从深层次来说则是由于资产阶级意识形态对抽象过程中三重样式的错估和失察。马克思对资产阶级意识形态的本质洞见与他在抽象过程中合理运用三重样式是分不开的。在对资产阶级意识形态的批判中,传统的批判家尽管能够指出这种意识形态的经济根源和物质基础,并且认识到它被资本家利用来为其阶级利益服务的各种表现形式,同时还阐发了资产阶级意识形态的具体运作方式,却始终未曾注意到并研究出马克思的抽象过程究竟是如何得以展开并进行下去的,从而也就不能理解并把握马克思的抽象之谜。总之,奥尔曼通过对范围的抽象,概括层次的抽象,角度的抽象等方面的阐释,逐步解开了马克思的抽象之谜。

三、马克思抽象过程的理论定位

对于我们来说,马克思的辩证方法是马克思主义思想宝库中最为重要的精神财富。恩格斯说:"马克思的整个世界观不是教义,而是方法。

[①] Bertell Ollman, *Dance of the Dialectic: Steps in Marx's Method*, Univ. of Illinois Press, 2003, p.102.

它提供的不是现成的教条，而是进一步研究的出发点和供这种研究使用的方法。"[①]当代学者对马克思辩证方法的评价也是非常高的。德国特里尔"卡尔·马克思博物馆和研究中心"主任彼特立克斯·波维尔教授说："马克思最大的意义，在于他为我们提供了一种理解世界的方法。"[②]国内学者马中柱教授也指出，"马克思主义研究方法，是马克思主义理论体系中最有价值、最值得珍视的东西。"[③]无论当代学者，还是经典作家，都是从马克思的辩证方法这个角度来理解和解释马克思主义的。奥尔曼对马克思抽象过程的揭示和对其抽象之谜的解答，在马克思主义阐释史上迈出了重要的一步，为我们深入研究和解读马克思主义提供了新的视角和方法。但是，这个理论创见的重要性和意义也必须纳入马克思辩证方法的视域中来评价。

奥尔曼对马克思主义的理解和研究是与他对马克思辩证方法的解读密不可分的。奥尔曼通过对马克思的抽象过程进行考察和研究，使自己在理解和解释马克思的辩证方法时形成独特的概念框架。范围的抽象、概括层次的抽象、角度的抽象等都是奥尔曼从马克思的文本中提炼出来的，这些概念对于我们解读和重构马克思的辩证方法构成重大的启发。事实上，奥尔曼对马克思辩证方法的解读构成21世纪重释马克思主义的一种具体方案，其成果也为马克思主义在新世纪的发展提供了一个全新的地基。在奥尔曼之前，很多学者虽然涉及过马克思关于抽象的一些基本看法，但还没有深入探讨过马克思的抽象过程到底是怎样的，也就没能最终解答马克思的抽象之谜。在奥尔曼看来，这些先行的研究尽管触及了马克思主义诸多的理论层面，但是这些被触及之处终究没有包含马克思所特有的理论建构。奥尔曼对马克思辩证方法解读的独特之处在于，他通过对马克思抽象过程的考

[①] 马克思、恩格斯：《马克思恩格斯全集》第39卷，人民出版社1974年版，第406页。
[②] 田晓玲：《马克思为我们提供了理解世界的方法——访德国特里尔"卡尔·马克思博物馆和研究中心"主任波维尔教授》，《文汇报》2008年11月10日，第10版《论苑》。
[③] 马中柱：《"马克思研究方法"探析——兼评〈马克思实证辩证法初探〉》，《学术研究》2000年第10期。

察在一定程度上解答了马克思的抽象之谜,并由此揭示了马克思主义的建构过程及其特点,进而预示着对马克思辩证方法的新意义。

首先,奥尔曼对马克思抽象过程的解读为马克思的辩证方法提供了新的解释框架。奥尔曼是在对马克思的辩证方法进行解读的过程中,发现马克思的抽象过程对于理解他的方法的重要性的。在奥尔曼看来,马克思的辩证方法正是通过抽象过程得以实现出来的,而马克思的抽象之谜之所以得不到解答,则是由于我们不能对这个过程得以展开的具体样式加以详尽的阐释。在传统的阐释者那里,抽象与马克思的辩证方法之间的内在勾连并未得到真切的估量,而正确解读马克思的抽象过程依然是一项尚未完成的理论任务。卢卡奇对马克思主义辩证法的研究尽管凸显了马克思的辩证方法,对于我们理解马克思主义理论的极端重要性。但是他在理解马克思的辩证方法时,仅仅阐明了无产阶级及其阶级意识在历史过程中的作用,而没有深入考察这种作用并提出马克思的辩证方法在理论建构上的基础性问题。作为马克思主义者的柯尔施仍然是黑格尔主义性质的,他对马克思辩证方法的解释自然带有黑格尔哲学的影子。柯尔施把马克思的辩证方法理解为一种探索的方法,却没有进一步说明这种探索是如何进行的,而只是一味强调这种方法在无产阶级革命实践中的深刻基础。萨特主张马克思的辩证方法建立在个人的实践活动的基础之上,并构造出"人学辩证法"。但是,萨特的人学辩证法在系统阐发个人、群体和集团之间的关系时未能切中人的思维与社会历史之间的逻辑关联,从而依然错失了马克思的辩证方法实现并彰显自身的必要环节。奥尔曼完整地考察了建基于内在关系学说之上的抽象得以实现的全部过程,并依次揭示并解释马克思在这个抽象过程中所使用的基本范畴和概念,从而为我们理解马克思的辩证方法提供了新的解释框架。

其次,奥尔曼对马克思抽象过程的解读为我们理解马克思主义争论提供了新的解释方案。奥尔曼对马克思抽象过程的研究启示我们,在马克思主义发展史上,有关马克思主义的争论在很大程度上都是由于抽象的不同导致的,这些争论自然包括马克思主义到底是单数,还是复数的争论。卢卡奇在《理性的毁灭》中也谈到过立场或者角度等抽象样式对于理解马克思主义的重要性。在马克思主义学界,拉尔夫·米利班德(Ralph Miliband)和尼科斯·普兰查斯(Nicos Poulantzas)之间关于资本主义国家性质的争论就是这样一个例子。对于米利班德来说,国家应当从经济上占据统治地位的阶级的角度被考察,从而凸显国家在为政治上居统治地位的阶级谋取经济利益的作用;对于普兰查斯来说,国家应该从给一个共同体的政治功能给予限制和提出要求的社会经济结构的角度加以理解,从而强调国家的相对自主性以及解释为什么国家在不再控制国家机器的历史条件下还能够继续为统治阶级的利益服务。

奥尔曼认为,概括层次和范围在抽象过程中的不同也构成马克思主义争论的有关诱因。在马克思主义的解释者当中,人们对于唯物史观中的"史"的理解是截然不同的。有的学者认为,这个"史"是指全部历史,另外一些学者认为,这个"史"主要是指阶级降生以来的历史,还有些学者认为,这个"史"单指资本主义的历史。在奥尔曼看来,这些争执的存在恰恰反映了人们对于马克思在概括层次上的抽象甚少了解有关,他们不能体会马克思在概括层次的抽象领域的灵活性及其理论价值,因为马克思主义是马克思根据不同的理论目的在不同的概括层次上分别加以抽象的产物。此外,无论马克思主义的追随者,还是它的批判者,在范围的抽象方面也是很少有独到研究的。他们把一些至为关键的概念,比如生产方式、阶级、国家等纳入错误的抽象范围之中,并把它们看作永恒不变的,以致为这些概念确立了牢不可破的界限,最终造成一些学术争论。不过,在马克思主义发展史上,这些争论本身自然会有它的理论价值。

总之,奥尔曼对马克思抽象过程的解读构成了他对马克思辩证方法阐释的重要环节。奥尔曼对马克思抽象过程的重构在理论上延续了马克思在思想上的努力。马克思说:"两千多年来人类智慧对这种形式(引者注:价值)进行探讨的努力,并未得到什么结果,而对更有内容和更复杂的形式的分析,却至少已接近于成功。为什么会这样呢?因为已经发育的身体比身体的细胞容易研究些。并且,分析经济形式,既不能用显微镜,也不能用化学试剂。两者都必须用抽象力来代替。"①在奥尔曼看来,马克思所谓抽象力在对具体的经济形式的研究中的运用实际上是马克思的方法获得实现的过程。要而言之,马克思的辩证方法是通过抽象发挥作用的,然而,这个抽象表现为某种过程。正是通过这个抽象过程,马克思辩证方法中的一切要素才得以显现出来并发挥其作用。对于奥尔曼来说,把抽象过程作为解读马克思辩证方法的逻辑环节为我们充分理解和把握发生于世界之中的变化和相互作用并对之展开辩证的思考提供了非常重要的理论契机。

第六节 马克思辩证方法的五个步骤

按照恩格斯的看法,真正坚持马克思的唯物辩证的方法是不容易的。也就是说,口头上承认马克思的方法论思想和实际上把这个思想分别运用于每一个研究领域,是有所不同的。奥尔曼对马克思辩证方法的阐释很好地解决了这个棘手的问题,这也是马克思终生未能完成的事业,即我们究竟应该如何把唯物辩证的方法论具体运用于革命的实践和理论的探索中去。具体来说,奥尔曼把马克思的辩证方法加以重构,并由之细分为五个相互连贯的步骤。

一、马克思的辩证方法有多少步骤

奥尔曼关于马克思辩证方法的解读最富有特色的地方就是,他根据马

---

① 马克思:《资本论》第 1 卷,人民出版社 2004 年版,第 8 页。

克思的早期著作提出这一方法是可以划分为具体的操作步骤的,并到马克思的中晚期即成熟时期的文本中寻找证明和根据。在奥尔曼的理论生涯中,马克思的早期著作和中晚期著作的地位是不一样的。在马克思的辩证方法问题上,他比较看重马克思的成熟时期的著作,譬如,《1857—1858年经济学手稿》,而不是早期著作,比如,马克思创立马克思主义的最初时期写下的《1844年经济学哲学手稿》。从以上我们又可看出,奥尔曼对于马克思的所有著作和论文是有自己的考量和选择的,即淡化那些公开发表的或者因为非个人原因出版未能成功的著作,进而挖掘本来就是写给自己阅读和随时取用的手稿著作。对于奥尔曼来说,这些著作的主要功能在于帮助我们发现马克思辩证方法的具体运用情况,我们也正是由此进入对于马克思辩证方法若干步骤的阐述中来。

奥尔曼对马克思的辩证方法及其步骤的表述在不同时期内是有一些细微的差别。在他的总结性著作《辩证法的舞蹈》中,奥尔曼在章节表述中认为,马克思的辩证方法是要划分为5个步骤的,其中包括辩证方法的意义、哲学基础、实现形式、内部比较和外部比较等显而易见的区分。在该著作具体的章节内部,奥尔曼是有过几次对马克思的辩证方法进行重新划分的,但数量上有一定出入。在《历史的逆向研究:马克思唯物史观中一个被忽略的特征》也就是第六章中,奥尔曼认为这些步骤的数量是3个,并使用了"首先""然后"和"最后"等标志性术语。在《马克思主义与政治科学:关于马克思方法的一个争论的导论》即第八章中,奥尔曼又把这些步骤的数量确定为5个,并把"叙述"作为第五个即最后一个步骤,在行文中使用的标志性术语也非常明显和容易被把握。在《为什么需要辩证法?为什么是现在?或者说,如何在资本主义现在中研究共产主义未来?》(第九章)中,奥尔曼甚至用图表的方式指出,马克思的辩证方法可以划分为4个步骤:"分析""将其历史化""展望"和"再组织"等。在最近由国内博士生翻译的奥尔曼的演讲论文中,马克思的辩证方法又被认为是包含有

7个步骤的。①所有这些表明，奥尔曼的思考是跟随具体的语境和特定的研究对象而不断发生改变的，并不是说马克思的辩证方法到底可以区分为多少步骤是有疑问的。

在笔者看来，马克思的辩证方法只能划分为5个基本步骤，这一点对于理论和实践来说都是有效的。这一方面是由于奥尔曼在自己的主要著作和论文中倾向于把这一方法划分为若干步骤，且要实现其全部功能，即批判的和革命的两种。如果是这样，马克思的辩证方法至少要经历以下环节：一是对现在的完整研究，这里包括系统内部和系统之间两个步骤；二是对过去的追溯研究；三是对未来的建构研究；四是引领和推动现在的研究。初看起来，这些步骤只有4个，但实际上包含5个。所以，我们最终认为马克思的辩证方法包括5个决定性步骤。只有依次经历这些步骤，我们才能展现马克思辩证方法的全部潜力和整体面貌。

二、马克思的辩证方法有哪些步骤

奥尔曼指出："马克思是通过他的辩证方法做出自己的发现和构建自己的理论的。"②因此，正确认识和把握马克思的辩证方法，对于我们系统掌握和精准运用马克思主义理论至关重要。然而，遗憾的是，马克思在世时并没有机会专门阐发自己的辩证方法，一方面是因为庞杂的政治经济学研究工作几乎耗尽了他毕生的精力，另一方面也是因为长期的革命工作额外占据了他大量的时间。这就给后人解读马克思的辩证方法留下了空前广阔的阐释空间。经过长达40余年的努力，奥尔曼形成对于马克思辩证方法的独特理解，即富于创造性地把这一方法分解为五大步骤，以便人们对之加以具体的运用。正是由于奥尔曼围绕马克思如何运用他的辩证方法以及我们今天

---

① ［美］伯特尔·奥尔曼：《马克思辩证法的七个基本步骤》，梁爽译，《江淮论坛》2017年第1期。
② Bertell Ollman, *Dance of the Dialectic: Steps in Marx's Method*. Urbana, Ill: University of Illinois Press, 2003, p.2.

又该如何运用马克思的辩证方法等主题提供了一个逻辑严谨而又思路清晰的理解方案，他被著名的马克思主义经济学家保罗·斯威齐（Paul Sweezy）誉为美国研究辩证法和马克思方法领域的权威人物。

按照奥尔曼的观点，马克思对资本主义展开辩证分析和我们今天在工作中实际运用辩证的方法，都包含以下5个具体的步骤，其中，每个步骤都是必不可少的环节，它们彼此之间紧密衔接，不能相互代替，共同构成一个有机的整体。

第一步：明确对象。只有明确对象，才能有的放矢。对于马克思来说，研究对象的确定是头等大事。事实上，马克思并没有研究一般意义上的人类社会，而只是研究了一种特殊的社会形态，即资本主义社会。所以，马克思的研究对象始终是一个单数，尽管我们可以对其有复数形态的理解方式。如果有人认为马克思还研究了别的什么，譬如，社会主义和共产主义，抑或是先于资本主义产生的诸种社会形态，我们并不否认，只是要指出这些所谓的研究对象不过都是与资本主义内在相关的事物，因而是不能够真正独立存在的。那么，马克思对资本主义主要做了些什么呢？马克思首先是把资本主义假设为一个巨大的整体，然后深入里面去，运用抽象力通过一个具体的思维过程，从中划分出若干可能的部分，并开始探究各部分之间的相互关系，最终发现了经济因素在总体中的决定性作用和优势地位。当然，对于资本主义之外的内容，马克思也给予重视，并将资本主义与其所属更大整体的内在关系作为它本身是什么的一部分。这样，马克思又证明了对象的整体性。

第二步：回到过去。马克思研究方法的重要特点是"逆向追溯历史"。在完成对资本主义的系统性的认识后，马克思并没有急着朝前走，而是往后走，即以资本主义的现在为起点，回到过去已经覆灭了的社会形态中去，力求发现和从中挖掘出构成资本主义现在的必要历史前提。毋庸置疑，这样的前提肯定不是单个存在的，而会呈现出一种多元化的面貌。在这里，我们要注意区分前提和基础,因而不能把过去发生的所有重大事件都作为现实存在的资本主义的历史前提,而要对照当代的物质结果仔细斟酌和分析过去提供出来的各种前提条件。这就是马克思在《德意志意识形态》中所说的"按照事物的真实面目及其产生情况来理解事物"①,由此形成一种前提与结果的双重运动。马克思对资本主义前史的研究结果是洞见到了封建社会末期所创造出来的现实前提,并把这些前提作为结果,继续到更早的社会形态中去寻求早已被扬弃的历史前提。

第三步:重塑基础。作为基础存在的东西虽然与前提有所不同,甚至是有原则上的区别,但它们本身又是相当重要而又不可缺少的。在马克思分析资本主义的过程中,每当完成挖掘历史前提的工作后,他就要在理论上适时地重塑社会发展的基础,一方面是把前提和结果按照历史的方法关联起来,从而找出社会发展的基本线索,另一方面又把上述前提与其所处的历史环境根据系统的方法综合起来,使它们能够形成有机的整体。对于马克思来说,为了把握资本主义社会的特殊运动规律,他必须尽可能夯实历史发展的基础。为此,马克思在运用自己的辩证方法的过程中,不断地扩展自己的范围,选择更高的层次和不停地变换理解和概括的层次,以及必要时调整观察事物的角度,结果就是恩格斯所说的"马克思比我们大家都站得高些,看得远些,观察得多些和快些"②。不难看出,马克思以之作为基础的东西涵盖了过去和现在两个维度。

第四步:建构未来。以过去和现在为基础,马克思运用自己的辩证方法对未来社会进行了合理的建构。从原著来看,马克思所揭示的未来同样不是单一的,而是非常丰富的。他把未来社会划分为若干发展阶段,其中有当下的未来、近期的将来、中期的将来和遥远的未来等,最后一个阶段就是我们常说的共产主义社会,而第二个阶段和第三个阶段则相当于社会主义的

---

① 马克思、恩格斯:《马克思恩格斯文集》第1卷,人民出版社2009年版,第528页。
② 马克思、恩格斯:《马克思恩格斯文集》第4卷,人民出版社2009年版,第297页。

初级阶段和高级阶段。至于当下的未来,我们可以将其理解为无产阶级革命发生时的迎接新社会的准备阶段。显然,马克思并不会像批判的然而又是空想的社会主义者——圣西门、傅立叶和欧文等——那样对未来社会作过多细节的描绘,但他已经为最终要实现出来的社会主义和共产主义社会拟定了基本原则和发展方向。在《哥达纲领批判》中,马克思在对拉萨尔主义的未来社会观做出决定性的批判时,不仅具体分析了共产主义社会的历史演进及其相互区别的基本特征,而且还对从资本主义过渡到新社会所需经历的发展过程以及应当采取的现实举措提供了科学的见解。所以,未来在马克思那里是一个牢固的立足点。

第五步:反观现在。对于马克思来说,辩证方法的最后一个步骤是以被合理建构起来的未来作为立足点反观现在,指导我们按照自己的立场"实现有原则高度的实践"[1]。马克思的辩证方法之所以非常有效和严格区别于其他方法,主要就在于这一方法的现实指向和实践旨趣。通过这一步,马克思才真正完成自己对资本主义的研究,即不仅让潜藏于当前资本主义社会中的未来因素显露和解放出来,而且还使我们深刻意识到现在为什么是不够的以及在哪些方面还有不足,从而为进一步的行动建立方向。马克思早就指出:"光是思想竭力体现为现实是不够的,现实本身应当力求趋向思想。"[2]也就是说,我们要用改变世界的实际行动实现我们的理想和目标。在匈牙利哲学家卢卡奇看来,马克思辩证方法的中心问题乃是改变现实。[3]应当指出,马克思的目标是要实现理论与实践的辩证统一。因此,我们要善于发现那些把理论变为实践有机环节的中介和规定性,而这就离不开马克思的辩证方法。

在马克思主义学界,辩证的方法已经成为最为活跃的研究领域,它一度

---

[1] 马克思、恩格斯:《马克思恩格斯文集》第1卷,人民出版社2009年版,第11页。
[2] 马克思、恩格斯:《马克思恩格斯文集》第1卷,人民出版社2009年版,第13页。
[3] [匈]卢卡奇:《历史与阶级意识》,杜章智、任立、燕宏远译,商务印书馆2016年版,第51页。

成为学者们争论的中心议题。对于我们来说,学习如何运用马克思的辩证方法以及在实际工作中熟练掌握该方法的运用技巧,已经成为马克思主义理论学习的当务之急和重中之重。所以,我们有必要借鉴和汲取国外学者的相关理论资源,牢固树立"从系统到历史"和"从整体到部分"的方法论意识。这就意味着我们需要时刻把现在作为当然的出发点,由此考察过去,从中挖掘出构成现在的必要前提,再以被把握的过去和被重构的现在为基础,对未来进行合理的建构,最后以将要确立起来的东西为角度,反观已经扩大了的现在,以便确定认识世界和改造世界的方向。要言之,马克思的辩证方法通过一系列的步骤指引着我们前进的道路。

第三章
奥尔曼关于马克思辩证方法解读的运用

奥尔曼对马克思辩证方法的解读不是闭门造车，而是积极与当代学者展开对话和讨论，虽然有时是争论和批判，这是他主动将自己关于马克思辩证方法解读的理论成果运用到学术交流中去。在奥尔曼看来，马克思主义对于政治科学纠正自身发展过程中的不良偏见和错误取向是必要的。在传统阐释者的视野中，囿于他们先行地预设国家理论在马克思主义体系中的卑微地位，这些阐释者不能对政治过程的活动机制在其与他种社会过程相联系的意义上加以研究，从而错失了马克思主义理论对政治科学的指导价值。奥尔曼认为，马克思主义对于政治科学的价值首先而且主要在于它为我们理解政治提供了方法上的指导。因此，对于奥尔曼来说，马克思主义理论与政治科学之间的理论联系要求人们聚焦马克思的辩证方法。此外，奥尔曼还比较了目前比较流行的两个辩证法学派——批判实在论（Critical Realism）和系统辩证法（Systematic Dialectics）——对马克思辩证方法的解读。通过以上对话、讨论、争论，乃至批评和批判，奥尔曼进一步明确并阐发了马克思辩证方法在马克思主义阐释史上的地位和作用。

第一节　奥尔曼和政治科学家的争论

黑格尔以来的西方哲学,特别是经过马克思对黑格尔辩证法的存在论基础进行变革之后,辩证法也已成为学者纷争不已的领域。对于当代学者来说,对马克思的辩证法,也就是他的方法,采取一种什么样的态度和立场,构成一项重要的哲学话题。苏东剧变以后,出于反思马克思主义和社会主义的需要,人们纷纷将目光转向马克思的辩证方法,并以此为契机展开了多个方向的对马克思辩证方法解读的模式。霍华德·谢尔曼(Howard Sherman)指出,作为一个马克思主义的理论家,必须把马克思辩证方法放在重要和核心的位置上,对马克思主义的反思必须从他的辩证方法开始,这就意味着要对一些马克思主义研究者关于辩证方法的错误解释加以纠正,对其他非马克思主义学者歪曲、否定辩证方法的理论进行批判。[1]从这个意义上讲,伯特尔·奥尔曼(Bertell Ollman)在对马克思辩证方法进行解读的过程中与当代学者展开积极的、有益的对话和争论,并不是没有理由和意义的。从《辩证法的舞蹈》来看,奥尔曼首先同政治科学家就马克思辩证方法有关的问题进行了必要的争论,这与奥尔曼同时作为政治科学家的身份相符合。作为一位政治科学家,奥尔曼不但在美国纽约大学担任政治学教授的职务,而且在政治学理论和社会主义思想方面,以及比较政府学等方面作出了颇丰的成绩。在其政治科学生涯中,奥尔曼特别关注了美国和苏联以及日本3个国家的政治发展状况,并以此作为其关于马克思主义国家学说的经典案例。不过,奥尔曼在与其他政治科学家对话的过程中,不但阐明了马克思的辩证方法,而且还以之为契机把马克思主义理论和政治科学联结起来了。

---

[1] Howard Sherman, *Reinventing Marxism*, Johns Hopkins University Press, 1995, p.215.

一、奥尔曼与政治科学家争论的理由

在当今社会,所谓"马克思与我们同行",无非是说,马克思是我们的同时代人。马克思主义创立之后,哲学的主题和方向都发生了有史以来最为剧烈的变化,它从根本上终结了以黑格尔为集大成者的现代形而上学。在这个历史过程中,马克思的辩证方法备受争议,然而其影响却与日俱增。关于马克思的辩证方法,追随者有之,赞同者有之,批评者有之,反对者有之。在对马克思的辩证方法展开论述的过程中,无论以直接的方式进行,还是以间接的方式进行,都有过深刻的见解,但是这些观点之间并不一致,甚至是很不一致。由此看来,围绕马克思的辩证方法这个哲学主题,一场对话就是不可避免的。对话的目的并不是要让一方压倒另一方,而是要把人们对马克思辩证方法的理解引向深入,走向具体。基于这个目的,奥尔曼同政治科学家展开了一场学术层面的对话和在理论上进行了一些必要的争论。

奥尔曼认为,政治科学在发展过程中遇到一个很有意思的现象,我们很少在这个领域里碰到马克思主义与非马克思主义之间的争论。然而,在社会学、历史学、经济学和哲学等学科领域中,类似的争论却频繁地出现。这种现象并不仅仅发生在英美等马克思主义传统较为匮乏的国家,而且也发生在德法等马克思主义传统起过重要作用的国家。可是,马克思主义理论与政治科学之间有着本质而重要的关联。在奥尔曼看来,长期以来,政治科学家在实证主义的道路上对社会事实(social facts)进行研究,一再遭受马克思主义者的抨击和指责,而他们对这些抨击和指责也采取了一种简单接受的态度,从而很少与马克思主义者或有关的研究者之间进行适当的对话和讨论,纠正学科发展过程中出现的一系列问题。于是,奥尔曼围绕马克思主义理论与政治科学之间的关系问题提出了他与政治科学家之间对话和争论的主题。

奥尔曼认为,政治科学家对于自己的研究对象和研究内容是不自信的。在对政治科学家进行的一次内部调查显示,三分之二的人赞成或者强烈赞成该领域的许多学术成果是肤浅的和琐碎的,其观念的形成和发展都不过是些过于琐细的分辨和术语。①诸如此类的观念还有很多。比如,有许多人认为,政治科学的研究成果对于那些已经掌握权力的人更加有用,而对于那些正在获得权力的人来说,这些成果依然有用,而且主要是就它们提供了可以用于参加政治活动的技能而言的。对于奥尔曼来说,这些观念虽然在未引入马克思主义的视角之前是不可避免的,但是如果持续存在下去,将会严重影响政治科学的发展。关于这个论点,我们可以从卢卡奇对实证主义的批判来理解。政治科学的实证主义倾向使得自身作为一门科学严重地成问题,从而更加使政治科学家失去对自己的研究对象和研究内容的自信和热情。奥尔曼认为,当今的政治科学在发展过程中出现了双重偏见:一方面出现在对于经验发现进行理论解释的过程中,另一方面出现在对于研究对象进行理论加工的过程中。这种双重偏见自从在政治科学领域中滥觞以来,关于资本主义政治制度的合法性和永恒性的问题不再成为理论探讨的焦点。对于奥尔曼来说,要想为政治科学奠定良好的基础,就必须细究这些问题的真实缘由并找出解决这些问题的办法。为此,奥尔曼需要做两件事情:一是纠正政治科学家一开始就先行确定的价值态度;二是扭转政治科学家在研究过程中的错误方向。为此,奥尔曼以"马克思的辩证方法对于政治科学的重要性"为主题同政治科学家进行了深入的对话和交流。通过对话和交流,奥尔曼成功地在政治科学家(包括自己,但是主要以马克思主义者的身份出现)中间建立了一个马克思主义学派。

从政治科学家这个方面来说,他们很少把自己看成是公务员,在从事本学科领域的研究时深受流行于学科发展过程中的偏见的影响和束缚,但是又苦于无力解决这些深刻的矛盾和困境,并为此甚为担忧和痛心。从奥尔曼这个方面来说,政治科学家之所以会有今天这个结局,主要的原因并不在

---

① [美]伯特尔·奥尔曼:《辩证法的舞蹈:马克思方法的步骤》,田世锭、何霜梅译,高等教育出版社2006年版,第173—174页。

于政治科学自身的渺小,而主要是因为政治科学的发展囿于自身的短浅目光,对学科之外的领域知之甚少,甚至不愿提及和深究,从而大大缩小了自身的发展空间。在奥尔曼看来,对于政治科学来说,引入新的方法并深入阐说这种方法是必要的。

二、奥尔曼同政治科学家争论的内容

奥尔曼认为,一旦引入新的方法,并对这种方法加以深入阐发和解说,从而为政治科学提供更加宽广的视域,拓宽它的研究对象,为其从业者提供更加自由的活动范围,必然会破解政治科学在发展过程中的当前困境。对于奥尔曼来说,这样做就意味着要为政治科学奠定新的概念框架和解释方案。但是,这决不意味着我们放弃了对政治生活领域和政治科学发展的批判态度。在奥尔曼看来,在政治科学发展的关键时刻引入新的方法视角,恰恰是为了使这种科学,即政治科学,及其活动领域有一个可供批判的客观基础。奥尔曼正是在这种意义上切入他同政治科学家之间的对话和争论的。

奥尔曼认为,政治科学家虽然简单地接受了来自马克思主义学界的批评,但是并没有因此成为该学科领域的马克思主义者,以致最终没能形成该领域的马克思主义学派。究其根源,一方面是由于政治科学自身的缘故,另一方面则要归结为马克思主义在创立和发展过程中的历史特殊性。在马克思的著作中,特别是在其成熟著作中,论述的主题往往是资本主义的经济,而不是资本主义的政治。如果从表面上来看,这个事实大致是能够成立的。但是深究起来,却是可以得出另外一个结论的。奥尔曼说:"即使除开关于法国和英国政治的论文,以及早期对黑格尔进行批判的论文,马克思的著作中论述国家的文章也要比通常认识到的多得多。"[①]就《资本论》这部马克思的主要著作来说,有些学者认为它主要是经济学方面的,也有些学者认为它

[①] [美]伯特尔·奥尔曼:《辩证法的舞蹈:马克思方法的步骤》,田世锭、何霜梅译,高等教育出版社2006年版,第174页。

是哲学方面的,并由此认为《资本论》要么是一部经济学著作,要么是一部哲学著作。为了弥补两者之间的差异,国内还有学者认为《资本论》是一部经济哲学著作,或者是一部政治经济学批判的著作。但是,奥尔曼认为,《资本论》其实还是一部政治学著作,其中包含着马克思关于国家的政治学理论,只不过这种理论一直没有被学者们注意到并加以阐发出来罢了。从马克思制订出来的研究计划来看,国家理论是占有非常重要的一席的,然而由于长期致力于经济学研究并且时间得不到保证,马克思没能进一步展开这个理论主题。如果这个主题得到进一步展开的话,那么,国家在马克思主义理论中的地位将要显赫得多。正是由于这种状况,马克思的辩证方法与马克思关于国家的理论见解不能被政治科学家有机地联结起来。

在奥尔曼看来,马克思主义的继承人根据马克思用于出版的文稿来阐发和裁定各种理论主题的范围和影响是错误的。但是这种局面的出现也有马克思自身的根源。马克思在自己准备出版的文稿中制定出了经济基础和上层建筑之间的紧密关系,这种关系一直到今天我们依然可以在教科书中看到并被重点提到。按照这种说法,经济基础决定了上层建筑的性质和发展,那么我们只需要关注和研究经济基础的状况就可以了,而无须考虑社会的经济生活之外的其他领域,更不用说国家及其有关的基本状况了。恩格斯在《关于历史唯物主义的书信》中有力地证实了经济基础和上层建筑的辩证关系。他说:"根据唯物史观,历史过程中的决定性因素归根到底是现实生活的生产和再生产。无论马克思或我从来没有肯定过比这更多的东西。如果有人在这里加以歪曲,说经济因素是唯一决定性的因素,那么他就是把这个命题变成毫无内容的、抽象的、荒诞无稽的空话。经济状况是基础,但是对历史斗争的进程发生影响并且在许多情况下主要是决定着这一斗争的形式的,还有上层建筑的各种因素。"[①]对于恩格斯来说,国家对经济

---

① 马克思、恩格斯:《马克思恩格斯选集》第4卷,人民出版社1995年版,第695—696页。

发展是有深刻的反作用的。这种作用主要表现在它可以促进经济的发展，它可以起到阻止这种发展或者使其沿着特殊方向前进的作用。由此可见，无论从哪个方面来说，国家问题对于马克思主义来说不是一个可有可无的理论主题，即便它在一定程度上是可以从经济基础演绎出来的。

基于国家问题在马克思主义理论中的重要性，奥尔曼认可卢卡奇、柯尔施和葛兰西对经济决定论的抨击并由此反对在经济决定论的理论框架中解释国家这个理论主题。当国家这个主题从经济决定论的理论框架中解放出来时，它开始成为新一代马克思主义者或者马克思主义研究者的聚焦中心，这个发展特别是随着当代社会运行过程中国家在经济生活中的重要性越发显著而变得更加引人注目。值得一提的著作有哈贝马斯的《合法性危机》（1976年）和詹姆斯·奥康纳的《国家的财政危机》（1973年）。这些作者对国家问题的重视是与通常把国家这个理论主题打入冷宫的做法正好相反。囿于传统的观点，国家理论在马克思主义理论中占据着非常渺小的位置，政治科学家也就很少对马克思主义的国家理论发生兴趣，更不用说提炼出一种什么样的方法了。作为一门独立的科学，政治科学在发展过程中也表现出对于国家问题的无兴趣和淡漠，这一点与经济学和社会学对作为整体的社会生活的研究指向截然不同。奥尔曼指出：政治科学起源于人们对法理和治国术的研究。对于这种政治科学来说，研究的重心并不是联系其他社会过程来解读政治过程的运行机制，而是把视域锁闭在对政治过程进行单独研究的有限范围之内。由于研究视域的内在局限以及相应获致的理论终局，政治科学家不可避免地得出维护现存政治制度的结论，并且在具体实施时更多地侧重对政治制度运行效率的研究。奥尔曼认为，由于此种状况，我们在政治科学领域中很少看到有如在经济学、社会学和历史学等领域中所看到的那样，有什么激进的传统和激进的思想家以及相应的激进思想存在于其中。在奥尔曼看来，从马基雅弗利（Machiavelli）到基辛格（Kissinger），政治科学家所追求的无非是通过对现存政治制度进行改良来促进社会发展,他们过着一种体制化的生活。这些政治科学家自以为理解了权力的本质,然而他们始终都是把权力理解为孤立的事物而不能丝毫超乎其上。正是这些状况影响着政治科学的发展,而这种影响如今看来又波及以实务为旨归的青年学生。

在奥尔曼看来,政治科学家如果不从自身之外的领域寻求突破契机,就无法摆脱政治科学发展过程中出现的一些僵局。马克思主义自身包含着一种关于政治的理论,马克思主义的政治理论表明,我们可以让政治科学向马克思主义开放。但是,马克思主义的政治理论是通过马克思的辩证方法形成并发展起来的。于是,对于任何想在这方面有所作为的政治科学家来说,我们须得首先对马克思的辩证方法有所了解并懂得其运用途径和过程。通过此番哲学上的努力,我们的政治科学家无论是否深陷上述发展困境之中,都能够更新观念,明确自己的研究对象和研究方法。奥尔曼说:"在我们可以对方法问题和理论问题作个区分时,政治科学家有必要把方法问题放在首位。"[①]之所以如此,是因为我们只有首先掌握马克思的预设,并且掌握马克思用来建构其资本主义理论的手段、形式和技能,才能充分领会和运用他的理论,其中包括发展和修正(如果必要的话)两个环节。对于奥尔曼来说,政治科学家只有对马克思的辩证方法了如指掌才能纠正自身发展中所遭遇的曲折,从而为我们在政治科学领域中创立和发展马克思主义学派提供基础条件。

总的说来,奥尔曼与政治科学家之间的对话和争论聚焦的是马克思的辩证方法。对于奥尔曼来说,马克思的辩证方法始终以作为整体的资本主义为对象和目标,其中包括资本主义的起源、发展和衰落。也就是说,马克思的辩证方法始终包含着过去、现在和将来三个维度,并且三者是内在相关的。具体说来,马克思通过他的辩证方法所要达成的理论目标是:追问事物

---

① Bertell Ollman, *Dance of the Dialectic: Steps in Marx's Method*, Univ. of Illinois Press, 2003, p.137.

的现在与过去的起源,理解事物的现在何以显得如此连贯,挖掘造成现在的事物变化的主要原因,解读出上述这些事实是如何被掩盖起来的,探索现在的发展趋向和可能的替代,以及作为最为重要的环节,我们应该如何在整个过程中发挥作用和实现使命。关于最后一点,本章的最后一节将会详细谈到。马克思指出:我们应当对这些僵化了的关系唱一唱它们自己的曲调,迫使它们跳起舞来![1]马克思的论断为我们解答最后一点问题提供了启发。在我们理解马克思的辩证方法时,我们不是被动地适应这些自动划分出来的步骤,而是要积极地领会和把握这些步骤所揭示出来的意义。所以,接下来所要阐述的是马克思的辩证方法在实现其功能时所出现的若干步骤。从《辩证法的舞蹈》来看,奥尔曼在这里还是第一次对马克思辩证方法的步骤做出较为全面的说明,而这部著作的副标题恰好是"马克思方法的步骤",正是这些步骤合成了马克思辩证法的舞蹈。当然,这只是形象的说法,或者说是比喻的用法。

　　奥尔曼用环节(moments)来表达马克思辩证方法的若干步骤,类似的用法有"契机"或者"阶段"等。但是,无论使用哪一种说法,我们都要谨记这些环节相互之间并不存在什么严格的界限,毋宁说,它们是一个整体化的过程,相互之间衔接得非常紧密。在以往关于马克思辩证方法的讨论中,我们过于侧重这种方法的哲学方面,不如说是侧重于恩格斯所阐发的辩证法三大规律,抑或仅仅停留于这个方法的某一个阶段,而不是对这种方法的整体的综观。这样的处理方式对于我们有志于运用马克思的辩证方法从事科学研究的人来说是无济于事的。为此,奥尔曼提出了自己关于马克思辩证方法的理解和解释。这种理解和解释一方面重拾过去在解读马克思辩证方法的过程中被错估的设想和步骤;另一方面也更加明确了这些设想和步骤在阐发马克思的理论和学说时的地位和作用。对于奥尔曼来说,扩展对马克

---

[1] 马克思、恩格斯:《马克思恩格斯选集》第1卷,人民出版社1995年版,第5页。

思辩证方法解读的成果又可能陷入另外一种危险：过于程式化。不过这种危险是在叙述马克思的辩证方法时必然要经历的阶段。

为了叙述的方便，奥尔曼给马克思的辩证方法下了一个定义。奥尔曼指出："一般说来，马克思的方法是理解和解释现实的一种方式，它在内容上包括马克思在研究和叙述时对现实的重组和建构。"①在奥尔曼看来，马克思的辩证方法存在于五个层次上，它们分别代表着这种方法在实践中五个前后相继的环节或者阶段。这五个环节分别是：(1)本体论；(2)认识论；(3)研究；(4)理智重构；(5)叙述。奥尔曼认为，马克思的辩证方法代表着社会科学方法的一般进程，其特殊性并不在于它包含所有这些阶段，而是在于马克思自始至终都明确地意识到并把握住其中的每一阶段并赋予其以独特的性质和内涵。奥尔曼在与政治科学家对话和争论的过程中首次阐明了马克思辩证方法在逻辑上的一般步骤，尽管这还算不上是充分的和完善的。

在马克思辩证方法的本体论阶段，奥尔曼将目光聚焦"什么是现实？"这个问题。在奥尔曼看来，这个问题的解答自然离不开马克思对世界的基本设想和构思。作为一名唯物主义者，马克思承认自在世界的优先性，从而确认我们所处世界的性质；但是作为一位辩证法家，马克思不可能认为这个世界是静止的，仅仅作为整体而存在，而不是可以划分为各个有机部分的，即便我们对世界的划分仅仅是抽象思维的结果。因此，马克思的现实观就在于它把这个世界领会为可以划分为各个组成部分的，并且各个部分与其他部分之间以及该部分与整体之间都是内在相关的。奥尔曼把这个观念归结为马克思的本体论，从而就使本体论对"存在（being）"的研究转化为对"现实"的研究。奥尔曼认为，马克思的辩证方法在本体论阶段的独特之处在于：在对整体的理解上，马克思主张作为现实的整体必然是由内在相关的部分组成的；在对部分的理解上，马克思强调这些部分都是可以扩展的，并且

---

① Bertell Ollman, *Dance of the Dialectic: Steps in Marx's Method*, Univ. of Illinois Press, 2003, p.139.

在扩展中通过种种关系集中体现着整体。

对于奥尔曼来说,内在关系学说始终是最有特色的部分。在阐明马克思辩证方法的本体论阶段时,奥尔曼也集中论述了马克思的现实观中关系概念的内涵。奥尔曼说:"对于任何研究来说,变化和相互作用无论在追溯现在的起源和可能的将来时都是世界的典型特征并被视为一个自然的前提。"[①]在奥尔曼看来,变化和相互作用虽然带有无条件性,但是却具有一定的结构,这表现在这种变化和相互作用植根于相对稳定的联系之中。由于整体是对部分的规定,包括其秩序和统一,所以,整体在与部分内在相关的过程中也具有一定的独立性和自主性。奥尔曼认为,整体与部分之间的内在关系有四重内涵:(1)整体塑造部分并使部分在整体内部更为有效;(2)整体根据部分所实现的作用赋予其意义和重要性;(3)整体在部分之中表达自身并使部分成为整体的一种形式;(4)整体内部各个组成部分之间的相互作用赋予整体以内涵和结构并将整体转变为一个具有影响的有着历史和结果的不断发展着的体系。在奥尔曼看来,现实作为一个本体论范畴,是不能脱离对这四重关系的把握的。

在马克思辩证方法的认识论阶段,奥尔曼主要关注马克思如何获得对现实的认识并考察马克思是怎么在思维中安顿这种认识的。诚然,马克思辩证方法的认识论步骤是以马克思的本体论为基础的。如果说,马克思的本体论解决了他对现实的理解问题,那么马克思辩证方法的认识论步骤则要解决他对现实的认识方式问题。奥尔曼认为,这个过程可以分为四个方面:感知,抽象,概念化,定向,其中以抽象最为关键。就"感知"来说,我们在日常生活中不但利用五官来感知外部世界,而且还掺杂有各种心理和情感的活动,从而使我们能够对人的感觉、观念和物理实体有所察觉,否则它们有可能逸出我们的视野之外。就"抽象"来说,它主要是一个过程。在抽象

[①] Bertell Ollman, *Dance of the Dialectic: Steps in Marx's Method*, Univ. of Illinois Press, 2003, p.140.

过程中,囿于我们在知识、经验、情绪等主观条件的不同,我们对同一事物的认识会有所不同,有时是根本差异。奥尔曼把这种现象叫作个体化。在个体化过程中,把进入我们感官中来的无穷无尽的属性加工成特殊或者个别。抽象的作用在于它要在内在相关的整体世界中划出一条界线,从而为我们的研究做好要素的准备。就概念化来说,它的任务绝不只是给予各种被纳入思考的要素一个名称,而是要把抽象的产物和结晶予以扩展,不过这种扩展只能在马克思的意义上来进行。概念化的主要任务在于通过给予抽象一种语言形式不但使得这些抽象能够被我们理解,同时被我们记住和传达。奥尔曼说:"概念无抽象则空,抽象无概念则盲。"① 就定向来说,它是必然与感知、抽象和概念化等环节联系在一起的一个方面。奥尔曼认为,我们不可能脱离具体的社会语境理解人的价值判断、立场和态度,以及行动,我们也不能简单地断定上述判断、立场和行动是正确的或者错误的,而是要深入了解这些事物得以可能并立足其上的那个解释结构。根据马克思的观点,这个解释结构自然包含人们的现实生活过程,奥尔曼把这个延伸理解为内在关系学说的哲学后果。由此看来,我们在确立信念和付诸行动之前,实际上已经先行地被定向了。这是奥尔曼在马克思辩证方法的认识论阶段所提到的最后一个方面。

在马克思辩证方法的研究阶段,先行的本体论阶段和认识论阶段对之有重大的影响。在马克思辩证方法的本体论阶段,马克思力求发现资本主义制度的内在结构和基本联系,并把这个制度作为具体的总体来把握。在其认识论阶段,马克思力求理解他在研究过程中发现的资本主义总体,这些都为马克思的研究阶段的到来奠定了基础。奥尔曼认为,马克思在研究阶段的目标是:探寻各要素之间的内在关系并由此揭示要素之间相互依存的结构。对于奥尔曼来说,这些要素本身已是关系(Relations),不过是作为事

---

① Bertell Ollman, *Dance of the Dialectic: Steps in Marx's Method*, Univ. of Illinois Press, 2003, p.143.

物的关系。在奥尔曼看来,马克思的内在关系哲学使得我们把这些关系之间的相互关系看作内在关系,所以我们可以通过在每个这样的关系(Relation)中或者在诸关系之间去寻求达成我们的研究目标。为此,我们在实践中需要经常更换抽象角度并由此改变各种要素的内涵和外延。

在马克思辩证方法的理智重构阶段,我们可以看到马克思在研究过程中所揭示的要素之间的内在关系已经实现在一个丰富的和具体的总体之中了。作为出发点的本体论阶段,我们虽然知道这个世界是一个整体,但是这个整体还是一片混沌,我们并不知道详情。但是,在马克思辩证方法的第四个阶段也就是理智重构阶段,我们开始获得了一个较为清晰的认识。奥尔曼认为,之所以在研究和叙述之间安插一个理智重构阶段,是因为马克思通过汇集经由研究阶段获致的成果和初始推演所造就的自我理解与见诸马克思生前出版的著作中的分析并不相同。于是,奥尔曼开始提出譬如《1844年经济学哲学手稿》和《1857—1858年经济学手稿》这些以自我理解和自我澄清为目标的著作在马克思主义体系中的理论地位问题。在奥尔曼看来,这些著作在马克思主义理论中固然是重要的,然而它的预定读者并不是我们,而是马克思本人,少数时候是恩格斯。马克思通过这些著作所要达到的无非是一个理智重构的目标。

在对马克思辩证方法的步骤所做的初次说明中,叙述是最后一个阶段。对于马克思来说,他要通过这个步骤向读者述说思想,也就是自己的研究成果。在马克思的思想活动和实践活动中,他不是简单地诉诸道德批判和良心谴责,而是在批判资本主义的过程中,通过恰当的理论叙述把人们的注意力吸引过来,并将其战斗力投入到改变资本主义世界的实践活动中去。在这个阶段,马克思的目标是把资本主义作为一个具有结构性相互依存关系的总体道说出来。奥尔曼认为,在马克思那里,这种结构性相互依存关系存在于构成整体的每一个部分里面。所谓叙述,就是把这些分布在每一个部分里面的相互关系充分挖掘出来并重建为整体,以求实现对现实的观念重构。马克思说:"在形式上,叙述方法必须与研究方法不同。研究必须充分地占有材料,分析它的各种发展形式,探寻这些形式的内在联系。只有这项工作完成以后,现实的运动才能适当地叙述出来。这点一旦做到,材料的生命一旦观念地反映出来,呈现在我们面前的就好像是一个先验的结构了。"[①]奥尔曼正是在这种意义上阐述马克思辩证方法中的叙述阶段的。

三、奥尔曼和政治科学家争论的成果

在内容与路径方面,奥尔曼对马克思辩证方法的解读是侧重其两大理论支柱的。在理论运用部分,奥尔曼和政治科学家之间进行的对话和争论首次概述了马克思的辩证方法并对这个方法在社会科学领域的地位做了澄清,这是奥尔曼与政治科学家之间对话的成果。事实上,我们已经通过奥尔曼对马克思辩证方法的解读,知道马克思辩证方法得以可能的思想基础——内在关系哲学,此外还破解了马克思在抽象过程中的方法之谜,从而为我们展开马克思辩证方法的步骤提供了基石。这又说明,奥尔曼对马克思辩证方法的解读是逐步得以彰显其内涵和当代意义的。

在与政治科学家对话时,奥尔曼将注意力集中于马克思的辩证方法及其地位,也就是马克思的辩证方法在理论上的步骤和在实践上的角色。从理论上来说,奥尔曼认为马克思主义理论对政治科学的意义或者两者之间联结的可能性主要在于马克思的辩证方法。但是,马克思的辩证方法不是一次性就能够实现出来的,也不是现成地被给予的,而是有待阐发的。我们必须始终记住,马克思在理论上的研究对象始终是资本主义和共产主义之间的内在关系,它既不是资本主义,也不是共产主义。如果说马克思的研究对象是资本主义或者共产主义,那么两者都已经被我们纳入内在关系哲学的视域中来理解了。因此,在马克思的研究进程中,如果说,马克思的辩证

[①] 马克思、恩格斯:《马克思恩格斯选集》第2卷,人民出版社1995年版,第111页。

方法伴随着这个过程的始终,那么,这个方法本身并不是静止的表现,而是表现为一系列环节之间的更替和迁移。正是在这种意义上,奥尔曼从理论上把马克思的辩证方法划分为一系列的步骤,从而突出其阶段特征。从实践上来说,马克思的辩证方法表现出广泛的适用性。奥尔曼认为,马克思的辩证方法是普遍适用于社会科学领域的方法,而问题在于澄清这种方法。当我们在理论上澄清这种方法的具体步骤之后,我们也就在将这种方法应用于各门社会科学领域时获得了可靠的基石。但是,这种运用并不是教条式的,而是结合各门社会科学的实际进行的。

对于奥尔曼来说,马克思辩证方法的目标只是在于为我们提供对作为一个具体总体的资本主义的观念把握,马克思使用的术语是镜像反映。至于这种把握和反映的客观性,我们可以从马克思的一句话中看出来。马克思说:"观念的东西不外是移入人的头脑并在人的头脑中改造过的物质的东西而已。"[1]奥尔曼在同政治科学家的对话和争论中并不是要提出新的理论目标,而是看到了人们在实现这个目标的过程中对马克思辩证方法在发挥其功能的时候错失了其具体步骤和表现,因而不能有效把握资本主义的逻辑特征。由于对马克思辩证方法的步骤不甚了解,政治科学家往往在理解马克思的语言时深陷其语境而不能自拔。所以,奥尔曼只是要求把马克思放进其理论叙述中的方法要素重新提炼出来并让人们对之进行学习和体察,从而将其运用于具体的社会科学研究中去。

奥尔曼对马克思辩证方法的步骤的考察是从马克思关于资本主义国家的理论开始的。奥尔曼认为,通过阐发马克思的国家理论并从中提炼出与马克思的辩证方法有关的要素总是有益的,而且较能切中政治科学的现实。在政治科学的研究传统中,政治科学家对国家的研究较少过问国家的本质层面,从而不能触及国家同与之紧密相关的过程和关系之间的有机联结,更

---

[1] 马克思、恩格斯:《马克思恩格斯选集》第2卷,人民出版社1995年版,第112页。

加不用说从中发展出一种可资学科长远发展的方法了。奥尔曼指出：马克思的国家理论寻求在政治领域中充分解答政治现状的由来，各种要素之间如何勾连在一起，导致政治事件和变化的动因是什么，有哪些掩盖政治现实的因素及其相互作用，以及政治的发展趋势是什么，还有我们能够在政治过程中发挥何种作用以及如何发挥这种作用等问题。通过把马克思的辩证方法引入对马克思关于国家的理论的阐释之中，我们就获得并掌握政治制度和实践的形式与经济上占统治地位的阶级之间、国家和生产方式之间、国家的政治实践与作为合理化工具的意识形态之间等诸关系的逻辑特征，从而使政治真正意义上成为一门科学，即政治科学。奥尔曼与政治科学家之间的对话和争论的积极成果在于为政治科学奠定了方法论的基础，这个基础的奠定要归结为奥尔曼对马克思辩证方法的步骤的首次完整阐述和说明。

马克思的辩证方法在政治科学乃至整个社会科学领域的重要性由此可见一斑。在马克思的辩证方法实现其功能和发挥其作用的过程中，我们不断洞见到各种各样的关系，这些关系的总和无非也是一个总体。这个总体是具体的总体，它是人的肉眼所看不见的，也就是说并不是直接的，它是人的智慧的结晶。在实际生活的领域，现实事物也会表现为一个总体，不过这种总体是原始的总体，我们对寓居于其中的各种关系是不明了的。因此，我们通过阐释奥尔曼与政治科学家之间的对话和争论又进一步地为人们分析和考察就某个研究对象来说是原始总体和其具体总体之间的紧张关系或者说内在关系提供了条件。在奥尔曼看来，通过重释马克思的国家理论来阐发马克思的辩证方法依然是我们当代学者的任务。

因此，非常明显的是，马克思的辩证方法不仅仅是一种手段、一种工具，我们可以用它来理解马克思的原话和理论见解，它更是我们扩展其功能和放大其作用的起点。对于奥尔曼来说，虽然马克思未必知晓自己的方法的若干步骤，但是奥尔曼对这些步骤的阐明却极大地方便了读者对马克思的阅读以及通过修正和完善这种方法来发展马克思主义理论。应当说，这种发展自从马克思主义创立那一天起就已经开始发生了,只不过我们并不明白这种发展是通过对马克思辩证方法的洞见和运用来实现的罢了。作为一位关注和研读马克思辩证方法的学者,奥尔曼通过与政治科学家之间的对话和争论为我们坚持和发展马克思的方法作出有益的贡献,也就忠实履行了恩格斯的教导。恩格斯说:"马克思的整个世界观不是教义,而是方法。它提供的不是现成的教条,而是进一步研究的出发点和供这种研究使用的方法。"①恩格斯同样指出:"我们的理论是发展着的理论,而不是必须背得烂熟并机械地加以重复的教条。"②无论从哪个方面来说,我们都不能对马克思的辩证方法采取一种简单接受的态度,而应该像奥尔曼那样,以一种坚持和发展同时并重的眼光,来阐说这一方法。德里达说:"遗产从来不是一种给予,它向来是一项使命。"③这是颇能说明问题的。对于奥尔曼来说,同当代学者展开积极而且富有成效的对话和进行必要的争论,是坚持和发展马克思辩证方法的好途径。

第二节 奥尔曼与批判实在论的变革

在对马克思的辩证方法进行解读的过程中,奥尔曼不但与缺失方法维度的政治科学家进行对话和必要的争论,而且也与对马克思的辩证方法多有解读的著作家进行学术交流,其中不乏在国际理论界颇具知名度的学派代表人物。在这一节里,我们将要展开这样一场讨论,它是一次发生在奥尔曼与批判实在论者之间的对话。批判实在论(Critical Realism)是一个迅速

---

① 马克思、恩格斯:《马克思恩格斯选集》第 4 卷,人民出版社 1995 年版,第 742—743 页。
② 马克思、恩格斯:《马克思恩格斯选集》第 4 卷,人民出版社 1995 年版,第 681 页。
③ 俞吾金、陈学明:《国外马克思主义哲学流派新编·西方马克思主义卷》下册,复旦大学出版社 2002 年版,第 734 页。

崛起并在国际理论界崭露头角的哲学学派。这个学派的创始人是英国哲学家罗伊·巴斯卡尔(Roy Bhaskar)。他的著作有《辩证法：自由的脉搏》《批判实在论：一个简介》，影响都颇为深远。巴斯卡尔认为，西方哲学在发展过程中经历过把本体论还原为认识论的谬误，他说："西方哲学的整个传统，就是试图把存在还原为知识，把本体论还原为认识论。"[①]为此，批判实在论重点强调两个观点：第一，思想与存在是有区别的，并且存在先于思想；第二，本体论与认识论的区别，强调本体论先于认识论。虽然巴斯卡尔声称他要完成马克思的遗愿，深入阐发马克思的辩证方法，力图发展出一种方法论体系。然而，无论是巴斯卡尔，还是他的后继者，都没能有效地完成这一理论任务，相反，因其不完善和令人疑惑，奥尔曼对包括巴斯卡尔在内的批判实在论者采取一种对话态度，并由此对批判实在论的变革产生重大影响，这同样是他对马克思辩证方法解读的具体运用。

一、巴斯卡尔和批判实在论的诞生

作为一个哲学流派，批判实在论(Critical Realism)与19世纪在欧洲形成的同名文学流派不同[②]，它是过去40多年里在社会科学领域影响深远的一个哲学流派，无论对实证主义，还是对后现代主义，都构成冲击和挑战。批判实在论最初出现于英国，其创始人和领导人是英国哲学家罗伊·巴斯卡尔。巴斯卡尔是英国伦敦城市大学哲学教授，他提出的主要是"社会科学何以可能？"这一问题。这个问题直接回应理论界关于社会科学的"科学性"的争论。对于巴斯卡尔来说，纯粹从方法论的角度来解决这个问题并平息这场争论几乎是不可能的。因此，巴斯卡尔转向本体论并由此把方法论问

---

① Roy Bhaskar, *Dialectic: The Pulse of Freedom*, London: Verso, 1993, p.11.
② 批判实在论，作为文学流派，特指19世纪在欧洲形成的一种文艺思潮和创作方法，批判实在论文学是在继承以往文学中的现实主义传统的基础上形成的。代表作家有法国的司汤达、巴尔扎克，英国的狄更斯，俄国的托尔斯泰等；代表作品有《红与黑》《人间喜剧》《艰难时世》《复活》等。

题的讨论还原为有关本体论问题的讨论,从而确立了批判实在论的基本论域。根据巴斯卡尔的观点,批判实在论主要关注社会科学的研究对象的基本性质问题。只有经过此番澄清并由此通达对社会科学的本体论根基的检审,才能使批判实在论获得内在的巩固。

批判实在论的奠基性著作是巴斯卡尔出版于 1975 年的《一种关于科学的现实主义理论》(A Realist Theory of Science)。从巴斯卡尔的著述历程来看,这本著作的主要思想观点建立在 20 世纪 60 年代至 70 年代初期他本人的学术见解的基础之上。对于巴斯卡尔来说,这部著作的主要影响得益于 20 世纪 60 年代的英美科学哲学界发生于卡尔·波普尔(Karl Popper)和托马斯·库恩(Thomas Kuhn)之间的学术争论。波普尔关注的问题是:科学作为一种与众不同的思维范式何以可能?在波普尔看来,科学与其他思维范式之间的划界问题其实就是科学的性质问题,也就是要找到一个标准,使我们能够按照这一标准把科学同其他思维范式区分开来。波普尔拒斥逻辑实证主义关于科学的科学性,在于它是可证实的观点,而提出可证伪性作为他的划界标准。库恩在《科学革命的结构》(1962 年)中提出的"范式"理论是针对波普尔的证伪主义提出来的。库恩主张科学是一定社会集团按照一套公认的信念所进行的专业活动。在库恩看来,科学的发展不仅仅是理论体系的运动,还是包含自然观、理论体系、心理认识在内的范式的运动。因此,科学不再仅仅被视为一种知识体系,还是知识体系和创造知识体系的活动的合集。自从这场争论爆发以来,我们已经很难苟同"科学"和"科学家"之类名称的历史内涵了。在这种历史背景的映照下,马克思主义和它的后继者们也面临类似的历史考验问题,我们过去往往是以科学的名义从事马克思主义的研究和传播的,并且如果自身条件符合,我们也是以"社会科学家"的身份出现在理论的舞台上。因此,澄清"社会科学何以可能?"的问题也就被提上了议事日程,巴斯卡尔也是在这种历史背景下出现在我们的理论视野中来的。

正值"马克思主义是否科学?"以及"马克思主义作为科学何以可能?"被提出来之际,巴斯卡尔对科学的批判实在论理解进入我们的理论探讨中来了。尽管巴斯卡尔并没有提出一个完整的解释方案,但是他的批判实在论学说确实为解决这个问题提供了新的理论视角。巴斯卡尔的理论探讨的重心在于充分挖掘马克思主义对于事物不可见结构的本质洞见和切中因果结构现实的理论功能。今天人们也正是在这种意义上关注巴斯卡尔的批判实在论的。从批判实在论的发展来看,它并不是一场简单否定现实存在的各种社会科学理论的思潮或者运动,而是要为比这些理论更高的马克思主义理论奠定积极的基础。伦敦经济学院教授克雷斯·布朗(Chris Brown)认为,巴斯卡尔的实在论学说对于马克思主义在当代的复兴具有重要价值。[1]对于布朗教授来说,巴斯卡尔的奠基工作非常重要。

批判实在论已经席卷整个哲学和人文科学领域,尽管它并不能简单地归结为巴斯卡尔及其著作所致,但是,却在创始的意义上以及在理论建制时都与后者发生亲密关系。这场运动的重要性在于,它在最近40多年来充分地实现了国际化并逐步渗透到多个学科领域,以一种前所未有的方式改变了人们眼前的认知图景。从批判实在论这个术语本身来看,它有两个来源:其一是超越的实在论(Transcendental Realism),其二是批判的自然主义(Critical Naturalism)。巴斯卡尔从上述两个来源出发用"批判实在论"来命名他所建立的学派,一方面是要借助康德批判哲学的美名,但同时又加上"实在论"以示与康德哲学的区别。巴斯卡尔领衔的批判实在论引起如此巨大的影响,以致它又被称为"当代实在论(Contemporary Realism)"。不过,这种影响是巴斯卡尔通过对马克思的辩证方法加以解读获致的。

巴斯卡尔对马克思辩证方法的解读包括四个重要术语:非同一性;否定性;总体性;社会转变实践。巴斯卡尔把这四个方面称为 1M、2E、3L、4D。

---

[1] Chris Brown, "Situating Critical Realism", *Millennium-Journal of International Studies*, 2007; 35; 409, p.416.

1M 的辩证法是分层的辩证法,强调本体论与认识论的非同一性,肯定与否定的非同一性,结构与事件的非同一性。2E 的辩证法是变化的逻辑,认为不在场、缺失是辩证法的实质与核心,认为变化就是不在场,不在场优于在场。3L 是开放的总体性的辩证法,把分散的现象看成是统一性总体的组成部分。由于不在场的存在,总体性永远是开放的、也就是未完成的。4D 是实践的辩证法,这种辩证法强调社会实践就是对社会的再总体化。实践辩证法的主要作用是确保历史永远不会终结。巴斯卡尔认为辩证法的真正定义是"缺失中的缺失",后来又进一步将之概括为"缺失限定在缺失的缺失中"。①

批判实在论在对马克思的辩证方法进行解读的过程中强调缺失,实际上是用四段论的辩证法取代了黑格尔的三段论辩证法。黑格尔的三段论辩证法是:肯定(从某物开始)→否定(发现了自身的缺陷)→否定之否定(克服这些缺陷)。巴斯卡尔的四段论辩证法则是:缺失(开始于不完善)→缺失原初的缺失(修复这些不完善)→缺失之缺失的限制(修复过程遇到障碍)→缺失这种限制(克服这些障碍)。在巴斯卡尔看来,马克思的辩证方法就是关于人类解放的辩证法,而自由就是人从社会与自然的限制中独立出来。他说:"这个过程就是辩证法,辩证法是自由的脉搏。"②奥尔曼认为,由于巴斯卡尔在阐发批判实在论的理论时较多地涉及辩证方法这个主题,而且由于在这种涉及过程中较多地带有反对资本主义的理论冲动,因此也可以在我们阐发马克思的辩证方法时将之列入我们的讨论对象,使我们对马克思辩证方法的解读走向深入。国内付文忠教授也在同样的意义上把批判实在论对马克思辩证方法的解读作为英美马克思主义学界主要的解读模式之一来加以介绍。③

二、奥尔曼对批判实在论的新思考

奥尔曼高度肯定批判实在论所做的工作并由此把它比喻为一座茂盛的

---

① 布朗等:《批判实在论与马克思主义》,广西师范大学出版社 2007 年版,第 233 页。
② Roy Bhaskar, *Dialectic*: *The Pulse of Freedom*, London: Verso, 1993, p.385.
③ 付文忠:《英美马克思主义辩证法研究的新趋势》,《中国人民大学学报》2010 年第 1 期。

热带花园,其中充满着丰富多彩的生命形式。作为这个学派的创始人,巴斯卡尔也因此获得广泛的声誉。奥尔曼对巴斯卡尔的高度评价来源于后者所领衔的批判实在论学派成功地跨越了实证主义和后现代主义之间的鸿沟并且在某种程度上克服了各自的片面性,从而在思想高度上超出了这两个较为极端的理论形态,为马克思辩证方法的出场提供了良好的理论语境。在奥尔曼看来,实证主义错估了事实并把它视为真理,而后现代主义则通过各种形式最终取消了真理。奥尔曼认为,巴斯卡尔的批判实在论在克服这两个极端时同时取消了青年学者对它们的错误信仰,又不失为一大社会贡献卓著的理论。基于上述理论功绩,奥尔曼对批判实在论的变革发挥了比较显著的作用。

奥尔曼与批判实在论的变革之间理论联系的第一个要点是:马克思的辩证方法不仅是一种认识论和方法论,而且也是一种存在论。巴斯卡尔领导的批判实在论学派在克服实证主义和后现代主义的两难困境中做出非常重要的理论创新。这样的理论进步的获得主要归功于他通过把实证主义和后现代主义的主张中不可调和的因素巧妙地调和起来了并赋予其适当的位置,从而避免了各执一端的错误倾向,不过,这个成果是巴斯卡尔通过一定的可行的方案取得的。在巴斯卡尔的这个调和方案中,实证主义在主张有所谓绝对真理以及我们可以通过一定形式的研究发现这些绝对真理方面是正确的,只不过错误的地方在于,事实远不是这样的绝对真理,甚至它根本不在真理的门槛上。因此,实证主义对纯粹事实的研究取向与他的上述理论主张事实上是矛盾的。与此同理,后现代主义在主张任何真理或发现时都始终与研究者的观点紧密相关也是非常正确的。虽然在某些方面上述两个极端都有其可取之处,但是巴斯卡尔及其批判实在论学派却做出了另外的贡献。也就是说,巴斯卡尔认为上述两个方面都把对真理的发现和洞见固定在认识论和方法论的层面,从而在主体和客体的二元对立方面并未取得实际突破,从而也就没有真正克服这种历史性的对立。奥尔曼认为,巴斯卡尔把真理及其洞见从认识论和方法论移居到存在论的基础之上,用本体论的研究代替了认识论和方法论的研究。在奥尔曼看来,本体论的研究就是对现实的性质的研究,而认识论和方法论的研究则是对我们该如何获取现实以及切中这些现实对我们有何意义的研究。奥尔曼认为,巴斯卡尔把实证主义和后现代主义的缺点归结为它们停留于后者,而没有进到存在论(本体论)的基础上来,这是他的优越之处;然而,就他未能及时阐明对现实的存在论研究是一个过程来说,这又构成他的不足之处。因此,奥尔曼在同以巴斯卡尔为首的批判实在论者进行对话时,首先阐明了马克思的辩证方法在以现实为研究对象时的存在论视域,同时指证了他们的不足。

奥尔曼与批判实在论者之间对话的第二个要点是:马克思辩证方法之特殊性在于它以内在关系哲学为存在论基础并以抽象过程为其实现形式。巴斯卡尔提出的问题是:"科学得以可能的本体论前提是什么?"[1]也就是说,如果科学是可能的,那么这个世界应该是什么样子？巴斯卡尔认为,科学得以可能的本体论基础是:这个世界必须是有结构的、分层级的和不断变化的。[2]基于上述见解,巴斯卡尔通过解读马克思的辩证方法在对自然现象和社会现象的研究中同时注意到了两个方面:第一是关注自然现象和社会现象中的真实秩序、结构及其变化;第二是关注研究得以在其中进行的社会语境(包括各种不同的偏见和局限)对我们的影响。巴斯卡尔在研究过程中对这两个方面进行了等量齐观,这种做法与他对实证主义和后现代主义的处理方式相一致。我们也可以从奥尔曼与巴斯卡尔的对话中得出如下论点:社会语境给予我们研究的影响可以在某种程度上修饰我们的研究目标,但是并不能取消或者取代这个目标。因此,我们在具体的研究过程中尽管引入了不同的社会视角,但是这丝毫不能看作对科学之科学性和真理性的放逐和解构。巴斯卡尔还把这个观点运用在内嵌于自然现象和社会现象之中

---

[1] Roy Bhaskar, *A Realist Theory of Science*, London: Verso, 1975, p.23.
[2] Roy Bhaskar, *A Realist Theory of Science*, London: Verso, 1975, p.25.

的潜在的研究过程中,并认为这个"潜在"在其核心处也是有一个结构的,其中有变化和等级序列。巴斯卡尔认为,我们尽管是从不同的角度去研究这个潜在(在奥尔曼那里是现实),但是我们并不能取消或者取代寓居于这个潜在之中并表征这个潜在的结构和秩序。奥尔曼认为,巴斯卡尔的上述观点虽然正确地表达了马克思辩证方法的一般特征,但是尚未表述它的独特性质。在奥尔曼看来,巴斯卡尔在使用马克思的辩证方法进行研究时未能意识到它的特殊性。结果,巴斯卡尔不但不承认马克思辩证方法的内在关系哲学基础,而且还坚持一种外部关系哲学(the philosophy of external relations)的主张;不但错失了马克思辩证方法在抽象过程中的实现,而且反而自满自足于各种抽象的结果,这又表现为巴斯卡尔习惯于在研究中注意重新界定旧的术语并同时引进新的术语上。奥尔曼最后指出:正是内在关系哲学为我们研究世界奠定了存在论基础,从而使我们能够把世界中事物的现象和本质内在地勾连起来,把事物的历史、现在和将来内在地联结起来。与此同时,只有通过抽象过程的具体展开,我们才能深入了解马克思辩证方法的实现过程,而不再停留于抽象的前提和结果之上。总之,内在关系哲学和抽象过程对于理解和掌握马克思的辩证方法来说是两个最为主要的因素。

奥尔曼与以巴斯卡尔为首领的批判实在论者之间开展的对话主要涵盖了上述两个要点,都是关涉马克思的辩证法的。然而,其意义不仅是对于马克思的方法来说的,也是对巴斯卡尔和他的学派的发展来讲的。奥尔曼高度肯定批判实在论在马克思的视域中对辩证法进行研究,但同时又结合自己对马克思辩证方法的理解对巴斯卡尔和他的学派的不足进行修正,这不仅是为了坚持和发展马克思的辩证方法,也是批判实在论学派长远发展的需要。具体说来,这种意义主要表现在如下三个方面:

第一,从内在关系哲学方面来说,奥尔曼通过与以巴斯卡尔为代表的批判实在论者的对话,既澄清了马克思辩证方法的本体论前提,又解答了马克思在具体实行其方法时所产生的语言之谜。奥尔曼在《辩证法的舞蹈》中提出的内在关系学说使我们(包括巴斯卡尔在内的批判实在论者也一样)在理解任何事物时引入关系的视角,并把事物本身看作一种关系,从而实现对于事物的动态把握。这样说来,我们做研究无非是寻求各种具有扩展能力的关系,这些关系本身又是被当作事物来看待的。由于关系本身是变动不居的,我们并不指望我们的理解和研究会有终结的一天,这是永无止境的。所以,内在关系哲学实际上是"马克思主义不是终极真理"的本质根据。奥尔曼在《辩证法的舞蹈》中提出的内在关系学说也解答了我们在阅读和理解马克思时所产生的语言之谜。关于马克思的语言之谜,奥尔曼在他的博士论文就有所涉及。奥尔曼说:"对于马克思的读者来说,马克思对语言的独特运用构成最为难解的一个谜团。"[①]意大利社会学家弗雷多·帕累托(Vilfredo Pareto)提出所谓马克思用语的多义性质也为我们理解奥尔曼对马克思语言之谜的解答提供了参考。[②]

第二,从抽象过程方面来说,奥尔曼通过与以巴斯卡尔为代表的批判实在论者的对话,既明确了马克思的抽象在过程上与其他思想家的不同,又规范了批判实在论者对词语的使用和对抽象重点的抉择。当奥尔曼把马克思在抽象过程中所使用的方法界定为"从抽象上升到具体"的方法,并将之提升为马克思的辩证方法,为我们在研究马克思的辩证方法时转向一直甚少被人们关注的抽象过程提供了启发。奥尔曼在对马克思辩证方法解读的扩展性运用中不断挖掘和梳理马克思在抽象过程中的具体样式或者方面,为我们详细了解马克思抽象的独特性质提供了具体细节。此外,奥尔曼还为批判实在论者明晰地表达自己的思想和在表达思想时运用正确的抽象并选

[①] Bertell Ollman, *Alienation: Marx's Conception of Man in Capitalist Society*, New York: Cambridge University Press, 2nd ed., 1976, p.3.
[②] [美]伯特尔·奥尔曼:《辩证法的舞蹈:马克思方法的步骤》,田世锭、何霜梅译,高等教育出版社2006年版,《序言》第6页。

取合乎时宜的重点给予了理论上的论证和支持。奥尔曼认为,批判实在论思潮对意识形态的批判由此可以获得其在抽象方面的理论基础,从而使我们得以深入意识形态在抽象中的具体根源。在抽象过程中,我们对范围、概括层次和角度的考虑都是对抽象重点的一次抉择。在每一次抉择时,我们都把视域内的事物和视域外的事物区分开来,从而为我们的研究奠定基础并制定方向。比如,批判实在论只有立足资本主义社会这个概括层次,才能真正洞见共产主义将来。

第三,从马克思的辩证方法立足其上的上述两个方面来看,奥尔曼通过与以巴斯卡尔为代表的批判实在论者的对话既说明了马克思辩证方法的目标和重点,同时又阐述了它的具体运用路径。奥尔曼通过对马克思辩证方法解读的扩展不但进一步增进了人们对马克思辩证方法的认识和理解,而且还为批判实在论更多地把现实作为方法旨在切中的目标以及对变化和相互作用给予更为便利的关注提供了理论上的可能性。对于奥尔曼来说,事物在发展过程中的稳定性和独立性只是事物永恒变化和相互作用的一个暂时特征,我们需要对之充分的考量和注意。与此同理,奥尔曼通过内在关系哲学为批判实在论者提供了重要的理论启示,即马克思主义的研究对象是资本主义和共产主义的内在关系,而不是其中的任何一个方面;同时又通过对马克思抽象过程的关注和解读,充分解释了马克思主义何以还能够对当今人与自然的对立做出哲学上的澄清,并为我们洞见到作为人与自然的最高统一体的共产主义社会提供了同样重要的启发。此外,奥尔曼的内在关系学说和对抽象过程的解读为批判实在论根据理论目标的需要随时扩展和缩减日常生活用语的内涵和外延开辟了新的理论道路。

巴斯卡尔说:"辩证法的本质在于它是一门洞见联系和区别之间一致性的艺术。"[1]在奥尔曼看来,这个洞见如果不是因为事物本身处于一种内在关

---

[1] Roy Bhaskar, *Dialectics*. London: Verso, 1993, p.190.

系之中,以及我们只有通过一个抽象过程才能对事物内部和诸事物之间的内在关系进行综观,又是从何而来的呢?奥尔曼认为,马克思的内在关系哲学和抽象过程与批判实在论的主要观点并不冲突,相反,它们对于后者发展出一种新型的关于马克思辩证方法(以重建的形式)的新形态具有重要意义。

第三节　奥尔曼对系统辩证法的批评

奥尔曼说:"马克思对资本主义的分析的主要目的之一在于,人们在受制于历史的具体条件的同时还能创造出属于他们自己的历史,我们是有限的却是自由的,未来对我们既是必然的又是开放的,这一切是如何可能的。"[①]在奥尔曼看来,马克思能够在历史领域做出本质洞见完全依靠马克思的辩证方法。然而,令奥尔曼感到遗憾的是,我们的处境却总是让人担忧。当代世界尽管是资本主义和社会主义并存的格局,但是,从全球来看,资本主义依然占据着主导地位。可是,对于以资本主义为生存环境的我们来说,资本主义的内涵和意义很少受到我们的注意和考察,更不用说我们要对资本主义的系统特征和运行机制作一番研究了。从理论上说,我们要让每个人充分领会和把握经济范畴在这个社会和对这个社会的作用,就更加不可能了。总之,奥尔曼认为,即便我们时刻处在资本主义的环境之中,但是我们并没有或者已经丧失对于资本主义的意识,从而也很少注意有意识地使用"资本主义"这个概念,并突出其具体的历史特征。

系统辩证法(Systematic Dialectics)正是在上述历史背景中兴起的一股

---

① Bertell Ollman, *The U.S. Constitution: 200 Years of Anti-Federalist, Abolitionist, Feminist, Muckraker, Progressive, and Especially Socialist Criticism*, co-ed. N.Y.U. Press, 1990, p.273.

学派。这个学派把资本主义,特别是它的系统特征,以及与之紧密相关的资本主义经济范畴作为聚焦的中心。就这个学派的发展情况来看,它的夸张的、片面的缺陷也是存在的,从而构成奥尔曼在关于马克思辩证方法解读的运用中与它产生分歧的全部理由,尽管这个学派在东亚和欧美等国家有不同的表现形式和侧重点。不过,奥尔曼对系统辩证法的批评不是为了摧毁和瓦解它,而是把它从夸张的和片面的处境中解救出来,从而使系统辩证法在对马克思辩证方法的理解和阐释中走上一条正确的道路。

一、系统辩证法的界定和共同主张

奥尔曼语境中的系统辩证法是指许多社会主义思想家共同坚持的一种对于马克思的辩证方法的解释理论。就此看来,系统辩证法学派并不能包括所有社会主义思想家关于马克思主义及其辩证法理论的著述,而是指为他们所共同有的关于辩证法的理论部分,尽管每一个人对这些共同点会有少许不同的理解。奥尔曼说:"从对系统辩证法理论做出贡献的大小来说,汤姆·塞肯(Tom Sekine)、罗伯特·奥尔布里顿(Robert Albritton)、克里斯多夫·亚瑟(Christopher Arthur)、托尼·史密斯(Tony Smith)是最为重要的系统辩证法论者。"[①]奥尔曼与系统辩证法论者之间的理论分歧主要是由这些思想家的有关论述引起的。

从上述四位思想家对马克思辩证方法的解读情况来看,他们主要是在认识论和方法论的层面理解马克思的辩证方法的。在这些系统辩证法论者看来,马克思的辩证方法可以归结为三个要点:第一,马克思的辩证方法仅仅是指马克思在叙述对资本主义政治经济学的理解时的一种战略;第二,这种战略主要地或者唯一地在《资本论》第一卷中出现;第三,这种战略所要建构的是一种在主要方面均是马克思取自黑格尔的概念逻辑。上述言论严重

[①] Bertell Ollman, *Dance of the Dialectic: Steps in Marx's Method*, Univ. of Illinois Press, 2003, p.182.

地缩小了马克思辩证方法的理论视域,从而大大制约它在把握资本主义总体时的理论功能,对于奥尔曼来说是不能忍受的,因而构成奥尔曼对之进行学术批评的主要理由。

以上述四位思想家为代表的系统辩证法论者对马克思的概念逻辑的阐发是立足黑格尔哲学的基地之上的。黑格尔的逻辑学本质上就是概念之间的有机过渡和依次递进并逐步扬弃出一种最终结果。马克思在运用自己的概念逻辑时也有一个类似的演进过程。列宁说:"虽说马克思没有遗留下'逻辑'(大写字母的),但他遗留下《资本论》的逻辑,应当充分地利用这种逻辑来解决这一问题。在《资本论》中,唯物主义的逻辑、辩证法和认识论(不必要三个词:它们是同一个东西)都应用于一门科学,这种唯物主义从黑格尔那里吸取了全部有价值的东西并发展了这些有价值的东西。"[①]正是在这种意义上,以托尼·史密斯等思想家为主要代表的系统辩证法学派主张在《资本论》第一卷中有一种概念演进的过程,这个过程表现出一定的序列。马克思在《资本论》中首先阐明的是商品概念。对于马克思来说,商品表现为一个外部对象,但是在本质上却是使用价值和(交换)价值之间的矛盾,进一步说又是具体劳动和抽象劳动之间的矛盾。但是,这种矛盾的解决需要依靠引入一种新的概念,即货币。在史密斯他们看来,这种从概念到概念的过渡是通过揭示并解除在第一个概念中出现的各种矛盾才得以实现的。与此同理,资本代替货币也是这样一个逻辑进程。于是,从商品到货币再到资本的概念演进逻辑清楚地表现在《资本论》第一卷的框架结构中。正是通过并依循这种概念逻辑,马克思一步一步地从抽象(只有少数规定的简单范畴)进展到具体(多样性的统一,丰富规定性的综合)。奥尔曼所谓马克思辩证方法就是指马克思在政治经济学批判中所演绎的方法,这个方法的名称正是这里所提及的"从抽象到具体"的方法。

---

① 列宁:《列宁全集》第55卷,人民出版社1990年版,第290页。

系统辩证法论者的上述主张并非毫无道理。奥尔曼说:"我并不怀疑马克思在《资本论》第一卷中使用了这种叙述战略。"①在奥尔曼看来,这种叙述战略反而是非常重要的,因为它与我们把资本主义看作一个相对独立的生产方式体系密切相关,这种生产方式的特殊逻辑集中体现在我们社会所建构出来的经济范畴之间的相互作用之中。但是,奥尔曼与系统辩证法论者之间的理论分歧也就由此出现了。在奥尔曼看来,经由系统辩证法对马克思辩证方法的诠释,马克思作为方法的辩证法对于他在《资本论》等著作中阐发他对资本主义的独特理解方面到底扮演了什么角色依然是一个悬而未决的问题。因此,我们可以将奥尔曼与系统辩证法论者之间的思想差异分解为以下三个方面:其一,系统辩证法是对马克思在《资本论》中所使用的辩证方法的唯一解释吗?其二,马克思在除《资本论》以外的著作中是否也采用了为系统辩证法所理解和解释的这种方法?其三,把马克思的辩证方法化约为一个特殊的阶段(仅仅停留在叙述阶段,而按照之前的阐述,马克思的辩证方法至少有五个阶段或者环节),这到底是意味着马克思辩证方法的通俗化,还是庸俗化?这三点差异代表了奥尔曼与系统辩证法论者之间具有原则高度的分歧,引起了他们之间的争论。

系统辩证法论者首先阐明了历史辩证法和系统辩证法之间的区别。他们认为,黑格尔和马克思之间的一个共同特点在于遵循了一种系统辩证法的逻辑,至于恩格斯所阐发的"逻辑与历史的统一"则把历史辩证法和系统辩证法结合起来了。其实,以克里斯多夫·亚瑟为代表的系统辩证法论者主张无论是黑格尔,还是马克思,都主要按照一种逻辑的方法,也就是系统辩证法去组织自己的叙述的。这种辩证法是对马克思辩证方法的新说明,它的基本主张有:

第一,系统辩证法的任务在于:按照一定的顺序在一个系统内部组织各

---

① Bertell Ollman, *Dance of the Dialectic: Steps in Marx's Method*, Univ. of Illinois Press, 2003, p.183.

种逻辑范畴,并依次推演它们,从而形成一个范畴序列,以反映历史的演进过程。在黑格尔和马克思较有代表性的著作中,系统性具有本质的重要性,因为两位思想家的探究对象事实上是一个总体。无论是黑格尔,还是马克思,都是在事物之间的内在关系之中把握事物呈现出来的现象的,而这就是他们所谓的辩证法。在系统辩证法论者看来,事物之间的这种内在关系远非分析理性和线性逻辑所能把握。"系统辩证法"中的系统是由一系列范畴构成的观念总体,这些范畴表达一定的形式和关系,而这些形式和关系又是镶嵌在一个总体内部的。其中,每一个范畴都表征着总体的一个阶段或者环节。系统辩证法推崇概念与概念之间的逻辑推演和递进序列。

第二,系统辩证法的主旨在于:在依次推进的概念与概念之间存在着一种不对称现象,概念之间的这种不平衡现象正是它们之间相互接替的重要根源。对于马克思的辩证方法来说,作为终点,也就是真正的具体,即包含着丰富规定性的复杂而又完全的关系整体,确实充分包含和支持着构成这个整体的所有要素。在系统辩证法论者看来,这个终点确证着我们沿着一条逻辑干线回溯推演各种概念和范畴的合法性与合理性。托尼·史密斯说:"如果理论在其自为阶段是最高真理,这个真理既有实在性,又带有丰富的具体性,那么,这个理论在其自在阶段也以抽象的和潜在的方式是正确的。"[①]因此,系统辩证法在对马克思辩证方法的解读中把方法的主旨领会为按照一种向后回溯和向前演进的逻辑顺序发展范畴术语。

总的说来,系统辩证法论者高度肯定黑格尔和马克思在系统辩证法这个维度上的一致性,并且指认系统辩证法探究的是深层次寓居于既定总体内部的诸形式之间的概念联系(范畴联系也一样)。在这种探究活动中,一系列的范畴层次不断被建立起来,其中,较为高级的范畴形式为我们理解较为低级的范畴形式提供了理解的钥匙和阶梯。

---

① Tony Smith, *The logic of Marx's "Capital"*, Albany, New York: SUNY Press, 1990, p.49.

二、奥尔曼论系统辩证法的局限性

奥尔曼是以一种较为温和的方式对系统辩证法的解读提出自己的批评的。在奥尔曼看来，马克思于《资本论》第一卷中除了阐述政治经济学领域概念与概念之间、范畴与范畴之间的递进关系之外，还伴随有其他的理论目标。比如，揭露资产阶级意识形态以及资产阶级意识形态家的真实面目；揭示资产阶级经济学在异化社会关系中的根据；考察资本主义在原始积累中的起源以及潜在地跨入共产主义的可能性；描绘阶级斗争的实际状况以及提升工人阶级的阶级意识。奥尔曼认为，所有这些目标的实现都有赖于采取一种与黑格尔的概念逻辑完全不同的逻辑战略。然而，正是在这一点上才构成马克思与黑格尔的全部区别。因此，系统辩证法对于马克思在实现这些目标时所作出的努力往往是失察的。从这里，奥尔曼又发展出他对于系统辩证法的批评和对马克思辩证方法的系统说明。

首先，无论从形式，还是从内容上说，系统辩证法都没能准确估价马克思在《资本论》第一卷中所采用的叙述战略，至少是对之采取了一种简单的处理方式，即片面的理解方式。奥尔曼认为，以汤姆·塞肯为首的系统辩证法论者关于马克思在《资本论》第一卷中过于重视对劳动范畴的阐发的指责实际上是一场误解。在汤姆·塞肯看来，劳动作为价值实体，在我们讨论价值和交换价值的时候，并不必然要求进入我们的理论探讨中来。可是，马克思事实上在这个方面颇费心机，花了比较可观的篇幅。在系统辩证法论者看来，马克思的《资本论》第一卷的许多内容都是离题的，如对工作日及其延长以促进绝对剩余价值生产问题的关注，对资本主义原始积累的详细论述，对资本主义在不同时期和不同国家所表现出来的那种运动方式的过多关注及研究，也包括对资本主义的历史起源和未来发展的审视等。但是，在奥尔曼看来，之所以如此，主要是因为系统辩证法论者先行地预设了马克思在《资本论》第一卷中所奉行的单一逻辑。实际上，马克思在《资本论》第一卷中还使用了其他的叙述策略，特别是在他批判性地论述资本主义的过去和将来的时候。在奥尔曼看来，系统辩证法论者的失足之处在于，他们错估了马克思在《资本论》这本公开发表的著作和《1857—1858年经济学手稿》这本仅供自己阅读的著作之间的不同，而这种不同又必然表现在马克思本人在叙述策略上的改变。关于这一论点，我们可以从异化理论和辩证法两个角度来看。在《1857—1858年经济学手稿》中，我们可以见到大量的关于异化的理论叙述，由此可以看出异化理论在这部仅供自己阅读的著作中的重要位置。在《资本论》第一卷中，除了马克思在第一章中对商品的拜物教性质及其秘密做了详细的阐述外，很少看到他关于异化理论的种种表达。①另外，我们在《资本论》第一卷中很少看到有在《1857—1858年经济学手稿》中那样多的表述。其实，系统辩证法论者的失足之处也正是马克思所批评过和指正过的。马克思说："往后，在结束这个问题之前，有必要对唯心主义的叙述方式作一纠正，这种叙述方式造成一种假象，似乎探讨的只是一些概念规定和这些概念的辩证法。"②

其次，在文本选择上，系统辩证法论者将目光局限于《资本论》第一卷上，因而耽搁了马克思几乎在其所有的文本中都有的一个叙述的问题，也就是说，在马克思的所有著作中，叙述的辩证法问题始终是存在的。就此而言，系统辩证法论者就是把马克思的多重叙述战略简单化了，而且还误导了马克思的读者，尽管他们抓住了马克思在表述资本主义生产方式的系统特征时的主要叙述方式。奥尔曼认为，马克思的主题宏大而且复杂，正是因为如此，马克思驾驭这个主题并且使他对这个主题的解释可以被人理解和令人信服的难度是非常巨大的，尽管马克思有足够的天才。基于上述观点，马克思在表述他的观点时总是颇费周折，因为他面临如何选取叙述方式的问题。在这个问题上，我们必须对马克思的文本有相当的了解，并

---

① 马克思：《资本论》第1卷，人民出版社2004年版，第88页。
② 马克思、恩格斯：《马克思恩格斯全集》第30卷，人民出版社1995年版，第101页。

且注意其区别。奥尔曼认为,马克思的所有著作构成一个有机整体,其中,零星著述和系统论著、公开发表的著作和尚未出版的著作、以政治经济学为题材的著作和以其他主题为中心的著作,以及马克思生平不同阶段上发表的著作之间都是有本质区别的,不能等量齐观,因而不能作简单化处理。在奥尔曼看来,正是这些文本与文本之间的区别构成马克思在选取叙述方式时的主要考虑因素。即便以系统辩证法论者所界定的文本视域来看,也就是从马克思在《资本论》中的有关叙述来看,马克思的政治经济学批判依然可以被看作一个整体。对于奥尔曼来说,这个叙述的整体包含着一系列非常重要的理论特征。比如,马克思在叙述中都指向对关系的揭示和澄清,其中最重要的关系并不是直接可见的;马克思在为《资本论》做准备的各种版本的手稿中数次对叙述方式作了适当的调整,也就是说,要想在马克思的政治经济学批判中提炼出一种固定的叙述方式事实上是不可能的。马克思多重选择的叙述,对于他使用的所有概念内涵都会产生一定的影响。

再次,在聚焦重点上,系统辩证法论者仅仅把马克思的辩证方法归结为叙述这个环节,而忽略了其他的环节。在奥尔曼看来,马克思的辩证方法是由数个环节有机组合在一起的。系统辩证法论者认为,马克思仅仅是在《资本论》第一卷中制定出他对资本主义的理解方案,而不是把马克思在这本著作中做出的叙述理解为先行研究成果的一种系统展示。奥尔曼说:"如果马克思对资本主义的理解和这种理解由以获取的研究方式,以及为这种研究奠定基础的思维方式不是已经是彻底地辩证的话,那么他绝无可能写出诸如《资本论》第一卷这样的著作。"①在奥尔曼看来,我们必须超出系统辩证法为我们规定的辩证法观念,也就是马克思在《资本论》第一卷中详细阐述他的某些观点时所采用过的概念逻辑。马克思说:"我公开承认我是这位大思

---

① Bertell Ollman, *Dance of the Dialectic: Steps in Marx's Method*, Univ. of Illinois Press, 2003, p.187.

想家(黑格尔)的学生,并且在关于价值理论的一章中,有些地方我甚至卖弄起黑格尔特有的表达方式。"①在这里,我们可以看到系统辩证法论者之所以强调马克思和黑格尔在概念逻辑这个问题上的联系及其文献依据,乃是因为他们仅仅认为马克思在《资本论》第一卷中所采用的叙述策略几乎是马克思辩证方法的全部内容。然而,对于奥尔曼来说,与一般的辩证法观念不同,马克思的辩证法在关注和充分思考变化和相互作用方面是独树一帜且包含更多意蕴的。发生于世界之中的变化和相互作用错综复杂,因而容易被我们遗漏、贬低或者歪曲。所谓马克思的辩证方法,无非就是解决这个问题的一种努力。能否解决这个问题关系到马克思在他的研究主题上能够走多远。基于上述说法,奥尔曼给马克思的辩证方法下了一个定义:"广义地说,它是马克思领会和把握并且解释资本主义内部变化和相互作用的一种方式,这种方式包括马克思为了研究和叙述的需要在对现实进行观念把握时所作出的全部努力。"②通过这个定义,奥尔曼又在对系统辩证法论者的批评中对马克思辩证方法的诸环节做出了新的说明。

奥尔曼认为,马克思的辩证方法可以由此划分为六个彼此紧密联系的环节,在实行过程中它们又表征着各种相应的阶段,这比奥尔曼同政治科学家进行争论时所给出的步骤多了一步。这些步骤分别是:(1)本体论,关于世界及其变化和相互作用是什么的问题;(2)认识论,关于如何组织他的思维对世界内部发生的变化和相互作用给予充分考虑;(3)研究,经由上述两个环节,我们已经获得了对于事物的思维把握,于是开始了对于这种被我们思维把握住的事物的具体考察;(4)理智重构,这个环节又叫作自我澄清,主要是马克思把他的研究结果汇集起来供自己阅读之用,这个环节主要体现在《1844年经济学哲学手稿》和《1857—1858年经济学手稿》中。对于奥尔

---

① 马克思、恩格斯:《马克思恩格斯选集》第 2 卷,人民出版社 1995 年版,第 112 页。
② Bertell Ollman, *Dance of the Dialectic: Steps in Marx's Method*, Univ. of Illinois Press, 2003, p.187.

曼来说,这两个文本并不是用来公开发表的,而仅仅是为了自己弄清楚问题;(5)叙述,一方面是选取一定类型的读者,在马克思那里是无产阶级和劳动人民,另一方面是说服这些读者,而要说服读者,马克思就要切中读者的实际需要并知晓读者的具体类型。马克思说:"理论只要说服人,就能掌握群众;而理论只要彻底,就能说服人。所谓彻底,就是抓住事物的根本。"① 这里,抓住事物的根本即是切中实际需要,依此类推,在叙述阶段,马克思必然要求切中读者的现实关切。(6)实践,这是以前奥尔曼未曾涉及的阶段,也是非常符合马克思哲学旨趣的一个阶段。经由前述五个阶段,马克思本人,抑或他的读者,都已经对世界有了相当的认识,现在要求做的就是把已经获得的理论付诸实施,并在改变世界的活动中加深和巩固或者修正自己对世界的认识。

　　奥尔曼通过对系统辩证法的批评深化了他对马克思辩证方法的解读,并把这一方法的步骤推进到实践阶段,从而为马克思的辩证方法与实践结合起来提供了理论上的支持。在奥尔曼看来,《资本论》中的马克思不但揭示了资本主义的运行方式,而且指出了这种运行方式的过渡性质,同时解释了资本主义被共产主义代替的历史必然性及其具体前景。对于奥尔曼来说,马克思兼有科学家、批判家、理想家和革命家四种气质并在其全部理论著述中都有恰当的体现,而系统辩证法论者看到的仅仅是《资本论》中作为科学家的马克思,而忽视了其他的相关维度,因而使这个学派对学界的影响大打折扣。

---

① 马克思、恩格斯:《马克思恩格斯选集》第1卷,人民出版社1995年版,第9页。

第四章
奥尔曼关于马克思辩证方法解读的比较

在研究马克思辩证方法的诸多思想家中,奥尔曼不仅在理论功底上是过硬的,因其又被称为马克思主义文献学家,而且还是非常有特色的,常常为人津津乐道。所以,由他创立的辩证马克思主义学派日益成为国内外学者关注和跟进的重要对象。根据这些研究成果以及奥尔曼本人的自述,我们可以把他关于马克思辩证方法的解读与其他有关思想家的阐释加以具体的比较,一方面是帮助我们形成对奥尔曼这个人物在马克思主义思想谱系中的特殊位置的明确认识,另一方面也有助于大家更加深入地理解和把握马克思的辩证方法在马克思主义的理论体系中的地位和作用。

第一节 卢卡奇与奥尔曼的比较

卢卡奇和奥尔曼都对马克思的辩证方法给予极大的关注,并推出了各自的代表作。对于卢卡奇来说,是1923年出版的《历史与阶级意识》;对于奥尔曼来讲,是2003年出版的《辩证法的舞蹈》。尽管这两本书相隔近80年,且在受重视和被关注的程度上存在很大的差别,但两者作为论文集却有着不容忽视的相似之处,即他们在把马克思的辩证方法课题化的过程中,对这一方法的哲学基础和理论旨趣做出了极具原创性的贡献。众所周知，卢卡奇开辟了西方马克思主义的理论传统，而奥尔曼则被美国著名的马克思主义经济学家保罗·斯威齐誉为辩证法和马克思的方法研究领域的权威和领军人物。由于卢卡奇与奥尔曼均在著作的开头部分承认各自文本带有总结的性质，以及他们在其中关于马克思辩证方法的阐释要么产生了颇为巨大的影响（卢卡奇），要么在理论上表现出高度的自我评价（奥尔曼），所以，在笔者看来，我们大体上可以根据上述两本著作来讨论卢卡奇与奥尔曼在对马克思的辩证方法进行解读时可能的联系和区别。

一、问题的提出以及答案的选择

对于卢卡奇和奥尔曼的理论关系，国内外学者的研究都有所涉及。从国内学界的研究看，卢卡奇与奥尔曼之所以可以相互比较，主要是由于两者都把辩证法，尤其是马克思的辩证法作为自己的研究对象，最终形成了关于马克思辩证方法的两种理解形态："总体性的辩证法"和"内在关系的辩证法"。[1]有学者认为，卢卡奇与奥尔曼在马克思辩证方法的研究上至少有两个共同点：(1)他们都认为马克思主要的关注点是资本主义；(2)他们都把"关系"，确切地说是社会关系，作为马克思辩证法的主题。[2]无论卢卡奇和奥尔曼在具体的理解上有何不同，这两点确实构成他们在理论上的联系所在，也是两者能够实现相互比较的思想基础。问题在于，卢卡奇与奥尔曼在研究对象和对对象理解上的一致性并不就是对两者进行比较的决定性原因，毋宁说，只有当我们对两人关于马克思辩证方法的解读进行真正的比较时，才能从根本上理解他们的这种一致性，以及他们各自做出的理论贡献。也就是说，从理论联系的角度来说，在卢卡奇和奥尔曼之间进行比较的合法性仍然是一个有待澄清的问题。之所以这样说，是因为任何比较都要以哲学基

---

[1] 在这里需要指出的是，国内有关研究者所谓的辩证法，实际上都是作为方法范畴来使用的。
[2] 章新若：《卢卡奇、奥尔曼对马克思辩证法的不同解读》，《人民论坛》2014年第5期。

础和理论旨趣大体相同为前提,这意味着比较研究有自己相对固定的活动范围,而不是无边界的。

与此同时,国内的相关研究还探讨了卢卡奇与奥尔曼在论述马克思的辩证方法时的重要差别,但也没有澄清这种比较的合法性所在。譬如,有学者把"总体性与内在关系""主客体统一与抽象""阶级意识与潜在"等若干组范畴进行对举,以此说明卢卡奇与奥尔曼之间的重大区别。[1]其中的问题并不在于这些差别是否以及在何种意义上存在,而是仅仅将它们归结为社会背景或所处时代的不同和由此而来的理论侧重上的差异,从而没有讲清楚该理论区别的真实来源。诚然,社会语境和历史条件的不同是会导致思想理论的异质性,但不能反过来说,卢卡奇与奥尔曼之间的理论差别必定是由社会背景和时代条件造成的。此外,国内也有不少论者把卢卡奇与奥尔曼各自对马克思辩证法的解释纳入西方马克思主义范畴进行比较,进而揭示两者之间在理论上的关系及其性质。黄继锋教授认为,奥尔曼所代表的内在关系辩证法对卢卡奇的总体性辩证法是一种超越关系。[2]田世锭博士等学者则进一步指出,这种关系在实质上是一种"否定之否定"关系。[3]毋庸置疑,这里的结论自有道理,但比较的前提却需要做出相应的说明,而奥尔曼能否作为西方马克思主义理论传统内部的一分子也还是一个未知数。段忠桥教授在谈到奥尔曼时并没有将其纳入西方马克思主义范畴,而是指出,他开创的"辩证法的马克思主义"流派是继西方马克思主义衰落之后出现在英美国家的一种理论现象。[4]整体来说,国内研究者在对卢卡奇和奥尔曼进行比较的过程中,主要是把两者之间的思想差异加以主题化,而对他们在理论上的

---

[1] 田世锭:《"内在关系的辩证法"与"总体性的辩证法"——奥尔曼与卢卡奇的辩证法思想比较》,《烟台大学学报》(哲学社会科学版)2007年第2期。
[2] 黄继锋:《总体性辩证法——结构辩证法——内在关系辩证法:西方马克思主义对马克思辩证法的三种解释比较》,载《理论视野》2011年第2期。
[3] 田世锭、余世荣、陈铁:《西方马克思主义辩证法的演进逻辑——基于总体性辩证法、否定辩证法和内在关系辩证法的分析》,《三峡大学学报》(人文社会科学版)2013年第5期。
[4] 段忠桥:《20世纪70年代以来英美的马克思主义研究》,《中国社会科学》2005年第5期。

本质关联并没有展开充分论述。笔者认为,就卢卡奇与奥尔曼的比较而言,我们首先要澄清的是两者在理论上的本质关联。与此同时,只有在阐明卢卡奇和奥尔曼理论联系的基础上,我们才能论述两者之间的思想差异。

从国外学界的有关成果来讲,卢卡奇与奥尔曼对马克思辩证方法的解读都引起了大家的关注,并且还经常被引证,产生了较为广泛的影响。就两者的相互关系而言,美国纽约城市大学特聘教授大卫·哈维(David Harvey)提出了"相互替代"说,对卢卡奇和奥尔曼关于马克思辩证方法的解读采取了肯定的态度。①这实际上表明卢卡奇与奥尔曼在解读马克思的方法论逻辑方面具有共同的思想内容,但对他们在理论上的差别没有给予应有的重视。一般认为,卢卡奇对马克思辩证方法的解读通常被奉为经典,而奥尔曼对马克思辩证方法的解读则是新颖的和独树一帜的。当然,国外学者首先确认了卢卡奇和奥尔曼在哲学基础以及思想性质上的一致性。从哲学基础来说,卢卡奇与奥尔曼有着共同的人本主义哲学基础,因此,他们都是马克思主义意义上的人本主义者。②李·巴克森德尔(Lee Baxandall)教授之后又对这一哲学基础的唯物主义性质进行了确认,同时将其理解为卢卡奇和奥尔曼在解读马克思的方法论时最佳的立足点。③从思想性质来说,乔治·布伦克特(George Brenkert)教授和彼得·阿齐博尔德(Peter Archibald)教授都认为卢卡奇与奥尔曼在对马克思的方法论进行解读时是从属于黑格尔主义路向的。只不过,布伦克特还认为,卢卡奇和奥尔曼在拒斥对马克思的社会概念作实证主义解释时是高度一致的。④而阿齐博尔德教授则指出,马克思的方法论取向在根基处是一致的,且是得到各种定向的研究者一致认可的。⑤

---

① Harvey, David. *Political Theory*, vol.14, no.4, 1986, pp.686—690.
② Levin, Richard C. "Perspectives on Contemporary Capitalism." The Journal of Economic History, vol.37, no.3, 1977, pp.755—761.
③ Baxandall, Lee. *The Journal of Aesthetics and Art Criticism*, vol.40, no.3, 1982, pp.338—340.
④ Brenkert, George G. *The Philosophical Review*, vol.86, no.4, 1977, pp.585—589.
⑤ Archibald, W. Peter, "Using Marx's Theory of Alienation Empirically," *Theory and Society*, vol.6, no.1, 1978, pp.119—132.

其次，国外学者也谈到了卢卡奇和奥尔曼之间的区别。譬如，梅尔文·西曼（Melvin Seeman）教授认为，卢卡奇和奥尔曼都是运用马克思主义方法分析问题的典范，而且就其自身来说均不是以经验主义为定向的，区别在于前者以深刻性著称，而后者则以系统性见长。①但总体来看，与国内学者相比，国外的研究者倾向于讨论卢卡奇与奥尔曼的相同之处，而没有将两者之间的思想差异在理论上主题化。

奥尔曼本人在自己的著作中也多次提到卢卡奇及其对马克思辩证方法的解读。在《辩证法的舞蹈》一书的序言中，奥尔曼认为卢卡奇已经注意到马克思对黑格尔观念论的批判并不包含内在关系哲学，但他对马克思辩证法思想的阐释却没有建立在这一哲学的基础之上。②奥尔曼指出，如果没有内在关系哲学的支撑，马克思对语言的独特使用和概念框架似乎就是空中楼阁，会变得难以理解和琢磨，而卢卡奇本人在其著述中表达出来的很多精妙和正确的见解也会因为找不到相应的学理根据而丧失说服力。③根据奥尔曼的考察，凡是对内在关系哲学持反对态度的人主要是考虑到我们在实践上很难或无法做到在部分中思考和把握整体。于是，出现了两种相互对立的学术观点，以海因里希·柏匹兹（Heinrich Popitz）为主要代表的批评家们尽管已经认识到了马克思通过部分洞察整体的能力，但他们把该发现理解为一种对内在关系哲学的驳斥和批评，而以卢卡奇为主要代表的思想家们则把同一个理论发现看作一种重要的力量来源。④奥尔曼追问道，争论的双方探讨的是同一件事情吗？在奥尔曼看来，争论的双方所指的并不是一回事，其中的每一个方面对整体和部分都有各自的理解和定位，因而需要得到

---

① Seeman, Melvin, "Alienation Studies." *Annual Review of Sociology*, vol.1, 1975, pp.91—123.
② Bertell Ollman. *Dance of the Dialectic: Steps in Marx's Method*. Urbana, Ill: University of Illinois Press, 2003, p.5.
③ Bertell Ollman. *Dance of the Dialectic: Steps in Marx's Method*. Urbana, Ill: University of Illinois Press, 2003, p.35.
④ Bertell Ollman. *Dance of the Dialectic: Steps in Marx's Method*. Urbana, Ill: University of Illinois Press, 2003, p.54.

进一步的澄清。尽管如此,奥尔曼高度评价卢卡奇的马克思主义观,认为后者把马克思的辩证方法理解为他对社会主义理论最重要的贡献,以至于正统马克思主义的定义正在于对这一方法的坚持,是非常贴合实际的。①此外,卢卡奇还是经济决定论的反对者,尤其是在国家问题上坚持和贯彻了马克思的辩证方法。②之所以如此,是因为卢卡奇能够对对立面的统一体和总体范畴有一种辩证理解的态度,从而可以把历史理解为一个矛盾又开放的过程。③这又说明,卢卡奇与奥尔曼在对马克思的辩证方法进行研究时还似乎有一个共同的哲学基础。最后,奥尔曼对卢卡奇关于马克思抽象观的理解也给予了肯定的评价。按照卢卡奇的说法,马克思和资产阶级理论家在抽象问题上的决定性区别在于,前者仅仅把抽象过程视为理解整体和所属更大背景的一种手段,而不是目的。④这同样表明了奥尔曼和卢卡奇在解读马克思的理论逻辑时有着共同的关切。

综上所述,国内外学界实际上已经提出了关于卢卡奇与奥尔曼的理论关系问题。不难看出,这一问题是围绕马克思的方法论展开的,并有一系列的解读方式,笔者将其概括为"差异大于关联"说和"关联大于差异"说两种。前者反映了国内有关学者的基本观点,而后者则是国外相关论述的主要倾向。在提出第三种答案之前,我们预先整理出几点共识:(1)对马克思辩证方法的解读构成卢卡奇与奥尔曼的共同理论主题,不论其缘起和结论有何不同;(2)卢卡奇为马克思的辩证方法提供了总体性的概念,而奥尔曼则为我们把握事物辩证的相互作用和内在关系提供了一整套精致的观念,因而

---

① Bertell Ollman, *Dance of the Dialectic: Steps in Marx's Method*. Urbana, Ill: University of Illinois Press, 2003, p.59.
② Bertell Ollman. *Dance of the Dialectic: Steps in Marx's Method*. Urbana, Ill: University of Illinois Press, 2003, p.136.
③ Bertell Ollman, Tony Smith. *Dialectics for the New Century*. Basingstoke [England]: Palgrave Macmillan, 2008, p.6.
④ Bertell Ollman. *Dance of the Dialectic: Steps in Marx's Method*. Urbana, Ill: University of Illinois Press, 2003, p.142.

在理论贡献上都是全面和独具特点的;(3)在马克思的阐释者当中,奥尔曼和卢卡奇都反对基础主义和本质主义,因而有着共同的批判对象,我们可以将他们纳入内在关系论者的范畴,以便与以普列汉诺夫为代表的正统马克思主义者相区别;(4)在马克思的辩证方法这个问题上,卢卡奇与奥尔曼能否进行比较,主要取决于两者是否享有共同的哲学基础和相近的理论旨趣。笔者认为,奥尔曼明确提出把内在关系哲学作为马克思辩证方法的思想基础,而卢卡奇的总体性概念也包含有内在关系的哲学意蕴,但两者在理论上的目标都在于社会现实的重新开启。按照马克思一贯的做法,我们先从卢卡奇与奥尔曼在理论上的共同点入手,然后再分析他们彼此之间的思想差异。

二、卢卡奇和奥尔曼的理论联系

如果说卢卡奇和奥尔曼两者之间存在某种理论联系的话,那么,这种联系首先一定体现在他们对社会现实的重新开启方面。虽说正是黑格尔和马克思首次发现了社会现实,但这一事业的传承却是依靠马克思的后继者们重新发现和洞见其重要性以及不断赋予其崭新内涵的。在这个过程中,卢卡奇和奥尔曼在马克思主义发展史上先后做出了决定性贡献。对于卢卡奇来说,社会现实是无产阶级为了取得革命胜利必先在思维中加以具体把握的对象;对于奥尔曼来讲,社会现实是我们在分析和理解当代资本主义时力求达到的理论目标。对于两位哲学家而言,社会现实的重新开启有赖于我们对马克思辩证方法的阐释和利用,且都要诉诸对马克思和黑格尔理论遗产及其相互关系的清理和定位,而这实际上是要从社会现实的角度重新思考马克思与黑格尔在学术上的本质关联。在此基础上,我们进一步发现,卢卡奇和奥尔曼也同样在内在关系哲学和抽象过程这两个方面也有着相当的学术联系。

卢卡奇和奥尔曼对马克思辩证方法的解读有一个共同点,就是他们都认为这一方法的理论旨趣在于社会现实的重新开启。离开这一点,卢卡奇和奥尔曼的学术联系就不是本质而重要的。吴晓明先生指出:"撇开或疏离社会现实本身,我们也许可以去谈论和倚仗任何一种别的什么哲学,但唯独不再可能是真正的马克思主义哲学了。"①笔者认为,卢卡奇和奥尔曼在解读马克思的辩证方法时之所以有如此巨大的影响,主要原因在于他们通过这一解读重新开启了社会现实的大门,并因此受到马克思主义学界的广泛关注。卢卡奇在《历史与阶级意识》中,以及奥尔曼在《辩证法的舞蹈》中都有大量关于"现实"和"社会现实"的论述,已经表明了他们的关注点和研究指向是高度一致的。这种理论上的一致有力地说明了卢卡奇和奥尔曼共同继承了马克思主义的理论旨趣。因此,我们可以说,社会现实的重新开启,是卢卡奇和奥尔曼在哲学思想上最为本质也最为切近的理论联系。无论是卢卡奇解读马克思辩证方法留下的理论遗产,还是奥尔曼在探索这一方法时对卢卡奇的批判性洞见,以及自身在对马克思的资本主义观进行辩证研究时的理论发现,都是依循社会现实的理论旨趣来制定学术方向的。在社会现实这个哲学主题上,阐明卢卡奇和奥尔曼之间的理论联系,已经成为一项迫切而重要的时代课题。这一课题的中心任务就是,通过上述的理论联系阐发马克思的辩证方法究竟为了什么而存在,以及它所要达成的理论目标是如何得到具体规定的,从而得出了社会现实的积极呈现是马克思辩证方法的理论旨趣与核心议题。

第一,卢卡奇和奥尔曼对社会现实重要性的认识是一致的。在他们看来,社会现实构成马克思辩证方法的理论目标。对于卢卡奇来说,以梅林和普列汉诺夫为代表的第二国际正统马克思主义者不是遗忘了马克思的辩证方法,就是把这种方法仅仅理解为一种形而上学的方法,从而割裂了马克思主义理论与社会现实的关系,也就终止了马克思主义者在思维中再现和把握社会现实的能力。换句话说,在卢卡奇看来,社会现实是马克思辩证方法最为主要的理论关注点,即只有立足社会现实的基础之上,我们才能真正懂

---

① 吴晓明:《回到社会现实本身》,《学术月刊》2007 年第 5 期。

得马克思的辩证方法以及它的核心要义。仅从《历史与阶级意识》的标题来说,我们可以发现其中的这种联系,即卢卡奇对马克思主义辩证法的研究是要阐明历史与阶级意识,反过来,卢卡奇对历史与阶级意识的探讨若要结出硕果,势必也要通过对马克思主义辩证法的研究才能获得成功。这就是说,卢卡奇对马克思辩证方法的解读事实上是以社会现实来定向的。张一兵教授在解读《历史与阶级意识》时指出,在资本主义社会里,资产阶级和无产阶级之间的阶级斗争受到资产阶级意识形态的强烈影响,而虚假意识也由此发展成了虚伪的意识。随着资本主义的不断发展以及无产阶级的理论和实践也相应地发展起来,资产阶级的阶级意识开始直接又自觉地遮蔽现实的社会生产关系,使其成为专门为统治阶级服务的非历史的意识形态。①这就指明了为什么卢卡奇会得出马克思辩证方法理论目标的结论。卢卡奇本人非常清楚明白地讨论了这一问题,他说:"对辩证方法来说,中心问题乃是改变现实。"②这一点与马克思在《关于费尔巴哈的提纲》中的最后一条论述保持了高度一致,而在《什么是正统马克思主义?》一文的开头,卢卡奇也引用了这一句话。然而,在另一处,也就是在该篇文章的前面,卢卡奇谈到了自己关于马克思的唯物辩证法为什么是一种革命方法的问题。其中的主要缘由是,这种辩证的方法能够掌握群众,而之所以能够掌握和推动群众,又是因为其在理论上的彻底性。再往前推,又是由于这个理论并不停留在对事实的理解和掌握之上,而是由于它是一种要求切中和把握社会现实的思想。③正是在这种意义上,吴晓明先生认为卢卡奇对马克思辩证方法的研究的重要意义在于强调了这一方法与社会现实之间存在理论关联。④

奥尔曼也是把社会现实作为马克思辩证方法最重要的理论目标的。在

---

① 张一兵:《阶级意识:客观可能性与辩证的中介——读青年卢卡奇〈历史与阶级意识〉》,《山东社会科学》2000年第2期。
② [匈]卢卡奇:《历史与阶级意识》,杜章智、任立、燕宏远译,商务印书馆2016年版,第51页。
③ [匈]卢卡奇:《历史与阶级意识》,杜章智、任立、燕宏远译,商务印书馆2016年版,第49、53页。
④ 吴晓明:《论〈历史与阶级意识〉的辩证法研究》,《马克思主义与现实》2017年第2期。

《辩证法的舞蹈》的序言中,奥尔曼首先把马克思主义理解为关于两座城市的故事,一是资本主义,二是共产主义,并指出后者是前者可能成为的东西。这一比喻非常形象生动,它表明,马克思主义是把资本主义和共产主义之间的内在关系和本质关联作为自己的理论目标的。奥尔曼认为,正是为了实现这一理论目标,马克思才去改造前辈留下来的有关辩证方法的理论遗产,并形成自己的独特的辩证方法。所以,尽管马克思主义在理论上表现为复数形态的存在,但实际上都是指向同一个理论目标的,而这个目标又是通过马克思的辩证方法得以实现的。根据奥尔曼的看法,马克思首次(很有可能是唯一一次)对自己的概念谱系以及其中包含的社会现实观进行全面论述是在《〈政治经济学批判〉导言》中。然而,正是这个重要的地方被大多数马克思主义者或马克思主义学者有意无意地忽略了。马克思说:"在研究经济范畴的发展时,正如在研究任何历史科学、社会科学时一样,应当时刻把握住:无论在现实中或在头脑中,主体——这里是现代资产阶级社会——都是既定的;因而范畴表现这个一定社会即这个主体的存在形式、存在规定、常常只是个别的侧面。"①由此可见,我们对马克思的一些基本范畴的研究,尤其是对其中有关辩证方法概念的研究,都是和社会现实的理论目标相联系的。在马克思创立自己的辩证方法的第一本书《1844 年经济学哲学手稿》中,就已经谈到了社会现实的问题,他说:"自然界的社会的现实和人的自然科学或关于人的自然科学,是同一个说法。"②奥尔曼在《辩证法的舞蹈》中引用马克思的这句话主要是想表明,马克思经常将大多数人认为不同的对象理解和把握为相同的。这就意味着,马克思非常注重对社会现实问题的研究,并认为只有通过立足社会的现实,我们才能理解人的自然科学或关于人的自然科学。奥尔曼为此还举过一个很好的实例,他说马克思对社会现实的关系就好像是天文学家对宇宙深处普遍支配力量的追寻一样,以此区别

---

① 马克思、恩格斯:《马克思恩格斯选集》第 2 卷,人民出版社 1995 年版,第 24 页。
② 马克思:《1844 年经济学哲学手稿》,人民出版社 2000 年版,第 90 页。

于绝大多数社会科学家。①其实,田世锭教授最初对当代资本主义的研究也是建立在对马克思的辩证方法与社会现实理论关系的理解和把握的基础之上的。

第二,卢卡奇和奥尔曼在社会现实的概念构造上也有异曲同工之妙。在《历史与阶级意识》和《辩证法的舞蹈》这两部文本中,都包含着对社会现实概念的诸多论述,我们可以从中得出卢卡奇和奥尔曼对于这一概念本质内涵的理解大体一致的结论。首先,就社会现实的主体内容来说,卢卡奇和奥尔曼都把社会关系,尤其是社会生产关系主题化,作为社会现实概念的本质构成。在《历史与阶级意识》中,卢卡奇对社会现实的理解并没有停留在已有经验的层面上,而是深入和力求把握经验事实背后的关系因素,这就是他把"生成"和过程理解为存在的真理的一个重要原因。卢卡奇说:"在社会发展的每个阶段上,任何经济范畴都揭示人和人之间的一定关系。这种关系变成有意识的并且形成概念。因此人类社会运动的内在逻辑便能同时被理解为人本身的产物,以及从人和人的关系中产生出来并且摆脱了人的控制的力量的产物。"②在卢卡奇看来,马克思的辩证方法所要理解和把握的社会现实主要是由社会生产关系组成的。马克思在《资本论》中关于英国资本家到澳洲开办工厂的实例充分说明了这一关系的本质重要性。在《辩证法的舞蹈》中,奥尔曼认为马克思所谓主体主要是指社会关系,他在该书中有一个标题就叫作"作为主体的社会关系"③,而这个又是来源于马克思自己的话。马克思说:"各个人借以进行生产的社会关系,即社会生产关系,是随着物质生产资料、生产力的变化和发展而变化的。生产关系总和就构成所谓社会关系,构成所谓社会,并且是构成一个处于一定历史发展阶段的社会,

---

① Bertell Ollman. *Dance of the Dialectic: Steps in Marx's Method*. Urbana, Ill: University of Illinois Press, 2003, p.156.
② [匈]卢卡奇:《历史与阶级意识》,杜章智、任立、燕宏远译,商务印书馆2016年版,第66页。
③ Bertell Ollman. *Dance of the Dialectic: Steps in Marx's Method*. Urbana, Ill: University of Illinois Press, 2003, pp.23—34.

具有特征的社会。"①所以,奥尔曼认为,在社会现实这个哲学主题上,关系都是不能简化的最小单位。②其次,就社会现实构成的具体内容来说,卢卡奇和奥尔曼都把具体的总体作为真正的现实范畴,并把社会作为现实得以构成和被把握的具体语境。进一步说,在他们看来,社会现实,作为具体的总体,或者说,之所以是具体的总体,是因为它实际上是由结构的总体和历史的总体构成的。这一点在卢卡奇和奥尔曼的文本中都有相关的论述。

我们首先来看卢卡奇关于社会现实的界定。王福生教授认为,在卢卡奇的规定中,总体性具有相互联系的两层含义:一是结构性的总体,强调"整体对各个部分的全面的、决定性的统治地位",二是历史性的总体,强调对社会现实的真正认识只有在"具体的总的历史过程""历史过程的整体"中才能得到。③在这里,王福生教授所说的"总体性"和社会现实的概念是有区别的,但由于总体性是卢卡奇阐释马克思辩证方法的核心范畴,且又是构成社会现实概念的关键环节,因此,我们基本上可以认为,卢卡奇眼中的社会现实概念自然是包括结构的即横向的维度以及历史的即纵向的维度。只有把这两个维度讲全了和都讲清楚了,我们才能弄清楚社会现实概念的基本内涵。当然,卢卡奇本人也是这么认为的。譬如,他说:"认识现象的真正的对象性,认识它的历史性质和它在社会总体中的实际作用,就构成认识的统一不可分的行动。"④在卢卡奇看来,尽管黑格尔最先真正发现具体的总体的意义,也就是首次发现了社会的现实,但只是从马克思那里才开始有对社会现实的正确认识。按照卢卡奇的观点,马克思的社会现实概念一方面可以从横向的角度进行理解,犹如马克思在研究资本主义的过程中对生产、分配、交换和消

---

① 马克思:《雇佣劳动与资本》,人民出版社2018年版,第27页。
② Bertell Ollman. *Dance of the Dialectic: Steps in Marx's Method*. Urbana, Ill: University of Illinois Press, 2003, p.25.
③ 王福生:《现代性批判与总体性辩证法——卢卡奇〈历史与阶级意识〉解读》,《岭南学刊》2008年第1期。
④ [匈]卢卡奇:《历史与阶级意识》,杜章智、任立、燕宏远译,商务印书馆2016年版,第65页。

费相互关系的分析,另一方面又可以从纵向的角度进行把握,如马克思对资本主义生产方式历史前提和发展趋势的考察。其次,我们来看奥尔曼关于马克思社会现实概念的理解。从《辩证法的舞蹈》中的有关论述出发,我们可以得出他重点关注的是马克思关于资本主义生产方式双重运动的分析,而这个双重运动是奥尔曼经常提到的,它具体是指资本主义生产方式的系统的运动和历史的运动这两个方面,这实际上是说马克思的社会现实概念是包含结构的总体和历史的总体这两个层次的。不过,奥尔曼认为,马克思探究社会现实的顺序是先系统后历史,所以说他对马克思辩证方法的步骤表现得特别重视。

第三,卢卡奇和奥尔曼都是通过对资产阶级意识形态的批判重新打开社会现实之门的。刘森林教授指出,在《历史与阶级意识》中,卢卡奇明确区分了"直接现实"和"真正客观现实",认为两者根本不同。卢卡奇继承了马克思的观点,认为"直接现实"是无产阶级和资产阶级都能看到的,但它对于资产阶级来说却构成把握真正客观现实的障碍。[1]在《资本论》及其手稿中,马克思多次论及直接现实与本质现实的原则区别。在他看来,观察者从生活于其中的世俗世界出发,通过对生活经验的感性接触,都能把握到直接的现实。但如果不借助辩证的方法,不做出哲学的反思,不收集更详尽、丰富的材料,不付出更艰苦的努力,不站在无产阶级的立场上,是很难达到对社会现实的洞见的。也就是说,由此把握到的"现实"只能是某种层次上的"直接现实",而不是本质现实。正是由于这个缘故,卢卡奇才对资产阶级的意识形态和与之相适应的自然科学进行具有原则高度的批判。在马克思看来,古典政治经济学从生动的感性具体开始,但只是达到了一种笼统的理论抽象(观念),没有把握到资本主义社会的现实(概念)。所以,"从实在和具体开始,从现实的前提开始,因而,例如在经济学上从作为全部社会生产行为的基础和主体的人口开始,似乎是正确的。但是,更仔细地考察起来,这是错误的。"[2]因为

---

[1] 刘森林:《物化与现实:基于〈历史与阶级意识〉的分析》,《马克思主义理论学科研究》2015 年第 1 期。
[2] 马克思、恩格斯:《马克思恩格斯全集》第 30 卷,人民出版社 1995 年版,第 41 页。

它只是达到了从生动的具体到理论抽象的阶段,还没有进一步上升到从理论抽象到思维具体的更高阶段。马克思认为,"一切表现形式和隐藏在它们背后的基础"不一样,"前者是直接地、自发地、作为流行的思维形式再现出来的,而后者只有科学才能揭示出来。古典政治经济学几乎接触到事物的真实状况,但是没有自觉地把它表述出来。"①恩格斯后来在《费尔巴哈论》中也认为逻辑事实、思想事实是比经验事实即直接现实更高的现实,尽管前者依然是抽象的,而后者貌似是具体的。在卢卡奇看来,直接现实不等于真正客观的现实,却可以成为达到真正客观现实的起点,当然也可以成为达到真正客观现实的阻碍。没有进一步的中介和辩证方法的帮助,客观现实可能具有自在之物的性质。如果客观现实没有对人呈现出来,那就是神秘的东西。卢卡奇指出:"为了真正把握直接的现实……就必须抛弃直接性立场"②。然而,超越直接性立场只有通过辩证的方法才有可能。为此,卢卡奇强调要对资产阶级意识形态和自然科学的方法论进行批判。

在《辩证法的舞蹈》中,奥尔曼指出,现代社会是一个无限复杂的有机体,它随着时间的推移而不断演进和变化。资本主义社会的既得利益者总是采用武力和诡计等手段力图防止占据社会多数的人口在生活和思想两个层面认识到对资本主义社会进行革命性变革的需要。在资产阶级意识形态的笼罩之下,人们只是凭借当下的耳闻目睹来认识事物,不自觉地陷入一种不但孤立而且静止的观点。奥尔曼将资本主义社会比作一辆正在行驶的汽车,而候车的乘客只不过都在竭尽全力爬上这辆汽车以求得一份工作、一个家庭、各种商品和服务。奥尔曼注意到现今的资本主义社会在变化的速度和规模方面都有点超乎历史的想象,他因此非常担心生活在资本主义社会条件之中的人们是否对资产阶级意识形态具有足够的批判能力和反省意识。日常生活中的大多数人都不过是在满足于当前事物的现状,而丝毫不

---

① 马克思、恩格斯:《马克思恩格斯全集》第44卷,人民出版社1995年版,第621—622页。
② [匈]卢卡奇:《历史与阶级意识》,杜章智、任立、燕宏远译,商务印书馆1999年版,第290页。

能超出资产阶级意识形态所划定的历史界限。所以,奥尔曼正确地提出了问题:在当今资本主义社会里,社会现实由于各种旨在强调事物相对静止和彼此独立的属性的方法而变得晦暗不明和日趋复杂了①。为此,奥尔曼高度肯定马克思对那种只专注于事物的现象而疏忽于事物产生的真实历史及其所属的更大背景的资产阶级意识形态的批判②,并由此进到对马克思辩证方法的重构。在奥尔曼看来,资本主义社会的独特之处在于,它把一切主要的生命功能以及越来越多的次要功能都统一到由价值规律和与之相伴随的货币权力所主导的单个有机体中,却又频繁借助于资产阶级意识形态之蔽极力隐瞒乃至否认这一点。马克思专门描述了资本主义社会的这种状况:"这是一种普照的光,它掩盖了一切其他色彩,改变着它们的特点。这是一种特殊的以太,它决定着它里面显露出来的一切存在的比重。"③资本主义社会的单向度发展促使人们倾向于关注支离破碎的事物而忽视乃至否认诸事物之间的内在关系。与之遥相呼应,人文社会科学的分门别类打破了人类知识的整体格局,相反强化了学科之间僵硬对立的趋势,而这又进一步阻挡了社会现实进到人们的理论视野中来。因此,奥尔曼要求诉诸马克思的辩证方法,将其运用于构成资本主义基本关系范式的内在关系之中,以便让资本主义作为范式体系呈现在人们的思想视野之中,并且使这种现实在社会层面上能够得到自我解释和生成。在马克思那里,整个资本主义,作为具体的总体,它的产生、发展和灭亡是马克思的辩证方法需要解答的问题。

三、卢卡奇与奥尔曼的思想差异

正如马克思和黑格尔是在社会现实的主题上分道扬镳的,卢卡奇与奥尔

---

① [美]伯特尔·奥尔曼:《辩证法的舞蹈:马克思方法的步骤》,田世锭、何霜梅译,高等教育出版社 2006 年版,第 4 页。
② [美]伯特尔·奥尔曼:《辩证法的舞蹈:马克思方法的步骤》,田世锭、何霜梅译,高等教育出版社 2006 年版,第 7 页。
③ 马克思:《〈政治经济学批判〉导言》,载《马克思恩格斯选集》,人民出版社 1995 年版,第 24 页。

曼虽然分享了重新开启社会现实的理论建树,但是又在如何洞见和把握社会现实的方面发生了差异。总括来说,两者立足的哲学基础以及具体的实现途径都是有所不同的。卢卡奇虽然高度评价马克思关于揭示现实的方法论,即辩证方法对于真正现实的意义,但他没有把处于经验具体—抽象本质—具体本质这三个阶段之中的中间环节"抽象本质"强调出来,没有把作为"抽象本质"从而具有特定历史合理性的物化现实予以历史性的肯定,反而把强调重点放在直接现实与真正本质现实的截然二分上,从而把马克思的三重层次的"现实"置换成两个层次:直接现实与真正本质现实。这一点使得他与奥尔曼在理解马克思的社会现实立场时形成鲜明的对照。对于奥尔曼来说,马克思的社会现实概念是通过非常具体的抽象过程得以实现的。相反,卢卡奇对中介过程的强调不仅在理论上显得不够,而且还在思想上有些自相矛盾。

第一,卢卡奇与奥尔曼立足的哲学基础是不同的。卢卡奇与奥尔曼对马克思辩证方法的哲学基础的理解和阐释是不同的。卢卡奇以一种独特的方式对马克思主义哲学进行了阐发。在19世纪末20世纪初,资本主义危机和无产阶级革命集中爆发,但最终结果是截然不同的:苏联十月革命取得胜利和西欧各国工人运动遭受失败形成了鲜明的对照。对于卢卡奇来说,寻求对这一世界形势的解释和提出新的应对策略是一个带有根本性的课题。从哲学上来讲,第二国际的经济决定论和实证主义的认识论,已经将马克思主义降低到机械唯物主义的水平上,正在陷入破产之中。卢卡奇不仅要反对和驳斥第二国际关于马克思主义哲学基础的错误解释,而且还要恢复马克思的辩证方法的革命本质,这是他对马克思的哲学基础进行再思考和加以重新阐释的历史原因。所以,卢卡奇才首先谈到:"唯物主义辩证法是一种革命的辩证法。这个定义是如此重要,对于理解它的本质带有决定意义,以致为了对这个问题有个正确概念,就必须在讨论辩证方法本身之前,先掌握这个定义。"[1]

---

[1] [匈]卢卡奇:《历史与阶级意识》,杜章智、任立、燕宏远译,商务印书馆2016年版,第49页。

对于卢卡奇而言，西欧各国工人运动的失败，并非因为客观条件不成熟，而是由于主观条件不具备。确切地说，由于第二国际所谓正统马克思主义者对马克思的哲学基础的错误估计，无产阶级实现自身解放的主观条件被严重耽搁了。为了纠正这一点，以及迎接未来可能的无产阶级革命，卢卡奇必然要对马克思辩证方法的哲学基础进行反思和改造。

卢卡奇认为，第二国际在马克思主义的理解和阐发中逐渐形成一种实证主义的哲学路向，马克思的辩证方法被它的著名理论家——以梅林和普列汉诺夫为代表——人为地阉割了。也就是说，把马克思辩证方法的哲学基础与这一方法力求实现的终极目标即对社会现实的重新开启无情地割裂开来了。在卢卡奇看来，要想重启马克思关于社会现实的本质洞见，以及要对什么是正统马克思主义做出新的界定，就必须重新研究马克思主义的辩证法，而这又有赖于对马克思主义哲学的黑格尔主义来源以及前者对后者的原创性理论贡献作出新的澄清，这就不可避免地要对马克思和黑格尔在哲学基础方面的理论联系以及马克思对黑格尔哲学的批判性改造及其形成的最终结果进行必要的理论阐释。在卢卡奇看来，马克思正是在黑格尔探究社会现实主题失足的地方继续前进，发动自己的哲学革命。

那么，卢卡奇对马克思的哲学是怎么理解的呢，我们又该怎样为之命名呢，卢卡奇自己又是怎么述说和评价的呢？所有这些都在《历史与阶级意识》中有相当充分的说明。因此，如果说卢卡奇以敏锐的目光对马克思的辩证方法作出了与恩格斯和列宁等人不同的新解释，这是由于他对马克思的哲学基础有非常与众不同的理解。在卢卡奇看来，总体性范畴是理解马克思主义理论的关键。因此，卢卡奇在思想上的巨大功绩在于，他恢复了总体性范畴在马克思主义体系中的核心地位。在卢卡奇的这个文本中，总体性范畴首先是针对马克思主义阐释过程中的实证主义路向而提出的。后者执着于科学的至上性和独立性，执着于对孤立的个别经验事实的直接感知，执着于对局部规律的单纯摹写和反映，从而无法在总体维度上理解和否定资本主义,也就无法达到对社会现实的真知灼见。在卢卡奇看来,这种结果在本质上是由资本主义的本质及其物化结构所造成的。卢卡奇说:"只有在这种把社会生活中的孤立事实作为历史发展的环节并把它们归结为一个总体的情况下,对事实的认识才能成为对现实的认识。"① 这就是说,经验主义滞留于对单纯事实或事实集合的认识,而卢卡奇的总体概念则要求我们把个别事物看成是有机整体及其历史过程的有机组成部分,亦即从普遍联系和相互作用中辩证地理解和把握事物。这就是卢卡奇的辩证总体观,也就是他关于马克思哲学的新阐释。

卢卡奇把以主客体统一为核心的总体性范畴理解为"科学的革命原则的支柱",而庸俗的经济决定论者把主客体分离的反映论概念推广应用于分析社会历史,后者认为,经济因素和与之相应的技术条件是社会生活和历史发展中的决定性力量,这种力量按照自身所固有的"客观规律"独立地运转,结果是,无产阶级的主体意识就溢出了辩证的总体结构。卢卡奇认为,总体性范畴不仅决定认识的客体,而且同样决定认识的主体。所谓决定认识的主体,并不仅仅是指限定主体活动的界限和范围,而是指总体性范畴就其本性而言只能从主体的角度来把握,这个主体在现实生活过程中是能动的主体。在卢卡奇看来,总体性不是纯粹客观的独立存在,不能离开主体的认识。主体对总体的认识并不倚仗外部的直观,而是内在地参与总体的创造。换言之,总体实际上是主体本身的对象化产物。总体性范畴突出的是主体性原则。在卢卡奇看来,真正的主体既不是孤立的个人,也不是孤立的个人的集合,而是一个总体。这样的总体只能是阶级,特别是无产阶级。从《历史与阶级意识》的标题来看,我们可以看出卢卡奇想通过对马克思主义辩证法的研究,即通过将其阐发为研究和洞察社会现实的哲学方法,来正确把握阶级意识在历史发展中的地位和作用。卢卡奇指出:"这种辩证的总体观似

---

① [匈]卢卡奇:《历史与阶级意识》,杜章智、任立、燕宏远译,商务印书馆2016年版,第58页。

乎如此远离直接的现实,它的现实似乎构造得如此'不科学',但是在实际上,它是能够在思维中再现和把握现实的唯一方法。"①根据卢卡奇的哲学观,我们既是历史过程的生产者,又是其结果和产物。主体和客体正是通过这种辩证的相互作用融合成同一的具体的总体。吴晓明教授认为,卢卡奇对资产阶级自然科学和庸俗马克思主义的抨击,都是因为它们拒绝马克思的辩证总体观。在卢卡奇看来,马克思之所以能够超出黑格尔,又是由于前者把辩证的总体观坚定地放到了更彻底的实践概念范围之内。马克思的科学实践观一方面破除了直观主体与直观客体截然分开的二元论,另一方面又克服了黑格尔精神主体的思辨性和神秘性,这就为卢卡奇对马克思的辩证方法进行解读奠定了良好的哲学基础。

从卢卡奇对马克思辩证方法哲学基础的观点来看,他并不排斥内在关系哲学,但只是到了奥尔曼这里,才第一次在马克思主义发展史上将内在关系哲学理解为马克思辩证方法论的思想基础。奥尔曼指出,那种以为马克思是在试图将一种关系的条件歪曲为居于事物之间的东西的想法是错误的,因为马克思并未把事物简单地说成是关系,而只是说事物只有在关系中才能得到理解。奥尔曼因此提到:"事物是通过与包括具有物质和社会特征的人在内的其他事物间的时空联系而产生和发挥作用的。"②在社会现实这个哲学主题上,奥尔曼在对《1844 经济学哲学手稿》和《1857—1858 年经济学手稿》等重要马克思主义经典著作进行深入挖掘后发现和提出了马克思辩证方法的哲学基础是内在关系哲学,并在此基础上制定了关于马克思社会现实概念的理解,进而展示了马克思的辩证方法与社会现实之间的本质关联。当然,尽管奥尔曼只是提示了内在关系哲学思想谱系的简单线索,但这一哲学对于马克思的辩证方法来说却是十分重要的。所以,黄继锋教授指

---

① [匈]卢卡奇:《历史与阶级意识》,杜章智、任立、燕宏远译,商务印书馆 2016 年版,第 59 页。
② [美]伯特尔·奥尔曼:《辩证法的舞蹈:马克思方法的步骤》,田世锭、何霜梅译,高等教育出版社 2006 年版,第 40 页。

出:"内在关系所涉及的是马克思的本体论观点,是对'现实是什么'的回答。马克思本体论最大的特点在于:一是把现实当做由内在相连的部分构成的总体;二是扩张这些部分以至于每一部分在其全面的关系中都能代表整体。"①

第二,卢卡奇与奥尔曼在目标的实现途径上也有差异。为了有可能洞见到社会现实,并从哲学的高度上对之进行把握,卢卡奇与奥尔曼都设计了各自的理论路径和实践形式。对于卢卡奇来说,通达社会现实的道路是要把无产阶级改造为能够实现主客体统一并在其中能够搭建阶级意识的阶级为前提的。对于奥尔曼来说,对社会现实的本质洞见和具体把握离不开对马克思抽象过程的解密和将其理论成果具体运用到革命的实践活动中去。在奥尔曼看来,只有既坚守马克思的辩证方法,又能够实际参加阶级斗争的人才可以成为和称得上是马克思主义者。因此,我们可以分别从《历史与阶级意识》和《辩证法的舞蹈》这两部文献中得出卢卡奇与奥尔曼之间有何不同以及又是如何不同的。

卢卡奇认为,在资本主义社会里,只有无产阶级才能完满地体现主客体的统一,因而是唯一有希望实现人类解放的阶级。资本主义在人类历史上第一次建立了高度统一、高度社会化的经济体系或者生产方式,使我们对社会现实的总体性把握第一次成为可能,但资产阶级没有也无力将这种可能转化为现实。恰恰相反,他们受到拜物教的支配,不能看到物的背后隐藏着的人与人之间的社会关系,反而把资本主义理解为永恒的自然秩序。在卢卡奇看来,无产阶级对资产阶级的优越性,不在于它拥有特别"科学"的研究方法,而在于只有立足无产阶级的立场才能把现实的物化形式理解为人与人的关系,从而将它作为历史的总体过程来把握。同时,无产阶级要在总体性上理解和超越资本主义(客体),又必须把自己认作一个现实的、具体的总体(主体),亦即获得关于自己的社会地位和历史使命的阶级意识。当无产

---

① 黄继锋等:《马克思主义基本原理在当代西方》,中国人民大学出版社2013年版,第49页。

阶级成为自我意识的阶级,它就理解了历史发展的"内在意义";当无产阶级理解了自身和社会,它就要通过革命从总体上彻底地改造自身和社会。因此,主体和客体、思维和存在在无产阶级的实践中达到了真正的辩证统一。这种统一"不是指它们互相符合、互相'反映',彼此'平行'或部分'重叠'(所有这些说法都不过是僵硬的二元论的隐蔽形式),而是说它们的统一性就在于它们是同一个现实历史的、辩证的过程的因素"。①

卢卡奇指出,作为一定历史过程的创造者,无产阶级实现了被黑格尔一度神秘化了的同一的主体——客体。为此,卢卡奇在考察历史的同时,又对阶级意识的结构和功能进行了分析。首先,马克思的拜物教理论已经给阶级意识的分析提供了最坚实的基础。卢卡奇指出,资本主义实质上就是一个彻底商品化或物化了的世界。从客观方面看,它把生产过程中人与人之间的关系外化成为独立于人的物与物之间的关系,由此导致了一个受客观的自然规律支配的商品运动的世界;从主观方面看,它把人也变成商品,并使之同样服从于异己的自然规律的支配。资本主义的发展史同时也是物化从人的生理层面渗入人的心理层面和日常生活领域的演变过程。在无所不及的超然的物化结构面前,人越来越失去主体性和意志力。在卢卡奇看来,要摧毁资本主义的物化结构,必先彻底清除物化意识对工人阶级的影响。对卢卡奇来说,精神上的不自由只能用精神的力量来摧毁,这就需要阶级意识的培养和启蒙。由于物化意识是关于外在现实的支离破碎的映像,因而阶级意识本质上应是总体性的社会意识,它力求打碎物化的镣铐以恢复人的主体性,因而它是一种革命实践的意识。按照卢卡奇的看法,无产阶级的阶级意识首先是一个"客观可能性范畴",并在无产阶级的先锋队——共产党那里得以实现。与第二国际庸俗经济唯物主义的观点相反,卢卡奇给无产阶级的阶级意识赋予了极其重要的历史地位。在他看来,并非一种经济

---

① 张凤阳:《马克思主义辩证法的再探讨——卢卡奇〈历史与阶级意识〉一书述评》,《国外社会科学情况》1987年第11期。

的或政治的状况自身就是革命的,而是阶级意识使这种经济状况和政治状况成为革命的。因此,当阶级斗争达到了最后决战的时刻,当资本主义爆发了最后的经济危机,无产阶级革命的前途和命运以及全人类的解放将系于无产阶级意识的成熟程度或系于无产阶级阶级意识的发展状况。

综上所述,卢卡奇的方法论路径可以概括为:(1)马克思的辩证方法是以社会现实为其理论旨趣的,实现这一目标需要我们把总体性范畴作为其理论的核心,这就意味着主客体在社会历史过程中的能动的统一;(2)无产阶级是社会历史发展过程中同一的主体——客体,按其本性来说,只有它才能将社会当作具体的即结构的和历史的总体来把握;(3)无产阶级对社会的总体性把握是通过它自身的阶级意识来实现的。关于这一点,卢卡奇有明确的说法:"正如作为阶级的无产阶级只有在斗争和行动中才能获得和保持它的阶级意识,才能使自己提高到它的——客观产生的——历史任务的水平上一样,党和各个战士也只有当他们能够把这种统一运用到他们的实践中去时,才能真正掌握他们的理论。"[1]这就意味着要洞见和发现社会现实,还得需要强有力的无产阶级政党的领导。当无产阶级理解了资本主义物化结构的实质,理解了自己的社会地位和历史使命,它自然就会诉诸革命的实践,从总体上改造社会和自身。

奥尔曼对马克思主义理论的独特贡献在于,他不仅为马克思的辩证方法找到了内在关系的哲学基础,而且为这一哲学的具体运用找到了合适的方法论路径,即马克思从感性的具体出发,经由复杂的抽象过程,最终才接近乃至到达社会现实的。和卢卡奇一样,奥尔曼也是把辩证的方法作为沟通黑格尔与马克思的桥梁。尽管如此,和卢卡奇有所不同的是,奥尔曼并没有一般地反对抽象在洞见社会现实过程中的作用,因此不像卢卡奇主张将现实内容从唯心主义的思辨形式中解脱出来,奥尔曼认为只有理解和把握马克思的抽象过

---

[1] [匈]卢卡奇:《历史与阶级意识》,杜章智、任立、燕宏远译,商务印书馆2016年版,第99—100页。

程,我们才能在人的思维中再现社会的现实。这种现实内容离开马克思的抽象就会游离于人们的视线之外。奥尔曼指出:尽管每个人都能认识到运动变化和相互作用存在于世界的每个角落,但是马克思辩证方法的独特之处恰好在于它能够运用抽象及其过程把这些运动变化和相互作用纳入思想之中以便对它们进行卓有成效的考量。在《辩证法探究》(Dialectical Investigations)中,抽象过程甚至取代内在关系哲学成为奥尔曼重构马克思意义上的社会现实观的关键因素。如果不能正确认识这种抽象过程,那么马克思就极有可能被当作一个诡辩论者来对待。可是,马克思绝不是这样的理论家。

奥尔曼认为,马克思关于抽象过程最明确的表述体现在如下文字中:"从'现实的具体'(将其自身展现在我们面前的世界)出发,经过'抽象'(将这个整体分解成我们用来思考它的精神要素的思维活动)到达'精神上的具体'(在头脑中被重构并且于当下被理解了的整体)。"①马克思充分认识到所有关于现实的思考都是从将其分解为可控制的要素开始的,而这就需要一种抽象过程。所以奥尔曼说:"存在的现实可以是一个整体,但为了被思考和传达,它必须被分解。"②奥尔曼所说的分解无非就是马克思所用的抽象过程。由于社会世界的复杂性,人们在思考任何对象的过程中,都只能关注它的某些方面而不是全部的性质和关系。因此,有必要使用抽象的方法将那些需要关注的性质和关系与暂时需要被遗漏的性质和关系区分开来。这种划定界线的精神活动就是奥尔曼所说的抽象过程。

在奥尔曼看来,如果考虑到物质世界和我们在其中的经验的混合影响,以及个人愿望、团体利益和其他社会因素的制约,抽象过程将确立起人们与之相互作用的对象的特性。这种特性的确立主要有两个好处:(1)事物被归

---

① [美]伯特尔·奥尔曼:《辩证法的舞蹈:马克思方法的步骤》,田世锭、何霜梅译,高等教育出版社2006年版,第72页;同时可参见马克思:《〈政治经济学批判〉导言》,载《马克思恩格斯选集》第2卷,人民出版社1995年第2版,第18—19页。
② [美]伯特尔·奥尔曼:《辩证法的舞蹈:马克思方法的步骤》,田世锭、何霜梅译,高等教育出版社2006年版,第73页。

类,即划到一定范围中去了;(2)这个范围的边界得到确定,即事物所属的类从哪里开始到哪里结束变得清清楚楚。奥尔曼认为,经过抽象过程的清理,人们就可以专心致志于事物之间的一系列非常具体的关系,而这些关系又是事物本身的一个有机组成部分,而这些都是社会现实的本质内容。奥尔曼由此批评了人们无批判地接受他们认为是文化遗产的一部分的精神要素的错误做法,再加上社会上多数人思想上陷入懒惰,抽象过程与他们是彼此隔绝的。因此,奥尔曼希望通过把抽象过程作为马克思辩证方法的第二大支柱来澄清社会现实的出场路径。

卢卡奇与奥尔曼通过各自的范畴所达到的社会现实可能有所不同,但都触碰到了马克思主义理论的存在论根基,只有这样才能产生真正的社会现实概念。由于他们都在认识论领域尝试探究社会现实的出场路径,所以,整个来说,两位大家对马克思辩证方法的解读既有其相同之处,又有其不同之处。同是把社会现实作为马克思辩证方法的理论旨趣,但各自通达的理论路径又是如此不同,卢卡奇是通过主客体统一的总体性哲学,也就是辩证的总体观去把握社会现实的,而奥尔曼是通过内在关系哲学为社会现实奠定基础。在卢卡奇对无产阶级的阶级意识予以高度重视的地方,奥尔曼赋予马克思的抽象过程特殊的重要性。

四、比较的学术价值和历史意义

马克思主义理论的首要使命是对当今世界的社会现实进行真切的理解和把握。因此,当卢卡奇与奥尔曼在阐释马克思的辩证方法过程中给予社会现实崇高的理论地位时,我们对他们的理论关系进行解释和比较,是具有一定的学术价值和某种形式的历史意义的。从横向来看,只要是对资本主义的问题和矛盾进行研究,哲学社会科学领域内部的各个学科都可以从卢卡奇和奥尔曼的比较中汲取相应的理论资源和思想成果;从纵向来看,在马克思主义思想发展史上,我们可以看到,很多哲学家和思想家不仅因为都对马克思的辩证方法进行关注和细致的研究而相互关联起来，而且更是通过他们最终以社会现实为根本的理论旨趣而形成理论上的共振，从而为我们把奥尔曼和卢卡奇在马克思主义发展史中的学术联系进行正确的判断和定位提供了依据。也正是由于对他们进行了此类比较，我们才得以看清卢卡奇与奥尔曼各自的理论不足，并为接下来人们对马克思的辩证方法进行再研究提供了可行的学术方案，指明了进一步发展的方向和出路。

首先，从横向来看这种比较的学术价值，即对于诸学科的融合具有何种价值。卢卡奇与奥尔曼的比较在学术上的价值主要体现在它对于哲学社会科学的一般影响方面。马克思的社会现实观包括直接现实即可见的现实和本质现实即思维的现实两个具体层次，两者之间具有非常紧密的联系，不可分割。哲学社会科学虽然也是以社会现实定向的，但这个现实并不是真正意义上的现实，而是停留在实证主义哲学的事实概念，因而不会导致社会现实的重新开启。为了有可能把社会现实作为全部人文社会科学及其发展程度的试金石，必须不仅把有关问题放到一定的认识论和方法论的理论框架中去寻找和解决，而且要跟进一步，深入到存在论的根基处发掘，这是卢卡奇与奥尔曼二人的理论比较最能给我们启示的地方。在这里，主要的问题不仅是无产阶级的立场问题或者认识论和方法论的问题，而且还有所谓的本体论问题。所以，如果在哲学社会科学的研究领域追寻所谓的纯粹的客观性或者陷入纯粹的主观主义中去，都将是一场严重的灾难。这将意味着我们对资本主义社会的认识不是停留在纯粹意向的伦理学，就是陷入对其表面现象的幼稚的欣赏和认同中。这样的教训在第二国际时期就发生过。著名的西方马克思主义者卡尔·柯尔施（Karl Korsch）对这些教训进行了高度概括："一个统一的关于社会革命的一般理论被变成了对于资产阶级的经济秩序，资产阶级的国家，资产阶级的教育体系，资产阶级的宗教、艺术、科学和文化的批判。这些批判按其本性来说，不再必然发展为革命的实践；它们同样能够发展为各种各样的改良企图，这些企图基本上仍保持在资产阶级社会和资产阶级国家的界限之内,并且在实际的实践中,通常也确实如此。"① 柯尔施说得再清楚不过了,问题不仅在于实现理论批判的原则高度,而且还要通过具有原则高度的实践兑现这种理论的本真价值。然而,第二国际的大多数正统马克思主义者都在这个问题的解决上没有做得很好。

其次,从纵向来看这种比较的历史意义,即对于思想史的贯通具有何种意义。自从黑格尔和马克思开辟理解和把握社会现实的学术道路以来,马克思主义理论已经经历了一系列的历史发展阶段。对于这样长时段的思想历程,我们不能不做出全面和系统的梳理和诠释,但不论怎样,我们都要将其理解为一个一贯的历史过程,即将风格迥异、观点不同、立场也有差异的各种理论流派有机地统一和联结起来。正是在这种意义上,我们才看到对卢卡奇与奥尔曼进行理论比较的重要性和必要性。正是卢卡奇,在20世纪开辟了一条重新理解和把握社会现实的道路,这样一条道路是通过对马克思的辩证方法进行解读和重构实现的;也正是奥尔曼,在21世纪找到了一条重新开启社会现实的哲学道路,即通过内在关系哲学和抽象过程对马克思的辩证方法进行重新解释,进而对马克思的社会现实观做出了新的阐发,以至于建立和领衔了一个以"辩证的马克思主义"命名的学派。通过比较,马克思主义理论的发展史向我们敞开其全新的地平线,马克思主义的思想史和理解史也不再是不可认识以及不可把握的了。今天,我们尤其要注意自己对社会现实的把握正处于何种认识阶段上的问题,由此实现这种认识与正在不断展开着的历史实践的有机结合和辩证统一。从比较得出,卢卡奇和奥尔曼似乎对资本主义,尤其是资本主义生产方式的历史运动,抱有强烈的抵触情绪和批判立场,因而,他们对资本主义必然被社会主义和共产主义代替的最终命运是抱有乐观主义的信心的。但是,无论是哪种社会现实,卢卡奇与奥尔曼都寄希望于这种现实的革命改造和全新铸造。

---

① [德]卡尔·柯尔施:《马克思主义和哲学》,王南湜、荣新海译,重庆出版社1989年版,第28页。

就今日人们对《历史与阶级意识》和《辩证法的舞蹈》的研究来说,对它们进行比较的文章还不算多,但必要性和可能性却日益增长,以至于我们现在要将这两本主要著作在反复研读的基础上不断加以比较。只有这样,我们才能看到两者的相似点和不同点,因而才可能看到卢卡奇和奥尔曼关于马克思辩证方法解读的日益广泛和增进的学术影响。他们在社会现实的重新开启这一重大的时代课题上给我们启示,进而使我们有可能更为深入地理解和把握当今世界的社会现实。按照南京大学哲学系张亮教授的说法,卢卡奇是把握了马克思辩证方法的完整内涵的,这是因为他在本质上认识到了马克思的辩证方法和逻辑学以及认识论在本体论的基础上是一回事。①与奥尔曼一样,卢卡奇对马克思辩证方法的理解模式和社会现实有着千丝万缕的联系,他们一致认为,只有在对社会现实的洞察和改变中才能真正读懂马克思辩证方法的革命属性。在这种意义上,我们说马克思的辩证方法既是一种唯物的方法,又是一种革命的方法。在马克思和黑格尔理论关系考察史上,或者说在探究马克思思想的黑格尔渊源的历史过程中,卢卡奇与奥尔曼都是首屈一指且值得对他们进行比较研究的理论家。

第二节 阿多诺与奥尔曼的比较

阿多诺是法兰克福学派第一代的著名代表人物,最主要的著作《否定的辩证法》在我们理解和把握马克思辩证方法的过程中具有重要的学术价值和实践意义。阿多诺去世两年后,美国学者伯特尔·奥尔曼(Bertell Ollman)开始对马克思的辩证方法进行探讨,前后持续40年,成为美国该研究领域的领军人物,对我国马克思主义学界有广泛的影响。基于阿多诺与奥尔曼各自的

---

① 张亮:《通向〈历史与阶级意识〉的道路——黑格尔对早期卢卡奇思想发展的逻辑影响》,《求是学刊》2000年第6期。

研究都与马克思的辩证方法有关,国内几位学者关于两者理论关系的考察在逻辑上是没有问题的,他们试图解开一个谜底:奥尔曼作为美国"辩证的马克思主义"学派的主要代表人物,为什么会在自己的总结性著作《辩证法的舞蹈》中根本不涉及阿多诺及其理论贡献。围绕这个疑问,论者们先后提出了"超越说"和"互补说"等两种主张。然而,分析表明,阿多诺与奥尔曼的理论关系既不是后者超越前者的关系,也不是相互补益的关系,毋宁说是彼此冲突的关系。这就说明,国内已有的研究成果在某种意义上错估了阿多诺与奥尔曼之间的理论关系,迫切要求我们对他们关于马克思辩证方法的理解及其相互关系重新加以思考和定位。

一、阿多诺与奥尔曼关系的研究

关于阿多诺与奥尔曼的理论关系,目前国内学界主要有两种基本观点:一是田世锭教授所代表的"超越说",即主张奥尔曼对马克思辩证方法的阐发比阿多诺的解释要更胜一筹;二是由黄亚明博士等所提出的"互补说",即认为在理解和把握马克思的辩证方法时,奥尔曼和阿多诺之间是相互补益的。尽管这两种观点有着明显的不同,但都倾向于强调阿多诺与奥尔曼之间的理论差异而非矛盾和对立。事实上,第二种观点已经对第一种观点做出了重大修正,其思想实质在于,奥尔曼和阿多诺的理论关系虽然有一种在时间上继起的表征,但就各自对马克思辩证方法的理解来说,实乃一种更大空间范围内的并存关系。这意味着我们首先要对上述两种颇具代表性的观点做出必要的叙述和评论,然后才能对阿多诺与奥尔曼的理论关系进行重新审视和得出新的结论。

田世锭教授对阿多诺与奥尔曼理论关系的处理是从对两位思想家的主要哲学著作的分析开始的。在田世锭看来,阿多诺与奥尔曼之所以发展出各自的辩证法思想,主要还是为了分析和批判当代资本主义。①对于前者来

---

① 田世锭:《问题在于改变世界——论奥尔曼"内在关系的辩证法"对阿多诺"否定的辩证法"的超越》,《太原理工大学学报(社会科学版)》2007年第3期。

说，这一批判主要体现在《否定的辩证法》中；对于后者来讲，这一分析又是通过《辩证法的舞蹈》集中反映出来的。田世锭认为，阿多诺对当代资本主义的批判也是为了揭示其暂时性和历史性，不管结果如何，他在辩证法思想领域所取得的理论成就却是无与伦比的。因此，对于像阿多诺这样的大家，作为后起之秀的奥尔曼竟然在自己最主要的著作《辩证法的舞蹈》中没有专门提到，严格说来，是一件不可思议的事情。为了解开这个哲学之谜，田世锭主要从三个方面进行了解读：(1)阿多诺"否定的辩证法"止步于对资本主义旧世界的批判，而奥尔曼则通过"内在关系的辩证法"在批判资本主义旧世界的同时，还进一步发现社会主义和共产主义新世界；(2)阿多诺的"否定的辩证法"有助于我们认识资本主义必然灭亡的命运，但并不保证社会主义和共产主义的实现，而奥尔曼却从"内在关系的辩证法"的哲学立场出发，重新确认了马克思"两个必然"的历史结论；(3)阿多诺的"否定的辩证法"仅仅在理论上对资本主义展开批判和否定，但和政治实践无缘，他本人因此蜕变为"口头革命派"，而奥尔曼则不仅从理论上对资本主义进行分析和批判，而且还要求我们在实践中成为社会主义革命的参加者和推动者。以上表明，在认识和改造当代资本主义的问题上，阿多诺与奥尔曼之间有着重大的差异或分歧。按照田世锭教授的意见，这种重大的差异或分歧正是奥尔曼在其主要著作中不提阿多诺及其理论贡献的一个重要原因。

田世锭教授正确把握了阿多诺与奥尔曼二人共同的理论关注点，这是我们能够对他们在理论上进行比较的合法性基础。对于田世锭来说，奥尔曼对阿多诺的忽视不是因为后者在对资本主义进行洞见方面没有做出自己的理论贡献，而只是由于这一贡献已处于可以被代替的位置。在此基础上，田世锭认为我们今天要解读和重视的是奥尔曼的《辩证法的舞蹈》，而不是阿多诺的《否定的辩证法》。从马克思的辩证方法具有原则高度来说，上述有关两者理论区别的论述是很有说服力的，因为按照马克思的观点，他的辩证方法在本质上是批判的和革命的，其中的理由包括：(1)马克思的理论和革命的实践之间有着一种辩证统一的关系,理论对于实践来说不是可有可无的外部关系,而是必然要求与之相适应的实践批判活动;(2)马克思对资本主义的批判不是为了让无产阶级和资产阶级同归于尽,而是力求从中解放出新社会的因素;(3)马克思在分析和诊断资本主义的过程中既有对资本原则的批判,也有对与之共谋的资产阶级意识形态的拒斥。所以,当阿多诺洞悉资本主义的意识形态基础,而又对其拱卫的资本原则无能为力时,奥尔曼的理论优势就非常明显了。然而,阿多诺与奥尔曼之间的理论关系并不能因此被定义为前者被后者超越的关系。笔者认为,超越的含义有二:一是它们之间在思想上有某种继承的关系;二是在理论的主题和形态上出现了决定性变革。由此观之,阿多诺与奥尔曼在思想理论上并没有这样的交集。所以,第一种主张即"超越说"很难成立。

黄亚明博士等对阿多诺与奥尔曼理论关系的考察依然强调两者之间的理论差别,但对田世锭教授主张的"超越说"提出了质疑,认为其在思想上缺乏充分的根据。于是,他们重新定位了阿多诺与奥尔曼的理论关系,认为两者之间实际上是一种相互补益的关系。在黄亚明他们看来,为了解答这个让人感到困惑的问题,我们必须对阿多诺与奥尔曼的理论关系进行恰当的定位,也就是要依托于更为宏大的背景来把握两者之间在理论上的殊异。为此,他们主要从以下三个方面进行阐述:(1)从思想来源来说,奥尔曼主要根据马克思的辩证法思想进行阐释,提出自己对马克思辩证方法的解读方案,而阿多诺的理论渊源是包括但不局限于马克思的思想;(2)从运思进路来看,奥尔曼遵循的是马克思的政治经济学批判的路向,因而侧重对成熟时期马克思的思想进行分析,阿多诺则接受了青年马克思的异化理论,并据此发展了以"否定性"为核心的辩证法理论;(3)从理论归宿来讲,奥尔曼在思想上力求为未来社会做出自己的论证和辩护,阿多诺却提出和满足于通过"星丛"概念实现资本主义与社会主义和共产主义的和解。[①]通过以上看出,

---

[①] 黄亚明、侯振武:《马克思主义辩证法的两种面向——奥尔曼与阿多诺辩证法思想之比较》,《内蒙古大学学报(哲学社会科学版)》2017年第5期。

奥尔曼对马克思辩证法思想的继承明显多于阿多诺,因为后者不仅涉及马克思的辩证法思想,而且还直接或主要针对黑格尔的哲学思想发挥出自己的"否定的辩证法"。然而,在笔者看来,这种观点更为麻烦的问题在于,一方面它主张阿多诺与奥尔曼都赞成马克思的辩证方法与社会现实之间存在一种本质的关联,因而在对资本主义的现实进行分析和批判时都强调辩证法的功能和作用,另一方面它又认为在具体运用辩证法时两者强调的重点是不同的,阿多诺力求击破现代形而上学的基本建制并在此基础上把握当代资本主义的社会现实,因而凸显了"作为推动原则和创造原则的否定性",奥尔曼则立足内在关系哲学的思想传统重构了马克思关于资本主义的理解模式并将其成果运用于当代资本主义的剖析。所以,双方思维进路之不同和理论终局之差异所形成的区别并不影响两者在理论旨趣上的相互接近。英国萨塞克斯大学吉莉恩·罗斯(Gillian Rose)教授就指出,阿多诺提出的否定的辩证法对于社会现实的有效认知既是必要的,又是可能的。[1]根据此前的研究结论,奥尔曼也是基于社会现实的哲学立场阐发其对马克思辩证方法的理解的。[2]因此,在阿多诺与奥尔曼之间似乎还没到无话可说的地步。在笔者看来,第二种观点倒不如说进一步密切了奥尔曼和阿多诺的关系。

为了有可能解决阿多诺与奥尔曼之间的理论关系问题,我们首先应该承认两者在理解和阐发马克思的辩证方法时确实存在着一种理论上的关系,这就意味着我们要澄清对两者进行比较的逻辑前提或其合法性。然后,基于国内外相关研究的现状,我们再重点考察阿多诺的辩证法思想与马克思辩证方法的理论关系,并在结合奥尔曼关于马克思辩证方法解读的思想成果的基础上,继续对阿多诺与奥尔曼的理论关系进行更为深入的探讨。

---

[1] Rose, Gillian. *The American Political Science Review*, vol.70, no.2, 1976, pp.598—599.
[2] 曾德华:《社会现实:来自奥尔曼的观点》,《当代国外马克思主义评论》第7辑。

二、阿多诺与马克思的辩证方法

重新探讨阿多诺与奥尔曼的理论关系,关键是要弄清楚阿多诺与马克思的辩证方法在理论上的关系。这是因为奥尔曼已经在《辩证法的舞蹈》中清楚表明了自己对马克思辩证方法的理解方向和阐释路径,而阿多诺在《否定的辩证法》中并没有做到这一点。目前,国内外学者关于阿多诺与马克思在理论上有内在联系并没有什么异议,但对于阿多诺从马克思那里继承了什么理论遗产以及是否和马克思的辩证方法有一种学术上的本质关联还需进一步的探究。在奥尔曼的理论视野中,阿多诺并不是马克思辩证方法的主要阐释者,但后者在《否定的辩证法》中表述的哲学思想却与马克思的辩证方法有着千丝万缕的联系。有论者指出:"阿多诺的哲学事业没有背离马克思,而是与后者气质相投。阿多诺在政治立场上的那种塑造了法兰克福学派形象的放弃革命、转向'守护现代文明'事业的左翼保守性,并不说明他没有继承马克思的方法,而只能说他不再直接接受马克思的激进结论。"①我们不妨以《否定的辩证法》为蓝本,从以下三个方面对阿多诺与马克思辩证方法之间的理论关系做出一番新的研究。

第一,阿多诺从马克思那里继承了什么理论遗产?马克思留下了丰富的理论遗产,在阿多诺从事批判活动的时候,特别是20世纪50年代回到德国以后,马克思对黑格尔哲学和全部形而上学的批判及其理论成果已经成为法兰克福学派乃至整个西方马克思主义流派的思想前提。面对西方人所面临的普遍的生存困境和现代社会所遭遇的文化危机,阿多诺对马克思的批判精神可谓情有独钟,并在《否定的辩证法》中进行了淋漓尽致的彰显。正如马克思对黑格尔的批判是要从中拯救出理论上的批判性要素,阿多诺也要在马克思留下的理论遗产中发现这种可供汲取的批判性要素。这种理

---

① 蔡淞任:《背离革命,还是继承方法?——试论阿多诺与马克思在方法上的联系》,《马克思主义哲学论丛》2019年第2期。

论追求体现在他和霍克海默重建社会研究所的全部努力中,他们主张辩证地研究问题,致力于把马克思的思想解释和定义为一种社会批判理论。有论者指出:"《历史与阶级意识》对阿多诺走向马克思起着'决定性'的影响。"[①]阿多诺在《否定的辩证法》中确实提到了卢卡奇的这本书,正是其中有关"物化"的章节对阿多诺从马克思那里汲取什么理论遗产发生了决定性影响。受卢卡奇影响,阿多诺对马克思关于资本主义生产方式的分析进行了研究,发现商品交换中的合理化原则从根本上把整个世界变为可以通约的和同一的,进而了解到非同一性的重要性和客体在物化结构中的优先性。由于卢卡奇在看待物化时是从黑格尔的主体概念出发的,阿多诺的观察和结论就构成与卢卡奇的重大区别,以至于又要转向对黑格尔哲学的批判。于是,阿多诺在走近马克思的同时,系统清理了其对黑格尔哲学批判的思想成果,最终继承了辩证的方法。当然,阿多诺与马克思对辩证方法的理解又是不同的。

第二,阿多诺关于马克思的辩证方法说了些什么?从逻辑起点来看,阿多诺首先抓住的还是马克思辩证方法中的"否定性"范畴。正是从事物的"否定性"出发,阿多诺对全部形而上学,特别是现代形而上学进行了最为猛烈的抨击,其理论目标在于拯救出长期以来被无端忽视的非概念性、个性和特殊性。这是对体系哲学的公开对抗,与马克思的整个理论特征保持了一致。阿多诺对旧哲学的反对尤其凸显了方法论的维度,所以,他特别强调以黑格尔为主要代表的本体论哲学家在方法问题上所犯的错误:不是从现实出发,而是从原则出发,这种方法论进路在历史上经常会抹杀推动事物前进的真正动力,也把握不住和理解不了新出现的动力。与之相反,阿多诺提出了"否定的辩证法",并说:"它唯一的肯定的方面是批判,即确定的否定,而不是突然转向的结果或幸运被把握的确证。"[②]所以,在辩证法的发展历程

---

① 谢永康:《从"否定性的辩证法"到"否定的辩证法"——阿多诺与黑格尔—马克思哲学传统》,《社会科学战线》2007 年第 4 期。
② [德]阿多诺:《否定的辩证法》,张峰译,重庆出版社 1993 年版,第 156 页。

中,阿多诺与马克思一起,通过把"否定性"范畴主题化来创制自己的理论,形成各自独特的辩证法思想。因此,马克思指出:"辩证法在对现存事物的肯定的理解中同时包含对现存事物的否定的理解,即对现存事物的必然灭亡的理解;辩证法对每一种既成的形式都是从不断的运动中,因而也是从它的暂时性方面去理解;辩证法不崇拜任何东西,按其本质来说,它是批判的和革命的。"[①]对于马克思来说,辩证方法的关键和实质是否定,而不是作为前提的肯定,这一点同样适用于阿多诺。阿多诺关于马克思的辩证方法说得最多的也是这个"否定"范畴。

此外,在《否定的辩证法》中,阿多诺还探讨了概念和实在之间的关系,认为两者有联系但绝对不能等同。这一点可以追溯到黑格尔和马克思的哲学思想。黑格尔强调概念和实在之间的矛盾发展,但并不能克服其中的矛盾,这是因为他既承认思维中的非同一性,又将其放在一个边缘的位置。黑格尔通过"实体即主体"的著名论断把这种非同一性统摄到概念和事物的同一性中来,牢固确立起主体的优先地位。与黑格尔不同,马克思在对资本主义生产方式进行批判的过程中,发现以黑格尔为完成形式的现代形而上学与资本原则是共谋性质的。所以,他在对以资本原则为主导的现代性进行批判的同时,始终注意对资产阶级意识形态进行不遗余力的抨击。由此,阿多诺洞见到形而上学的同一性体系与资本主义经济制度有着内在的勾连。在《否定的辩证法》中,阿多诺把辩证法定义为始终如一的对非同一性的意识,它奉行的是一种"瓦解的逻辑"。在对资本主义社会本质的概括上,阿多诺认为资本主义在当代出现的各种问题事实上是没有答案的,"幻象统治和支配着现实"。阿多诺对资本主义商品拜物教的分析揭示了其深刻的经济根源,即交换价值取代使用价值成为万事万物的本质,而事物自身的本质却不见了。结果,情况就变成人与物的关系彻底颠倒了,不是人使用和支配

---

① 马克思:《资本论》第 1 卷,载《马克思恩格斯文集》第 5 卷,人民出版社 2009 年版,第 22 页。

物,而是物反过来控制和奴役人。也就是说,资本的力量成为一种普遍的以太,一种普照的光,它宰制了一切。要而言之,阿多诺所做的无非是在文化意识形态领域找到上述一切发生的根源。

第三,阿多诺与马克思的辩证方法处于什么关系？在《否定的辩证法》中,阿多诺对当代资本主义的分析再现了马克思辩证方法的基本原则和理论特征,这在某种意义上使他和马克思的辩证方法形成一定的理论关系。在马克思看来,资本主义的经济危机是没有办法真正克服的,在这个社会里生活的人们始终受抽象(同一性)的统治。因此,阿多诺对资本主义本质的认识与马克思的见解具有高度的一致性,而这种一致性在方法论上又是来源于两者都运用了辩证的方法。有论者说:"不管怎样,我们都有理由承认阿多诺否定的辩证法,是马克思批判的辩证法在新的历史条件下的时代回响。"[1]这个论断是很有道理的。马克思的辩证方法是主张从物质实践出发来解释观念的东西,而不是相反,阿多诺虽然与学生的社会运动保持了相当的距离,但始终没有放弃批判和瓦解形而上学的同一性逻辑和宰制性力量的政治追求。为此,阿多诺所能依赖的正是他自己的否定的辩证法。阿多诺的辩证法既不是纯粹的方法,因而不能把它当作哲学公式到处套用,也不是所谓客观的现实,所以事实上又是与人的实践活动紧密相关的。这样,阿多诺就把辩证法与人的生存和发展关联起来了。换言之,对于阿多诺来说,辩证法既是反映人的革命实践的哲学方法,又是实现人的最终解放的理论工具。在阿多诺看来,只有充分发掘辩证法内部的否定性因素,我们才能实现人的自由发展和全面进步。从以上可以看出,阿多诺的辩证法在理论旨趣上确实与马克思关于人的理想有近乎一致的地方,更何况,两者都认为辩证方法的中心问题在于改变现实。为此,马克思引入的是科学的实践观,而阿多诺则提出"星丛"的概念,力图通过不断的否定实现理论的自我批判,把

---

[1] 白刚:《马克思批判的辩证法的时代回响——读阿多诺〈否定的辩证法〉》,《天津社会科学》2006年第6期。

人从同一性的束缚中解放出来。

综上所述,阿多诺的辩证法思想在精神实质上与马克思的辩证方法有一定的理论联系,但二者还不能完全等同,也不是内在一致的关系。尽管国内有人说阿多诺是方法意义上的马克思主义者,我们还是要厘清两者之间的重要差别。按照卢卡奇的说法,"马克思主义问题中的正统仅仅是指方法"①,阿多诺并不因为在辩证法问题上与马克思的辩证方法有关,就可以被列为正统马克思主义者的序列。在笔者看来,方法与立场有关。阿多诺把方法与立场割裂开来了,他脱离了革命的群众。此外,与卢卡奇、萨特和科西克等人不同,阿多诺本人对马克思辩证方法的哲学基础缺乏全面的认识。所以,有论者指出:"在对传统同一性形而上学的绝对体系无情地揭露和批判的意义上,阿多诺与马克思等人确实有深刻的一致性,他们都是反同一性、反体系的。但仅从这一点,并不能充分体现和突出阿多诺与马克思的独特性及其内在渊源关系。"②这就使得阿多诺在与其他马克思辩证方法的阐释者进行比较时有不少值得特别关注的地方。

三、阿多诺与奥尔曼的理论关系

基于以上论述,阿多诺与奥尔曼在理论上的比较将紧紧围绕各自对马克思辩证方法的关系来进行。尽管国内外对两者理论关系的探讨还不是很多,但重新认识他们在理解以及把握马克思的辩证方法问题上的相互关系却显得日益迫切和重要。在笔者看来,自从苏东剧变以后,学术界,特别是马克思主义学界,对马克思的辩证方法给予了越来越多的关注,逐渐形成各种各样的阐释模式和理解形态,但对于它们相互之间的关系却研究得不够,有些甚至在比较的合法性上还有不少的问题。只有通过对阿多诺与奥尔曼

---

① [匈]卢卡奇:《历史与阶级意识》,杜章智、任立、燕宏远译,商务印书馆2016年版,第49页。
② 白刚:《马克思批判的辩证法的时代回响——读阿多诺〈否定的辩证法〉》,《天津社会科学》2006年第6期。

在理论上进一步加以比较，我们才能搞懂同样是研究和阐释马克思辩证方法的大师，为什么彼此之间缺乏应有的理论交集，这同样有利于我们澄清马克思辩证方法的哲学基础和理论旨趣。

首先，阿多诺与奥尔曼所要面对和解决的问题是根本不同的。对于阿多诺来说，首要任务是在思想领域坚决破除同一性哲学和主体性哲学的统治，从而恢复辩证法的客体向度，但从奥尔曼对马克思辩证方法的解释来看，他的主要理论支柱即内在关系哲学却是建立在马克思与黑格尔的思想共识基础之上的。所以，当阿多诺在阐发自己的辩证法思想的过程中力求实现"去黑格尔化"时，奥尔曼则是想通过内在关系哲学把马克思与黑格尔合乎逻辑地关联起来，从而恢复辩证法的主体向度，以至于最后表明内在关系哲学是一个观念问题，而不是一个事实问题。阿多诺甚至把同一性哲学与"二战"期间奥斯维辛集中营联系起来，认为前者构成后者的思想根源和哲学基础，并由此论及"否定性"范畴在理解和把握辩证法的本质过程中的重要性和紧迫性。为此，阿多诺提出要把哲学从同一性的概念束缚中解放出来，在理论上恢复非概念性、个别性和特殊性在人类社会发展中的独特地位和历史作用。但对于奥尔曼来说，由于处在世纪之交，人类社会内部的问题主要表现为对未来社会的"羞怯"，所以他想做的是通过解读和借助马克思的辩证方法使当前资本主义社会里的社会主义和共产主义因素尽可能多地和快地显现出来。

其次，阿多诺与奥尔曼对同一性范畴的态度和立场正是相反的。阿多诺与奥尔曼都提到黑格尔的哲学，但前者反对黑格尔的同一性哲学，后者则是以黑格尔的同一性概念为其哲学奠基的。这里的关系已经无法用互补和超越来说明，只能将之归结为一种思想上的尖锐对立，双方是无法共存于同一个哲学文本之中的。因此，阿多诺是反对体系哲学的典型代表人物，而奥尔曼则试图对马克思的辩证方法进行体系化建构，因其谴责的对象中，卢卡奇、萨特和科西克都没有根据内在关系哲学阐发一种对马克思辩证方法的全新叙述体系。阿多诺对同一性的批判和瓦解以及对非同一性的追求和渴望是两个极端,还是重叠关系?笔者认为,阿多诺主要想把非同一性从同一性的牢笼中解放出来,为此,他提出了让同一性反对自身,从而将否定的辩证法贯彻到底和运用于自身的说法。此外,阿多诺还有力地攻击了德国古典哲学尤其是黑格尔哲学中的虚假的总体性概念,但是与此同时,他的否定的辩证法是不允许重新建立另一种类型的总体性的。奥尔曼截然相反,他在对辩证的方法进行解读时,发掘了黑格尔与马克思在总体性概念上的联系,建立了以总体性概念为基础的现实范畴,其中包括结构的总体和历史的总体两个方面。这一点在奥尔曼的主要著作《辩证法的舞蹈》中有十分生动的体现。

再次,阿多诺与奥尔曼对否定概念的理解也是有原则差异的。阿多诺认为,黑格尔的否定观有一个肯定的目的,所以说否定只是其中的手段。在《否定的辩证法》的序言中,阿多诺说:"本书试图使辩证法摆脱这些肯定的特性,同时又不减弱它的确定性。"[1]对于阿多诺来说,否定是一直要进行下去的,它代表的是崩溃的逻辑。在《辩证法的舞蹈》中,奥尔曼提到马克思的"两个必然"的结论,并认为否定并不必然是马克思的理论归宿。这就说明,阿多诺与奥尔曼对"否定"的理论定位是完全不一样的。阿多诺以"否定"的名义,通过"被规定的否定"概念,不仅严词拒绝了虚无主义,而且也对相对主义采取了明确的批判态度,这种立场对于分析和批判资本主义是有好处的。但他没有意识到的是,要想真正理解历史和把握其动力,仅仅从个人出发理解和解释社会,只是拘泥于活生生的有生命的个体,这对于触动和改变人们的现实生活过程是根本不够的。奥尔曼选择从更大的范围、更高的层次和更好的角度,对当代资本主义进行合理的抽象,反而更加接近以及更加能够把握现实,从而实现其与概念的辩证统一。所以,阿多诺的否定原则为

---

[1] [德]阿多诺:《否定的辩证法》,张峰译,重庆出版社1993年版,第1页。

我们击破资本主义制度的存在根基提供了理论上的支持,但没有提供替代性的方案,因而是一项未完成的理论设计,而奥尔曼关于当代资本主义的研究完整地再现了马克思辩证方法的理论规划和实践意蕴,是一项集中体现马克思思想原则高度的阐释方案。

最后,阿多诺与奥尔曼所要达到的现实维度是水火不相容的。应该说,阿多诺是一位想通过否定的辩证法实现对社会现实的有效认识的哲学家,但他的辩证法主要还是在理论哲学的视域中展开活动,而奥尔曼则特别强调要同时坚守马克思的辩证方法和开展具体的阶级斗争。因此,他们在所要实现的理论目标上是有不兼容的特质的。为了解决前进道路中的各种问题,奥尔曼并没有停留在理论的领域,而是自始至终着眼于在实践中对马克思的辩证方法加以具体的运用,以至于形成这一方法的五个步骤。所以,有论者指出:"阿多诺的辩证法始终是在一种认识论的框架之下展开的,所以'否定的辩证法'还是一种理论哲学,因而他对辩证法否定性的彰显还停留在概念的层面。"①由于两者活动的领域截然不同,阿多诺与奥尔曼对人的解放的本质内涵也是有原则差异的。阿多诺把个人与社会严格对立起来,所以,他认为个人的解放与社会的自由是不能兼容的。阿多诺说:"只有当整个个体的领域、包括它的道德方面被看作是一种副现象时,个人才能获得人性。整个社会经常是出于对自己境况的绝望而代表着自由——反对个人——代表着那种以羞辱个人的不自由的腔调所许诺的自由。"②这就是说,阿多诺在主张个人自由的同时,把社会的同一性放在了个人的对立面,这就从根本上把个人与社会割裂开来了。奥尔曼的做法却是与此相反的,他是把个人的自由建立在社会的框架内部,并且认为个人是与其所属社会这个更大的背景密切相关的。概言之,阿多诺与奥尔曼对人的现实解放的理解

---

① 王成:《马克思与阿多诺辩证法思想的比较研究》,《合肥工业大学学报(社会科学版)》2009年第6期。
② [德]阿多诺:《否定的辩证法》,张峰译,重庆出版社1993年版,第262页。

是有本质的区别的。在对传统哲学进行批判的过程中,阿多诺先是认为真正重要的东西或者说真实的东西是抽象的同一性概念所不能涵盖的,然后又指出全部形而上学的根本病症在于它已经发展成为一种具有普遍支配力和强大控制力的现代性意识形态。阿多诺指出:"否定辩证法原封不动地接受了未被中介的直接性,即社会及其发展呈现在思想中的形态,目的是通过分析来揭示它们的中介,即根据现象与现象自身所要求的东西之间内在差异的尺度来分析。"①这里需要指出的是,阿多诺抨击的正是这种直接性,但是又没有真正克服它。所以,就社会的现实来说,阿多诺与奥尔曼所追求的理论目标是有原则差异的。

　　总而言之,如果说阿多诺已经不可能与黑格尔和解,那么他也自然不能与倾向于推崇黑格尔的奥尔曼站在一起了。阿多诺通过对黑格尔同一性哲学的激烈批判似乎与马克思的辩证方法的批判的和革命的本质取得了一致,但他最终达到的只是资本主义制度的崩溃的逻辑,而没有像马克思那样,站在遥远未来社会的角度对当前的资本主义社会进行反观,以便建立起无产阶级革命行动的信心和有效性。奥尔曼从另一条进路出发,即先把黑格尔和马克思所共有的内在关系哲学作为解读和重构马克思辩证方法的思想基础,再深入挖掘这一方法在抽象过程中的具体实现形式,实际上是要把马克思放在一个直接衔接黑格尔的位置,这就使得他与阿多诺不可能有任何理论上的交集和重叠。

---

① [德]阿多诺:《否定辩证法:导论(下)》,王凤才译,《学习与探索》2013年第8期。

第五章
对奥尔曼关于马克思辩证方法解读的评价

在《辩证法的舞蹈》等一系列著作中,奥尔曼的研究和有关努力在思想上是与以下问题紧密相关的:马克思的辩证方法以一种本体论为基础吗?它是对这个世界实际上是什么的一种反映吗?马克思的辩证方法是一种认识论吗?它是我们认识这个世界的一种方式吗?或者两者都是,马克思的辩证方法既有自己的本体论基础,又是一种认识论。对于奥尔曼来说,马克思辩证方法的适用范围也是众说纷纭的。比如,马克思的辩证方法适用于包括社会在内的整个自然,还是仅仅适用于社会?马克思的辩证方法仅限于资本主义生产方式内部的有机相互作用,还是也能对历史变化做出反应?在奥尔曼看来,马克思的辩证方法确实是一个复杂难解的学术问题,我们并不能将它做出一种简单化的处理。因此,那种把马克思的辩证方法归结为一种叙述的方法,或者在另一个方向把它归结为一种研究的方法都是不对的。奥尔曼把"内在关系"作为解读马克思辩证方法的核心范畴,从而区别于"总体性"(卢卡奇)、"矛盾"(毛泽东)、"否定"(阿多诺)等解读类型。我国学者田世锭教授在其专著《奥尔曼"内在关系的辩证法"视角下的当代资本主义》中将奥尔曼对马克思辩证方法解读的思想成果归结为"内在关系的辩证法",从而首次表述了奥尔曼在该领域所作努力的最终成果。但是,我们仍然要对奥尔曼关于马克思辩证方法解读的思想成果进行重新考察,从而使我们能够深入到其存在论基础和更为全面地把握其对学界的理论影响和在当代的重要启示。

第一节　奥尔曼的思想性质和存在论视域

奥尔曼凭借《辩证法的舞蹈》这部著作，对马克思辩证法作出具有原创性的解读，在国内外学界引起很大关注，其性质和影响迫切需要加以澄清和给出中肯的评价。从这部著作的内容来看，它充分体现了奥尔曼一生关于马克思辩证方法研究的全部成果。奥尔曼的博士论文《异化：马克思关于资本主义社会中的人的概念》和他的中期著作《辩证法探究》为《辩证法的舞蹈》提供了非常重要的理论基石。因此，对《辩证法的舞蹈》进行专门的理论研究就是对奥尔曼一生主要思想的研究，也可以说是对他的主要理论文本的解读。

一、国内外对奥尔曼研究的定向和不足

自从奥尔曼《辩证法的舞蹈》出版以来，国内外学者都给予了广泛关注并颇为频繁地引证他的这部著作。《辩证法的舞蹈》的第一个中译本早已由国内学者田世锭教授译出并在我国高等教育出版社出版，把奥尔曼的这部著作的影响扩展到中国。在《辩证法的舞蹈》中译本问世之前，国内学者朱培对奥尔曼关于马克思辩证方法的研究作了简明扼要的述评。他的基本观点是这样的：奥尔曼对马克思辩证方法的解读澄清了马克思哲学的主题——资本主义和共产主义之间的内在关系。在朱培看来，正是由于对马克思哲学主题的澄清，奥尔曼才得以令人信服地从辩证法的角度理解和阐释马克思的重要性，马克思的学说也由此获得科学、批判、革命和理想四重身份。朱培说："只有把握辩证法，才能理解马克思。"[1]朱培对《辩证法的舞

---

[1] 朱培：《美国著名学者奥尔曼论马克思的辩证方法》，《国外理论动态》2004年第4期。

蹈》的阐释尽管是开创性的，但是却仅仅停留于介绍层次上。我国学者郑一明研究员也只是在提到《辩证法的舞蹈》时说奥尔曼是黑格尔主义的马克思主义者，并没有对之详加说明和论证。①但是，国内学者也有在这个主题上做出尝试和努力的。

段忠桥教授在阐释《辩证法的舞蹈》时主要诉诸两个文本，第一是他发表在《中国社会科学》杂志2005年第5期的《20世纪70年代以来英美的马克思主义研究》；第二是他发表在《马克思主义研究》杂志2007年第5期的《转向英美　超越哲学　关注"正统"——推进当前我国国外马克思主义研究的三点意见》。通过上述两篇文章，段忠桥教授一方面认为奥尔曼对马克思辩证方法的解读实际上是关于唯物辩证法的研究；另一方面又界定奥尔曼是以正统马克思主义者的身份对马克思的辩证方法进行解读的。②无论怎样界定奥尔曼在《辩证法的舞蹈》中对马克思辩证方法的解读，都可以追溯至段忠桥教授的一句话："奥尔曼是美国马克思主义辩证法研究的领军人物，对辩证法研究的贡献也最大。"③可见《辩证法的舞蹈》在本质上是非常重要的，无论对奥尔曼，还是对他的读者来说，都是如此。具体说来，段忠桥教授认识到奥尔曼对马克思辩证方法的解读主要是聚焦"内在关系"和"抽象过程"这两个方面，但没有进一步说明这个聚焦究竟意味着什么，虽然他提到了奥尔曼对内在关系哲学的倚重是出于解答马克思的语言之谜的考虑。在段忠桥教授看来，奥尔曼对内在关系哲学的阐发使他与马克思辩证方法的传统阐释者卢卡奇、萨特、列斐伏尔、科西克、歌德曼、马尔库塞等人严格地区别开来，但是并无阐发这种不同到底包含着何种哲学意蕴。段忠桥教授认为，奥尔曼把内在关系哲学确立为马克思的本体论基础，实际上是在世

---

① 郑一明：《全球化与社会主义的未来——西方左翼学者关于社会主义前景的新思考》，《中国人民大学学报》2005年第3期。
② 段忠桥：《转向英美　超越哲学　关注"正统"——推进当前我国国外马克思主义研究的三点意见》，《马克思主义研究》2007年第5期。
③ 段忠桥：《20世纪70年代以来英美的马克思主义研究》，《中国社会科学》2005年第5期。

界整体中取缔了有限的部分,但是要想立足本体论的基础之上认识这个世界,我们又要不断地建构出这种有限的部分,这就引出了奥尔曼关于"抽象过程"的论述。在段忠桥教授看来,奥尔曼把马克思与非马克思之间在抽象上的不同放置在抽象过程之中。总的说来,尽管段忠桥教授很正确地提示了奥尔曼《辩证法的舞蹈》的两个主要方面,但是还没有及时地论证这两个主要方面对阐释《辩证法的舞蹈》性质和影响的关系,即便在段忠桥教授引证奥尔曼的一句话时多少触及了这个学术问题。奥尔曼说:"马克思发现这一切首先是因为它们存在,但允许他发现这一切的……却是他的辩证方法。"①

田世锭教授对《辩证法的舞蹈》的阐释主要通过建构出一种马克思主义辩证法的新型形态——内在关系的辩证法——并借之对当代资本主义进行批判以及对社会主义和共产主义进行论证。这种阐释路向主要见他的专著《奥尔曼"内在关系的辩证法"视角下的当代资本主义》和他的论文《英美马克思主义者对社会主义的三种论证》等之中。田世锭教授说:"奥尔曼运用'内在关系的辩证法'论证了马克思运用唯物史观所揭示的'资产阶级的灭亡和无产阶级的胜利同样是不可避免的'这一'两个必然'的结论。"②在田世锭教授看来,在当今这种"一球两制、资强社弱"的现实背景下,要人们认识当代资本主义的持久性是一件十分容易的事情,倒是要人们坚信社会主义和共产主义仍然必将代替当代资本主义,要他们相信当代资本主义的暂时性已经不是一件容易的事情。③为了重新树立人们对社会主义和共产主义的信念,田世锭博士呼吁人们对奥尔曼的"内在关系的辩证法"给予更多的关注,也就是要对他的《辩证法的舞蹈》进行关注。总的说来,田世锭教授的论

---

① Bertell Ollman, *Dance of the Dialectic: Steps in Marx's Method*, Univ. of Illinois Press, 2003, p.2.
② 田世锭:《英美马克思主义者对社会主义的三种论证》,《社会主义研究》2009年第4期。
③ 田世锭:《问题在于改变世界——论奥尔曼"内在关系的辩证法"对阿多诺"否定的辩证法"的超越》,《太原理工大学学报(社会科学版)》2007年第3期。

述虽然始终围绕着《辩证法的舞蹈》予以展开,但是尚未专门对这部著作进行评判,这倒并不意味着对《辩证法的舞蹈》进行性质上的评判是不必要的。田世锭教授说:"奥尔曼的学术关注点主要在于研究马克思主义辩证法,并强调和运用马克思主义辩证法来研究和分析资本主义,以揭示资本主义和社会主义的命运。"①只要联系《辩证法的舞蹈》在奥尔曼的辩证法思想发展中的理论地位就可以对这句话的含义有所了解。

付文忠教授在阐释《辩证法的舞蹈》时认为奥尔曼把辩证法继续巩固为历史唯物主义的基本方法,为我们对当代资本主义进行批判——不仅是理论的批判,也是实践的批判——提供了依据。它的不足之处在于,没有同后现代主义等社会思潮进行深入而广阔的对话。②也就是说,付文忠教授还没有对历史唯物主义超出后现代主义等社会思潮的独特之处进行阐发,而这种阐发就近几年对马克思哲学的阐释路向来看,是关涉存在论基础的。付文忠教授认为,奥尔曼是围绕"什么是马克思的辩证法?""今天我们研究马克思的辩证法有什么意义?""如何在实际中应用马克思的辩证方法?"三个问题对马克思的方法进行解读。从奥尔曼解读的性质来说,《辩证法的舞蹈》是黑格尔主义性质的。付文忠教授说:"奥尔曼对马克思辩证法的解读主要是捍卫马克思辩证法的理论地位,回击后现代主义和后马克思主义对辩证法的否定和抛弃。"③从付文忠教授的阐释来看,尽管他同样认识到内在关系哲学和抽象过程对于奥尔曼解读马克思辩证方法的重要性,但是这种重要性却被付文忠教授仅仅局限在对当代资本主义的辩证分析方面,并没有进一步探讨这种理论本身的性质,并由此探讨奥尔曼关于马克思辩证方法解读的性质。

---

① 田世锭:《奥尔曼"内在关系的辩证法"视角下的社会主义——也评奥尔曼否定市场经济的观点》,《社会主义研究》2007年第1期。
② 付文忠:《后马克思主义产生的原因与提出的问题》,《中共南京市委党校南京市行政学院学报》2007年第6期。
③ 付文忠:《英美马克思主义辩证法研究的新趋势》,《中国人民大学学报》2010年第1期。

大卫·诺曼·史密斯(David Norman Smith)认为,奥尔曼在《辩证法的舞蹈》中以最全面的方式复活了过去的观点和主张,并伴随有新的材料和内容。奥尔曼在博士论文《异化:马克思关于资本主义社会中的人的概念》(1971年)中就提出自己关于马克思辩证方法的见解,他主张马克思辩证方法的内在关系哲学基础。根据内在关系哲学,任何单个事物都是一系列关系的组合,这些关系可以在时间和空间两个维度上延伸和扩展。在史密斯看来,这里包含的存在之链是无穷无尽的。这些关系的总和构成一个整体,如果我们能从中引出一条红线贯穿整个结构,那么我们就能洞悉这个整体的现实。奥尔曼在《辩证法探究》(1993年)中提出"现象与现象之间如何相互区分"的问题。奥尔曼认为,在一个内在相关的世界中是不存在固定的界限的。史密斯认为,我们所做的任何区分都是一次又一次的抽象行动,本来无缝的现实也正是由于这样的抽象行动才出现各种各样的分界线。史密斯指出:奥尔曼的成功之处在于他认识到马克思的天才体现在自己的抽象行动上。[①]事实上,奥尔曼也正是据此对马克思辩证方法中的抽象过程进行解读的,从而开辟出理解和解释马克思辩证方法的第二条路径。

史密斯认为,奥尔曼在《辩证法的舞蹈》中对马克思辩证方法立足其上的抽象过程给予高度关注。但是,这个预设在奥尔曼自己看来也是成问题的。奥尔曼说:"诚然,对抽象过程的强调经常伴随有各种各样观念主义的企图以致否定世界可以先于并独立于人类参与并介入世界生活的努力而存在。"[②]史密斯由此推断奥尔曼的解读实际上带有一种预言式的现实主义色彩。奥尔曼说:"我无意否定抽象所能准确反映这个现实世界的空前程度。"[③]

---

① David Norman Smith. *Review*: *Dance of the Dialectic*: *Steps in Marx's Method by Bertell Ollman*, Contemporary Sociology, Vol.33, No.6,(Nov.,2004),p.734.
② Bertell Ollman, *Dance of the Dialectic*: *Steps in Marx's Method*, Univ. of Illinois Press, 2003, p.180.
③ Bertell Ollman, *Dance of the Dialectic*: *Steps in Marx's Method*, Univ. of Illinois Press, 2003, p.63.

在史密斯看来,奥尔曼对马克思的辩证方法非常确信,以致没有及时解释抽象过程何以可能给这个世界一个结构(世界本来并不必然具有)并以一种广泛的方式去反映它。史密斯指出:奥尔曼所谓马克思的研究对象都是他在抽象过程中进行抽象的产物,这个观点有待商榷。在《辩证法的舞蹈》中,奥尔曼力图在主观主义和实证主义之间取得一种辩证的平衡和贯通给人以无限启发,但是,在史密斯看来,这个思想努力没有成功。奥尔曼最终还是徘徊在主观主义和实证主义之间。

总之,史密斯在阐释奥尔曼的《辩证法的舞蹈》时主要是从它对于学界的理论争论作出的贡献来说的。奥尔曼把马克思所谓社会主义和共产主义的必然性理解为一种高度的可能性,为所有为这些目标而奋斗的人们在行动中充分发挥主观能动性提供了余地和空间。对于奥尔曼来说,变化和相互作用始终是辩证法的主体。对于史密斯来说,《辩证法的舞蹈》是一部代表奥尔曼关于马克思辩证方法的观点的著名代表作。

迈克尔·威廉姆斯(Michael Williams)认为,对于有志于掌握辩证方法的人来说,马克思的概念因为随着语境而表意不同已经构成一个主要的障碍。然而,奥尔曼在《辩证法的舞蹈》中为我们解决了这个疑难,从中我们可以看到迄今为止在把马克思辩证法解读为一种至关重要的认知工具方面最为清晰的说明。威廉姆斯指出:奥尔曼关于马克思的辩证方法主要体现在尚未出版的著作中(而不是已经完成并且获得出版的著作)的观点颇具新意,也为我们更加重视诸如《1844年经济学哲学手稿》和《1857—1858年经济学手稿》提供了理论依据。之所以如此,主要是因为马克思本质上是站在概念化推动知觉的立场上规划自己的理论的。在威廉姆斯看来,奥尔曼的《辩证法的舞蹈》充分说明了马克思的辩证方法何以对于一个由彼此相互依赖的动力过程组成的世界是合乎时宜的。我们置身于其中的资本主义这个宏大复杂而又整齐划一的系统更加需要马克思的辩证方法。在资本主义体系当中,结构是相当不清晰的,又由于系统对于部分的作用,个体存在和社会存在都是支离破碎的。

威廉姆斯认为,奥尔曼在《辩证法的舞蹈》中对马克思辩证方法的各个阶段作了比较详细的区分,从而为我们把握和运用这一方法提供了操作上的可能性。在《辩证法的舞蹈》中,奥尔曼把马克思的辩证方法分解为诸多环节和阶段,其中包括:本体论、认识论、研究、理智重构、叙述、实践。致力于对世界整体的本体论建构,马克思的认识论将这个世界分解为具有一定结构、彼此关联、互相依赖的单元。奥尔曼的研究则深入探索这个整体的各种联系,最终实现世界整体在概念上的重构,而在叙述阶段则另有启发式的和政治的驱动。对于奥尔曼来说,实践阶段要求我们有意识地参与这个世界的生活。总的说来,研究的目的在于寻求认识论上具有合法性的结果并被本体论承诺所驱动,而智力重构、叙述和实践则意味着我们需要重新思考现存知识的合法性。

威廉姆斯认为,奥尔曼摒弃了对脱离观察者而独立存在的世界的一种陈腐的现实主义见解,肯定了马克思把实体之间彼此关联的基本关系看作现实基础的观点,这是颇有见地的。对于马克思来说,与人无关的自然界对人来说也是无。因此,威廉姆斯关于奥尔曼的观点具有一定程度的合理性。对于奥尔曼来说,马克思的辩证方法与常识并不相同,在哲学上它是通过主张一个事物的存在条件是它本身的一部分以及整体寓居于它的各个部分之中来表明其独特性的。奥尔曼主张构成整体的各种事物之间的关系对于彼此来说是内在的,其中包括它们相互作用的背景,这是非常明智的。在《辩证法的舞蹈》中,奥尔曼把这些事物连同它们必要的条件和结果统统叫作关系。内在关系对于一个系统来说是必需的,而外在关系把捉的只是偶然性。由于理论对象处在不停息的流动之中,一个事物(理所当然地)包括它的演化过程(过去和可能的未来)以及它所处的系统关系。

威廉姆斯认为,马克思的认识论奠基于把社会看作一个系统的本体论承诺。由此出发,理性主义的认识论强制要求把系统的一贯性作为真理的标准,这就意味着融贯论的真理观。奥尔曼的认识论有四个方面:感知、抽象、概念化和定向。对于奥尔曼来说,这四个方面以抽象最为关键。在日常意识中,感知是直觉的、社会化的抽象的产物。概念把抽象置于现存知识的社会流动之中。通过本体论承诺和认识论强制,从日常意识到系统意识的发展实现了从聚焦独立因素到关注这些因素之间相互联结的独特方式的转换,这些方式构成这些因素的概念内涵的一部分。在威廉姆斯看来,抽象就是划定界限,即从给定的整体中分析出可以操作的认识单元,以便我们在精神上对这个整体加以重建。抽象使研究战略,结果的组织,以及叙述得以可能,它们在一个内在相关的系统现实中能够聚焦变化和相互作用。理论,按照自身的目的来说,是通过抽象实现它对现实的划界的。

威廉姆斯认为,马克思辩证方法是一个颇有难度而且备受争议的哲学主题,然而奥尔曼对它的解读却很容易让人们上手。任何怀有良知感到有必要对知识增长保有成熟意识的知识分子都将非常自然地接受奥尔曼对马克思辩证方法采取的解读方案。在威廉姆斯看来,奥尔曼在《辩证法的舞蹈》中的解读是务实的。奥尔曼在马克思辩证方法领域的开创性工作启发了辩证法的当代发展并被采纳和得到使用。奥尔曼的真知灼见如下:处于中心位置的应该是有机的发展的相互联系;资本主义矛盾的不断展开为我们把握以潜在形式存在的后革命时代的将来提供了牢靠的立足点;马克思对资本主义的批判常常是通过对最出色的资本主义辩护士们的批判得以实现的;马克思对资本主义现实和它的概念化是同样关注的;辩证的解说往往以合题为重点。威廉姆斯说:"尽管在奥尔曼之外关于马克思辩证方法的研究取得了持续的进展,但是奥尔曼在这个主题上所起到的作用确实是巨大的,因为在当代很少有著作家对马克思辩证方法的解读能够达到如此易于接近和具有说服力。"[1]

---

[1] Michael Williams, *Review: Dance of the Dialectic: Steps in Marx's Method*, Review of Radical Political Economics 2006; 38; 661.

总的说来，在威廉姆斯看来，奥尔曼的《辩证法的舞蹈》为马克思辩证方法的具体运用提供了可资借鉴的描述，他的叙述的可操作性也使《辩证法的舞蹈》成为一部有关马克思主义辩证法的手册。奥尔曼的《辩证法的舞蹈》着眼于辩证法在政治科学领域内的应用，因而对于所有激进的社会科学家来说构成一部富有帮助意义的著作。

威廉姆 L.迈克布莱德（William L. McBride）认为，奥尔曼的《辩证法的舞蹈》作为一部总结性著作，不但为我们从一个新的角度理解马克思的辩证方法发挥了巨大作用，而且具有极强的可读性，这也充分体现了奥尔曼作为卓越的马克思主义学者的地位。

在《辩证法的舞蹈》这部著作中，奥尔曼至少在两个重要的方面修正了他的观点。第一，他把抽象这样一个精神过程放在与内在关系理论同等重要的位置加以对待；第二，开始承认异化并非资本主义社会的特有现象，取而代之的是，他主张资本主义社会中的异化只是更为一般的异化现象的一个特别突出的例子。奥尔曼对马克思的异化概念的重释与他所理解的马克思辩证方法中另一个十分重要的元素相一致，即通过概括层次对世界的探究。在奥尔曼那里，这样的概括层次不少于 7 个。马克思也由此被奥尔曼描述为一个能够在不同的概括层次之间非常灵活地划定界限和来回穿梭的人。在奥尔曼看来，马克思原来就是一个关于社会世界的建构主义者。奥尔曼说："内在关系哲学是一个观念问题而不是一个事实问题。"[1]在奥尔曼看来，马克思随时可以将他的发现主题化。[2]奥尔曼承认马克思的分析往往不能在常识和社会科学的范围内得到理解，因为在奥尔曼所做的概括层次的七重划分中，这些范围只是局限在第一个层次和第五个层次。在迈克布

---

[1] Bertell Ollman, *Dance of the Dialectic: Steps in Marx's Method*, Univ. of Illinois Press, 2003, p.52.

[2] Bertell Ollman, *Dance of the Dialectic: Steps in Marx's Method*, Univ. of Illinois Press, 2003, p.74.

莱德看来，奥尔曼甚至还担心马克思也许创立了一门私人语言，以至阻断了他和我们之间的交流。于是，奥尔曼说："马克思在何种程度上制造了一门私人语言以及我们又如何修复由于这个倾向造成的失误是往后有待加以解决的任务。"①

迈克布莱德认为，奥尔曼在《辩证法的舞蹈》中事实上是把马克思当作理智英雄来对待的。在《为什么需要辩证法？为什么是现在？或者说，如何在资本主义现在中研究共产主义未来？》中，奥尔曼通过展示少数人如何盗取我们的公有地直截了当地认为马克思给我们提供了开启美好未来的钥匙，这就是马克思的辩证方法，只有通过这种方法，我们才能在资本主义现在中洞悉共产主义未来。奥尔曼在解读马克思辩证方法的过程中，还设计出所谓"辩证法的舞蹈"作结尾，也正面说明了这部著作命名的由来。迈克布莱德认为，如果真如奥尔曼所说："马克思单独凭借两个新术语即生产关系和剩余价值就成功地阐发出一种完全原创的世界观"②，那么他对马克思辩证方法的解读就是完美无缺的，至少是高明的。迈克布莱德指出：正如马克思的著作总是经受多重解读一样，奥尔曼的《辩证法的舞蹈》也要经受类似的解读。我们对奥尔曼的这部著作的研究也主要是为了澄清奥尔曼对马克思辩证方法解读的合理性以及完整性。

从国内外众多学者对《辩证法的舞蹈》的阐释来看，他们基本上是就内容，而不是就性质来进行种种述说的。作为 21 世纪马克思主义辩证法研究领域一部重要的代表作，《辩证法的舞蹈》同样是当代英美马克思主义研究领域"辩证法的马克思主义"学派的奠基性著作，也是奥尔曼本人一生最为主要的著作。然而，这部著作在当代学者的视野中还没有从性质上得到专

---

① Bertell Ollman, *Dance of the Dialectic*: *Steps in Marx's Method*, Univ. of Illinois Press, 2003, p.63.

② Bertell Ollman, *Dance of the Dialectic*: *Steps in Marx's Method*, Univ. of Illinois Press, 2003, p.179.

二、奥尔曼的存在论视域及其主要表现

对奥尔曼关于马克思辩证方法解读的思想性质进行研究是在国内外有关《辩证法的舞蹈》讨论的基础上进行的，既是对当代学者已有阐释定向的回应，又是对奥尔曼研究的前提性问题进行思考的结果。奥尔曼在《辩证法的舞蹈》中所展开的对马克思辩证方法的解读的逻辑和影响在很大程度上是由这部著作本身的性质所规定的。因此，有别于传统的阐释路向，笔者拟就奥尔曼《辩证法的舞蹈》的存在论视域及其限度作一个哲学考察，为奥尔曼对马克思辩证方法解读可能的影响奠基。

对奥尔曼《辩证法的舞蹈》的存在论研究并不是空穴来风，而是有一定的理论奠基的，这种奠基为我们开展此项研究提供了可能性。田世锭教授在自己的论文《"内在关系的辩证法"与"总体性的辩证法"——奥尔曼与卢卡奇的辩证法思想比较》中把奥尔曼的《辩证法的舞蹈》和卢卡奇的《历史与阶级意识》作了对比，并得出结论：二者共通的地方在于他们都认为马克思主义辩证法在本质上是一条通向现实的道路。[1]田世锭教授认为，奥尔曼在当代英美马克思主义领域的理论地位有点类似于卢卡奇在西方马克思主义领域的思想地位。与此相对应，《辩证法的舞蹈》和《历史与阶级意识》两部著作之间也有共通的地方，刚才提到的只是主要的一点。具体说来，田世锭教授指出了这两部著作都强调马克思的辩证法的重要性。卢卡奇说："如果摒弃或者抹杀辩证法，历史就变得无法了解。"[2]基于此，卢卡奇说："在行动问题上……辩证法是能给行动指明方向的认识现实的唯一方法。"[3]卢卡奇

---

[1] 田世锭：《"内在关系的辩证法"与"总体性的辩证法"——奥尔曼与卢卡奇的辩证法思想比较》，《烟台大学学报（哲学社会科学版）》2007年第2期。
[2] [匈]卢卡奇：《历史与阶级意识》，杜章智、任立、燕宏远译，商务印书馆1999年版，第60页。
[3] [匈]卢卡奇：《历史与阶级意识》，杜章智、任立、燕宏远译，商务印书馆1999年版，第75页。

在这里说的是马克思辩证法的重要性。在卢卡奇那里,马克思的辩证法与马克思主义辩证法是不分的。田世锭教授还谈到了奥尔曼对马克思辩证方法的重要性的强调。奥尔曼说:"马克思的所有理论是靠他的辩证的观点及其范畴创立的,而且只有掌握了辩证法,这些理论才能被恰当地理解、评价和应用。"①在另一处,奥尔曼说:"离开辩证法,马克思就不可能达到其对资本主义的认识,而离开对辩证法的牢固把握,我们也就不能进一步发展这种认识。"②对于田世锭教授来说,奥尔曼《辩证法的舞蹈》的重要性在于它在一定程度上呼应了卢卡奇在《历史与阶级意识》中开展出来的主要理论旨趣,即参与对现实的发现和改变。

国内学者吴晓明教授在解读卢卡奇的《历史与阶级意识》时规定了其重要性首先在于其存在论根基方面。在吴晓明教授看来,也正是由于这部著作开启了整个西方马克思主义的存在论视域,并为我们今日探讨马克思主义的当代性提供了批判性视角。③这对于笔者来说构成一个不小的启发,这些启发促使笔者尝试从一个新的角度去解读奥尔曼的《辩证法的舞蹈》一书,也就是论证这部著作的存在论视域及其限度,而这种限度主要是由奥尔曼对黑格尔和马克思之间在内在关系哲学上的关系规定的。吴晓明教授认为,《历史与阶级意识》在传统的解释视域中往往被解释为一部认识论著作,或者方法论著作,这实际上是对《历史与阶级意识》的性质的错估。在吴晓明教授看来,一部著作的性质不能以它的作者对它的定性为准,而是要根据文本本身说话。所以,《历史与阶级意识》尽管被冠以"关于马克思主义辩证法的研究",但是就这部著作本身来说,它的性质却是存在论意义上的,从而确证了《历史与阶级意识》的存在论视域。依此类推,奥尔曼在《辩证法的舞

---

① [美]伯特尔·奥尔曼:《辩证法的舞蹈:马克思方法的步骤》,田世锭、何霜梅译,高等教育出版社2006年版,《序言》第5页。
② [美]伯特尔·奥尔曼:《辩证法的舞蹈:马克思方法的步骤》,田世锭、何霜梅译,高等教育出版社2006年版,第14页。
③ 吴晓明:《卢卡奇的存在论视域及其批判》,《云南大学学报(社会科学版)》2003年第1期。

蹈》中对马克思的辩证方法进行了各种认识论上的划分,甚至用马克思辩证方法的步骤来表述这种划分,这又意味着什么呢?在笔者看来,奥尔曼在《辩证法的舞蹈》中对马克思辩证方法的解读尽管划分出一系列的步骤,但是这些步骤都是事物本身的构成要素,而不是我们人为附加的。关于对《辩证法的舞蹈》进行存在论研究的可能性,我们也可以从奥尔曼对马克思在《〈黑格尔法哲学批判〉导言》的引证看出来。马克思说:"我们必须对这些僵化了的关系唱一唱它们自己的曲调,迫使它们跳起舞来!"①

对奥尔曼《辩证法的舞蹈》的存在论研究不仅有理论上的可能性,而且有现实上的必要性。这种必要性来源于国内学者贺来教授和孙正聿教授对马克思辩证法的当代解读,而这种解读主要是在《辩证法的生存论基础——马克思辩证法的当代阐释》(以下简称《辩证法的生存论基础》)和《马克思辩证法理论的当代反思》两个文本中。在《辩证法的生存论基础》中,贺来教授力图纠正传统视域中对辩证法的误解,从而为马克思辩证法的新解读开辟了道路。贺来教授的学术关切在于马克思辩证法的理论基础或者理论根基问题。贺来教授指出:解答马克思辩证法的本体论根基直接影响人们对马克思辩证法的性质、功能、内容和意义的理解和领会,是关乎整个马克思辩证法的、牵一发而动全身的、最为根本的前提性问题。②贺来教授说:"辩证法作为一种特殊的思维方式,是与哲学领域中最为核心的问题,即本体论或存在论问题内在联系在一起的。"③奥尔曼也把辩证法看作一种思维方式。不过,我们要对"思维方式"这个说法进行准确的理解。奥尔曼说:"辩证法并不是可以用来解释一切的正—反—合的顽固组合;它也没有提供一个使我们能够证明或预言一切的公式;它也不是历史的动力。同样,辩证法并没有

---

① 马克思、恩格斯:《马克思恩格斯选集》第1卷,人民出版社1995年版,第5页。
② 贺来:《辩证法的生存论基础:马克思辩证法的当代阐释》,中国人民大学出版社2004年版,《自序》第6页。
③ 贺来:《辩证法的生存论基础:马克思辩证法的当代阐释》,中国人民大学出版社2004年版,《自序》第7页。

解释、证明、预言任何东西,没有导致任何东西的发生。相反,辩证法是一种关注世界上所发生的一切变化和相互作用的思维方式。"①双方的共同见解启示我们:要真正把握马克思辩证法的真实内涵和理论旨趣,就必须切实澄清马克思辩证法的存在论或本体论承诺,发掘马克思辩证法真实的本体论基础。作为一部研究马克思辩证法的著作,奥尔曼的主要文献《辩证法的舞蹈》的存在论研究确实是必要的。

孙正聿教授对马克思辩证法的阐释也使我们看到了对奥尔曼《辩证法的舞蹈》进行存在论研究的必要性。孙正聿教授认为,马克思的辩证法并不是一种可以用来解释任何问题的最根本的、最重要的方法。对于孙正聿教授来说,马克思的方法必须立足其生命根基,也就是要具体问题具体分析,否则就会沦为脱离思想内容的"变戏法"。在孙正聿教授看来,无论黑格尔,还是马克思,都是主张辩证法是内容与形式相统一的学说,毋宁说,它们都是关于真理的辩证法。至于马克思和黑格尔的不同,则主要是指他们在理解这个真理时有所不同罢了。从这个意义上讲,我们可以把马克思辩证法理解为领会和把握真理时的思想运用。按照孙正聿教授的说法,马克思的辩证法必然要求用概念的逻辑去表达这种思想运动,这又提示我们在解读马克思的辩证法时必须对辩证法的词汇和术语所表达的概念和范畴多加注意。②孙正聿教授说:"所谓'辩证法'的思维方式,则在于它从'思维和存在的关系问题'出发,不断地发现、揭示和深化人类认识的'梯级'和'支撑点'——概念、范畴——中所蕴含的'思维和存在'之间的矛盾,用'概念的逻辑'去表达'运动''矛盾''发展'的本质。"③根据孙正聿教授的观点,我们在掌握真理的思想运动中必须首先从存在论的角度,其次才能从认识论,乃至

---

① [美]伯特尔·奥尔曼:《辩证法的舞蹈:马克思方法的步骤》,田世锭、何霜梅译,高等教育出版社2006年版,第5页。
② 孙正聿:《马克思辩证法理论的当代反思》,人民出版社2002年版,第14页。
③ 孙正聿:《马克思辩证法理论的当代反思》,人民出版社2002年版,第16页。

价值论的角度出发去领会和把握。这就又为我们从存在论的角度解读奥尔曼关于马克思辩证法的著作提供了必要性。

从上述分析来看,对奥尔曼《辩证法的舞蹈》的存在论研究事实上已经具备了可能性和必要性。但是,要把这种可能性转化为现实性,同时把这种必要性提升为必然性,就要求我们对《辩证法的舞蹈》进行一次专门的研究。从研究的具体进展来看,我们已经从问题与背景的角度分析了奥尔曼对马克思辩证方法解读的起源,从内容与路径的角度展示了奥尔曼对马克思辩证方法解读的逻辑,从对话与争论的角度说明了奥尔曼对马克思辩证方法的扩展。从三者之间的相互关系来说,中心问题在于奥尔曼对马克思辩证方法解读的逻辑,这个逻辑在《辩证法的舞蹈》中又表现为奥尔曼对马克思辩证方法解读的内容与路径,而第一章和第三章都是围绕第二章要么作铺垫,要么作展开之用的。因此,关于《辩证法的舞蹈》的存在论视域,本文拟就以下两个方面予以展开:

第一,奥尔曼对马克思辩证方法的主题的解读伴随有一定的存在论视域。

奥尔曼说:"首要的也是最重要的一点,在剥除这个或那个辩证学家附加的所有限定条件以后,辩证法的主体(应为主题)就是变化——一切变化和相互作用——一切性质和程度的相互作用。"①对于奥尔曼来说,变化和相互作用构成马克思辩证方法的对象和内容。在奥尔曼看来,这种变化和相互作用只能是关系的变化和相互作用,事物正是由于身处这种变化和相互作用的环境之中才得以存在的。

在《辩证法的舞蹈》中,奥尔曼指认马克思辩证方法的主题就是社会关系,这些关系都是资本主义社会的存在形式和存在规定,它们在马克思主义学说体系内部用范畴或概念来表达。马克思说:"经济范畴只不过是生产的

---

① [美]伯特尔·奥尔曼:《辩证法的舞蹈:马克思方法的步骤》,田世锭、何霜梅译,高等教育出版社2006年版,第72页。

社会关系的理论表现,即其抽象。……人们……按照自己的社会关系创造了相应的原理、观念和范畴。"[1]奥尔曼认为,马克思在《〈政治经济学批判〉导言》中首次(也是唯一的一次)集中论述了他对概念或范畴的态度和看法,并且提出了以概念或范畴作为中介的社会现实观,即通常所谓的社会现实无非是一种概念化的社会现实,而真正的社会现实是寓居于人的头脑之外但又相对于人而言的客观的东西。马克思辩证方法意在通过复杂多样的概念或范畴表达资本主义社会的各种不同的社会关系及其结构,换句话说,在马克思辩证方法的概念体系里,范畴不过是系统化或者理论化了的社会关系。当这些社会关系尚能存在的时候,与之相应的范畴才是真实的,因而是有意义的。对于奥尔曼来说,马克思辩证方法的对象和目标是以社会关系为本质内容的社会现实。

马克思缔造的科学的范畴观和现实观保证了他的辩证方法能够深入以社会关系为本质内容的社会现实。美国堪萨斯大学(University of Kansas)社会学系大卫·诺曼·史密斯(David Norman Smith)教授正确地指出:对于奥尔曼来说,辩证法的主体是所有的变化和各式各样的相互作用,也就是说,辩证法一定是变化和相互作用的辩证法。[2]在马克思辩证方法的概念框架中,一定数量的变化和相互作用始终是范畴所要表达出来的实体内容,而社会现实的本质内容即社会关系则是整个概念系统中不能再简化的最小单位了。因此,奥尔曼在《辩证法的舞蹈》中只能以社会关系作为自己的对象和主题。

马克思的范畴观和现实观是紧密相关的,两者共同契合着马克思辩证方法的主题。马克思把每个范畴都理解为社会本身的一个组成部分,即通常所说的"一个具体的、生动的、既定整体的、抽象的、单方面的关系";这个

---

[1] 马克思:《哲学的贫困》,载《马克思恩格斯选集》第1卷,人民出版社1995年版,第141—142页。
[2] David Norman Smith, *Review: Dance of the Dialectic: Steps in Marx's Method by Bertell Ollman*, Contemporary Sociology, Vol.33, No.6, (Nov., 2004), p.735.

范畴与一定社会的其他组成部分密切地联系在一起,从而共同构成一个独特的结构;以这个结构为基本组织形式的整体或者这个整体当中较为重要的组成部分,都在范畴当中得到了适当表达,既在范畴力求表达的东西中得到了体现,又在范畴自身的含义之中有其反映。按照这种范畴观,马克思卓越地提示出了范畴与现实之间的本质关联,即只有充分理解作为整体的社会现实的特征以及它的各个部分的结合方式和性质乃至这个现实整体的本质,才能达到对表现一定社会关系整体的范畴或诸范畴的恰当理解和认识。然而,这又与马克思的现实观密切相关的。奥尔曼指出:"马克思的社会现实观的与众不同之处通过他赋予具体的社会要素一系列属性而得到了最好的体现。"①在马克思辩证方法的视域中,资本、劳动、价值和商品都被理解为各种不同的社会关系,它们只能在各类社会关系之中才能加以理解。因此,就马克思的现实观来说,关注的焦点始终是社会要素之间的内在关系,而不是独立不依的单个要素。用奥尔曼的话来说,各个要素之间应当是一种本体论的关系。所以,在马克思研究资本主义社会的整个理论体系中,社会关系始终占据着极为重要而且基础的位置。对于奥尔曼来说,把社会关系确立为马克思辩证方法的主题具有一定的存在论视域。

第二,奥尔曼对马克思辩证方法哲学基础的解读直接触及存在论的根基。

奥尔曼认为,内在关系哲学是马克思辩证方法的哲学基础,它是对马克思辩证方法的对象和目标即现实进行规定的思想前提。奥尔曼认为,马克思辩证方法是无产阶级革命实践的自觉反映,由于社会—历史的复杂性,马克思主义的后继者们必须根据时代的需要和实践的要求重新解读马克思的辩证方法,使它的运用走向具体,易于实行。为此,奥尔曼重建马克思的辩证方法为"内在关系的辩证法",正如卢卡奇重建马克思主义辩证法为"总体

---

① [美]伯特尔·奥尔曼:《辩证法的舞蹈:马克思方法的步骤》,田世锭、何霜梅译,高等教育出版社 2006 年版,第 21 页。

性的辩证法"一样。国内学者田世锭已经通过对奥尔曼与卢卡奇的辩证法思想进行比较得出结论:两者共通的地方在于他们都认为马克思主义辩证法在本质上是一条通向现实的道路。①但是,这条通往现实的道路本质上是以对现实的理解和把握为前提的。为了澄清这个前提,奥尔曼在马克思主义发展史上首次把内在关系哲学作为辩证法的哲学基础,由此出发重建马克思的辩证方法,规定人们对现实的理解,这就直接触及马克思哲学的存在论根基。

奥尔曼认为,内在关系哲学最早可以追溯到古希腊哲学家巴门尼德,并首次于近代在斯宾诺莎的著作中获得了哲学上的重要性。经由斯宾诺莎和莱布尼茨对内在关系哲学的思想努力,黑格尔系统阐发了内在关系哲学的主要含义并建构出它的基本理论。马克思对黑格尔的批判保留了内在关系哲学框架,但坚决扬弃了他的全部形而上学内涵,由此把物质关系(material relations)提升为哲学思考的内容,从而使诸社会因素(social factors)之间的内在关系一跃成为理论探讨的焦点。按照奥尔曼的观点,内在关系哲学倒转事物时间在先为关系逻辑在先,从而为奥尔曼对马克思辩证方法的解读奠定了哲学基础,这个基础将制约奥尔曼在《辩证法的舞蹈》中打开的存在论视域。按照内在关系哲学,内在关系是现实的最基本单位。在奥尔曼的世界观里,内在关系主要有过程和关系两种形式。因此,根据奥尔曼的内在关系哲学,现实就是过程和关系的集合体。奥尔曼关于现实的过程观和关系观(notions of process and relation)为他对现实的规定提供了理论依据。

按照奥尔曼的内在关系哲学,任何事物都是一个过程,它的过去和将来都是它现在是什么的一部分,即任何事物的过去、现在和未来共同构成它的现实。这是现实的历史性维度,即所谓历史性的那一度。同样按照奥尔曼的内在关系哲学,任何事物都是一种关系,即它与其他事物之间的相互关系

---

① 田世锭:《"内在关系的辩证法"与"总体性的辩证法"——奥尔曼与卢卡奇的辩证法思想比较》,《烟台大学学报(哲学社会科学版)》2007年第2期。

是内在的,因而是该事物本身的一部分,参与它的现实的构建。这是现实的总体性维度,即所谓总体性的那一度。按照上述内在关系哲学的两个基本命题,作为马克思辩证方法的对象和目标的现实就是事物的历史性和总体性的双重统一,两者可以说是基于时间和空间两个维度的现实概念。此外,奥尔曼还提到了因果性(causality)概念,即前提和结果之间的内在关系。奥尔曼认为因果性概念充分表达宇宙万物之间内在相关的本质,是对马克思主义历史决定论的最好说明。在因果性概念中,前提(precondition)和结果(result)在时间中的内在关系构成历史性的那一度,构成对历史的现实的最好解释;它们在空间中的内在关系构成总体性的那一度,构成对社会的现实的最好解释。从历史性的那一度来理解,前提和结果之间的因果运动是双重运动;从总体性的那一度来理解,前提和结果之间的因果运动又是单一运动的两个不同的方面。于是,我们暂且把因果性看作历史性和总体性的统一,作为现实概念的第三个维度。总而言之,内在关系哲学对于现实的规定包括三个方面:历史性、总体性以及两者的统一,即因果性。奥尔曼在《辩证法的舞蹈》中对现实的三重规定和把握直接触及了马克思哲学的存在论根基。然而,只有掌握奥尔曼对马克思辩证方法解读的哲学基础,我们才能避免在对现实进行理解和把握时陷入无力量的主观(执迷于思想)和无意义的客观(拘泥于事实)的两难困局之中。

上述两个要点表达了奥尔曼在《辩证法的舞蹈》中打开的存在论视域。奥尔曼对马克思辩证方法的解读实际上是要通过这种已经打开的存在论视域为他提出的作为真正的现实的共产主义作论证的,这个共产主义在《辩证法的舞蹈》中是以"潜在"的形式出现的。换言之,奥尔曼对马克思辩证方法的解读实际上就是要通过一定的存在论视域对共产主义的可能性进行理解(经由内在关系哲学获得奠基)、研究和叙述(通过抽象过程得以实现)。由此可见,对奥尔曼关于马克思辩证方法解读的存在论研究不仅具有理论的意义,而且具有现实的意义。

第二节　奥尔曼的解读对当代社会的影响

本书立足奥尔曼对马克思辩证方法的解读，以《辩证法的舞蹈》为主要对象，对奥尔曼的辩证法思想进行了综观和定性。我们对《辩证法的舞蹈》的存在论研究只是为理解和把握奥尔曼在对马克思辩证方法进行解读的过程中重建该方法的主要方面，但是其落脚点却是要归结到奥尔曼关于马克思辩证方法解读可能的影响。笔者主要是从理论和实践两个方面来述说奥尔曼的这种影响的。

一、奥尔曼的解读在理论领域的作用

奥尔曼认为，马克思的资本主义理论是通过他的辩证方法建构出来和以之为其理论基础的。奥尔曼关于马克思辩证方法的解读也是为了更加深刻地领会和把握马克思的资本主义理论，从而进一步发展这种理论和对当代资本主义进行辩证的分析。对于奥尔曼来说，领会和把握马克思的资本主义理论以及发展这种理论都是通过切中社会的现实这个理论主题才得以实现的。因此，奥尔曼对马克思辩证方法解读的理论影响可以从它切中了现实这个理论主题来加以阐述。

奥尔曼关于马克思辩证方法的解读是建立在唯物主义的基础之上的。奥尔曼认为，与黑格尔的辩证方法不同，马克思的辩证方法是唯物主义性质的，而前者只不过是在观念领域活动的辩证方法。通过《辩证法的舞蹈》，我们可以知道，马克思对资本主义的研究并不是停留在观念层面上，而是深入到人们的实际生活过程，毋宁说是深入到作为现实的生活内容之中了。因此，所谓奥尔曼对马克思辩证方法的解读由以奠基的唯物主义中的"物"不是指别的什么，而是指现实。

奥尔曼对马克思辩证方法解读得以在理论上切中现实这个主题有两个契机。第一，资产阶级意识形态对现实的遮蔽。奥尔曼指出：资产阶级意识形态的目的在于使人们接受现状，或者至少让人们对改善现状的可能性感到迷茫。因此，它的工作要点无非是迫使人们将注意力集中在任何事件或者制度直接可见的方面，而忽略了它的历史起源和潜在的改变可能性以及它所置身于其中的更大背景。这就造成了非常严重的后果，即一系列片面的、静止的、孤立的观念的混合物，这些杂烩不过是资本家禁锢人们思想的忠实反映罢了。在奥尔曼看来，资产阶级意识形态的性质和特点是：作为本来不能分离的东西的有意识分离，从而使事情本身遭受歪曲，资产阶级意识形态在思维中再现了异化人类的碎片生活，同时还使这些异化的人们领会和把握他们的异化现实变得越来越困难。与此有关的一个经典案例就是知识人为地分割为各个不同的学科，而且在各个学科之间没有交流。

第二，资本主义作为一个整体已经从人们的视野中消失。奥尔曼说："我们的环境作为一个整体总会对其内部所发生的一切产生决定性的制约作用。"① 奥尔曼认为，资本主义是一个由价值规律以及与之相伴随的货币权力所支配和控制的社会有机体，资本主义社会的统治阶级会刻意地隐瞒并且力图否认这一点，而"社会存在"在资本主义条件下日趋破碎和不完整以致人们习惯于关注非常片面的孤立事实，比如一个人、一份工作和一套住房等等，这就忽视了事实之间的内在关系。在奥尔曼看来，人的理解能力和统治阶级所能允许的程度是关系到这些问题可见还是不可见的事实。根据奥尔曼的观点，资本主义并不是一种可以直接看到的东西，而倘若人们没有看到资本主义，那就根本谈不上理解资本主义了，而马克思的学术关注点正是资本主义。总之，奥尔曼认为，只有掌握马克思的辩证方法，马克思的所有理论才有可能被恰当地理解、评价和应用，而这正昭示着奥尔曼对马克思辩

---

① ［美］伯特尔·奥尔曼：《辩证法的舞蹈：马克思方法的步骤》，田世锭、何霜梅译，高等教育出版社2006年版，《序言》第3页。

证方法解读在理论上发挥作用的契机。

奥尔曼对马克思辩证方法的解读在理论上获得影响是有历史渊源的。卢卡奇在纠正第二国际理论家的错误时主张马克思直接衔接着黑格尔,这固然代表着恢复马克思与黑格尔在本体论上的关联,但是马克思的辩证方法与黑格尔的辩证方法是有原则区别的。因此,问题在于弄清马克思与黑格尔之间的联系和区别到底在哪里。卢卡奇说:"马克思对黑格尔的批判是黑格尔自己对康德和费希特的批判的直接继续和发展。"①黑格尔对康德和费希特不满的地方在于他们主观地设想社会的现实,而不能深入客观事物之中。马克思对黑格尔的批判依然是对黑格尔的辩证方法最终遮蔽了社会的现实而言的。如果说,马克思主义的当代性是就马克思对黑格尔的决定性超越来说的,可以说,马克思辩证方法的首要功能在于把握社会的现实并且持之不坠,因为马克思主义的当代性首先而且主要在于它是立足现实而非事实的理论,而马克思的辩证方法正是马克思主义世界观的基础和灵魂。马克思主义在当今世界的生命力在于它实际上是资本文明的自我揭示和自我否定,而马克思的辩证方法对于人们把握这种揭示和否定是起到了重大的基础作用的,因为其批判的和革命的双重本质始终是而且集中表达了马克思辩证方法的优越性之所在。

德国哲学家伽达默尔说:"黑格尔哲学通过对主观意识观点进行清晰的批判,开辟了一条理解人类社会现实的道路,而我们今天仍然生活在这样的社会现实中。"②黑格尔把外在世界和内心存在中转瞬即逝而且没有意义的现象,划出现实的范围并保留真正的现实,从而使现实首次成为哲学加以探讨的内容。黑格尔说:"应将哲学的内容理解为属于活生生的精神的范围、属于原始创造的和自身产生的精神所形成的世界,亦即属于意识所形成的外在和内心的世界。"③黑格尔在现代形而上学的范围内规定了现实这项重

---

① [匈]卢卡奇:《历史与阶级意识》,杜章智、任立、燕宏远译,商务印书馆1999年版,第67页。
② [德]伽达默尔:《哲学解释学》,夏镇平译,上海译文出版社2004年版,第113页。
③ [德]黑格尔:《小逻辑》,贺麟译,商务印书馆1980年版,第43页。

要的哲学课题。

在黑格尔之后,马克思充分肯定黑格尔通过批判地瓦解主观思想开辟出一条理解和深入现实的道路,但同时指证并且批判了他的思辨唯心主义哲学仅仅满足于理性与现实的和解。马克思认为,黑格尔哲学是非批判的实证主义和同样非批判的唯心主义。①为了彻底终结黑格尔的唯心主义哲学对社会现实的再度遮蔽,马克思借助费尔巴哈的哲学成果纠正了黑格尔在市民社会和政治国家两者之间主谓关系的颠倒,并且开始尝试从市民社会及其本质的矛盾和冲突中探究社会现实。马克思说:"对市民社会的解剖应该到政治经济学中去寻求。"②马克思在《资本论》中对古典政治经济学进行批判的理由也就在这里。总之,马克思通过对黑格尔哲学所代表的现代性意识形态的批判和对从亚当·斯密开始到大卫·李嘉图结束的古典政治经济学的批判来重新确立社会的现实这个哲学主题的重要性的。

从黑格尔以后,特别是自马克思以来,社会现实就开始作为一项特别重要的哲学主题显现出来。如果要从哲学上来谈论社会现实这个主题,任何事实或者诸事实的集合,抑或那些为世人直接知觉到的某种现成之物,或者他们直接经历过的各种事件都不是真正的现实,毋宁说这些都是黑格尔所谓常识的理智所持有的一般观点。与之相反,上述常识理智所述说的一切都是通过现实来得到规定的。然而,现实,特别是社会的现实,并不是要低估或者贬抑细节和事实的全部意义,而是强调不能把现实归结为这些事实和细节。因此,发现并切中社会的现实对于当代学者,尤其是马克思主义学者来说就是一项极为重要的思想任务。现实固然不是现成的、直接被给定的东西,然而,我们依然需要确保所有细节或者事实的真实,赋予它们意义,还要在思维中再现和把握这些因素之间的内在关系。在马克思看来,现实

---

① 马克思:《1844年经济学哲学手稿》,人民出版社2000年版,第99—100页。
② 马克思:《〈政治经济学批判〉序言》,载《马克思恩格斯选集》第2卷,人民出版社1995年版,第32页。

就是人们能动的现实生活过程,任何一般原则只有深入于这样的实际生活过程中才能崭露其方法论上的重要性,否则就会沦为类似外部反思的主观意识之类的教条而变成纯粹的抽象。根据马克思的观点,现实就是人类现实生活过程中形成和实现的全部社会关系。

卢卡奇说:"如果摒弃或者抹杀辩证法,历史就变得无法了解。这并不是说,没有辩证法的帮助,就无法对特定的人或时代做出比较确切的说明。但是,这的确使得不可能把历史了解为一个统一的过程。"①这里的辩证法指的正是马克思主义辩证法。奥尔曼也极为重视马克思主义辩证法在正确认识资本主义现实方面的重要作用,他认为马克思主义辩证法是研究由处于不断演进之中的相互依存的过程所构成的世界的唯一明智的方法②。奥尔曼在对马克思辩证方法进行解读的过程中切中了现实这个哲学主题并由此发挥其在理论领域的作用。

首先,奥尔曼通过对马克思辩证方法的解读阐发了自己对于社会现实的哲学理解。在《辩证法的舞蹈》的序言中,奥尔曼认为马克思的辩证方法是对运动变化和相互作用的自觉反映。社会现实正是把运动变化和相互作用涵盖在内的哲学范畴的外在显现,它的基本组成包括世界是什么,我们是谁,以及我们如何进行研究③。奥尔曼说:"现实不只是现象,如果只关注现象,只关注那些当下和直接给我们留下印象的证据,就具有相当的误导性。"④奥尔曼指出:任何有关现实的核心观念本身都要被当作关系的集合体来对待,这种关系不仅是一种系统关系,而且是一种历史关系。马克思的辩证方法要求我们扩展关于任何事物的观念,即把任何事物的形成过程及其

---

① [匈]卢卡奇:《历史与阶级意识》,杜章智、任立、燕宏远译,商务印书馆1999年版,第60—61页。
② [美]伯特尔·奥尔曼:《辩证法的舞蹈:马克思方法的步骤》,田世锭、何霜梅译,高等教育出版社2006年版,第203—204页。
③ [美]伯特尔·奥尔曼:《辩证法的舞蹈:马克思方法的步骤》,田世锭、何霜梅译,高等教育出版社2006年版,第4页。
④ [美]伯特尔·奥尔曼:《辩证法的舞蹈:马克思方法的步骤》,田世锭、何霜梅译,高等教育出版社2006年版,第6页。

所属的系统背景,都当成它本身的组成部分,这是真正关于现实的哲学观点。按照马克思的辩证方法,社会的现实是由过程(历史过程)和关系(系统关系)两者组成的,换言之,现实概念包含历史关系和系统关系两个维度。从历史维度来说,奥尔曼主张将事物的历史和可能的未来纳入该事物的现实之中;从系统维度来说,奥尔曼主张把系统内部"一事物"与"它事物"之间的关系也理解为该事物是什么的重要组成部分。为了在思维中再现和把握现实,奥尔曼在对马克思辩证方法解读时通过划定界限确立了思考的最小单位,也就是思想的要素。在奥尔曼看来,通过感官进入我们的知觉范围内的各种属性只不过是自然界向我们显现出来的现象,因而只是自然界的一部分,而探求一种事物何以结束和另一事物何以开始的所谓真正现实则是社会性的和精神性的建构。奥尔曼还指出,要素既是其本身,又是这一要素与其他要素之间的关系,这种关系只有在一个系统内部才是可能的。奥尔曼说:"对马克思社会现实观中的所有要素而言,关系都是不能简化的最小单位。"①

其次,奥尔曼的解读揭示了马克思的辩证方法无论在"源"上,还是在"流"上都是与现实主题有关的。奥尔曼认为,马克思的辩证方法在"源"上来自马克思置身于其中的刚刚趋于成熟的资本主义现实生活;在"流"上则要追溯到斯宾诺莎、莱布尼茨和黑格尔的有关思想。在奥尔曼看来,资本主义社会的独特之处就在于,它把一切主要的生命功能以及越来越多的次要功能都统一到由价值规律和与之紧相伴随的货币权力所主导的单个有机体中,却又频繁借助资产阶级意识形态之蔽极力隐瞒乃至否认这一点。马克思说:"这是一种普照的光,它掩盖了一切其他色彩,改变着它们的特点。这是一种特殊的以太,它决定着它里面显露出来的一切存在的比重。"②资本主

---

① [美]伯特尔·奥尔曼:《辩证法的舞蹈:马克思方法的步骤》,田世锭、何霜梅译,高等教育出版社2006年版,第22—23页。
② 马克思:《〈政治经济学批判〉导言》,载《马克思恩格斯选集》第2卷,人民出版社1995年版,第24页。

义社会的单向度发展促使人们倾向于关注支离破碎的事物而忽视乃至否认诸事物之间的内在关系。与之遥相呼应,人文社会科学的分门别类打破了人类知识的整体格局,相反却强化了学科之间僵硬对立的趋势,而这又进一步阻挡了现实进入人们的理论视野之中。奥尔曼在对马克思的辩证方法进行解读的过程中,将其运用于构成资本主义基本关系范式的内在关系之中,以便让资本主义作为范式体系呈现在人们的视野之中,并且使这种现实在社会层面上能够得到自我解释和生成。在马克思那里,整个资本主义,作为具体的总体,它的产生、发展和灭亡是马克思的辩证方法需要解答的问题。

再次,奥尔曼对马克思辩证方法的解读解释了这样一种现实概念,即对现在的认识与对于过去和将来的认识须臾不可分离。奥尔曼主张采用马克思逆向研究历史的方法认识过去,这样"我们就能够接近对过去如何发展到现在的最好认识"[①]。马克思研究历史的独特方法根源于他对黑格尔内在关系哲学的接受,而这种哲学又构成马克思辩证方法的存在论基础。按照马克思的观点,为了便于把事物的形成过程,连同与它们此时如何表现和发挥作用有关的性质一起,作为这些事物是什么的一部分,奥尔曼使用前提和结果的观念来表示过去和现在的关系。前提和结果的观念通过使运动变化和相互作用的一定方面成为明确的关注焦点而使马克思能够更加有效地进行现实方面的研究。在马克思辩证方法的视野中,前提和结果表现为一种双重运动,两者必须能够被动态地和有机地加以把握,也就是说,既要把它们看作形成过程中的两种运动,又要同时把它们看成是同一种运动的两个方面。在资本主义生产方式的范围内,马克思的辩证方法对于分析前提和结果的系统的和历史的连接是一条可行的理论路径。奥尔曼说:"现阶段的资本主义所具有的特征是,它比以前要复杂得多,其变化和相互作用比以前要

[①] [美]伯特尔·奥尔曼:《辩证法的舞蹈:马克思方法的步骤》,田世锭、何霜梅译,高等教育出版社2006年版,第145页。

迅速得多。"①在奥尔曼看来,要想从资本主义的角度认识社会主义和共产主义,不但要看到资本主义自身的辩证发展,而且同样要依靠对马克思辩证方法的重新解读,苏东剧变后造成的社会主义信念危机更加证明了这一需要。奥尔曼在对马克思辩证方法进行解读的过程中清晰地解释了马克思如何能够在批判旧的资本主义社会中发现新的共产主义潜在。奥尔曼指出:如果不懂马克思的关系观,就不懂马克思的辩证方法,也就不能对现实有所洞见。这个观点恰当地指出了马克思的辩证方法与社会现实之间的本质关联。

最后,如何认识当代资本主义已经成为今天人类面临的一个最迫切、最重要的理论课题。奥尔曼希望能够经由社会现实的发现对此做出正确的回答,从而解决未来人类究竟往哪一个方向发展,以及究竟如何发展的问题。他对当代资本主义的辩证分析进一步表明了马克思主义辩证法与社会现实之间的本质关联,至少可以看作探索这个本质关联的一种理论尝试。现今的学术界由于各种知识之间相互启发的和谐关系不复存在,造成"知行之间的古老联系已经被割裂了,以至于学者们能够在为自己对越来越少的对象知道得越来越多而感到骄傲的同时,否认对自己作品的全部责任"②。要想摆脱这种状态,就必须重提辩证的方法,特别是马克思关于辩证方法的理解和运用。只有通过系统研究马克思的辩证方法,"对任何事物的研究才会立即使人卷入对它的历史和包含它的系统的研究"③,从而有助于我们通达资本主义社会的现实总体。

在理论方面,奥尔曼的解读至少澄清了三点认识:一是马克思的辩证方

---

① [美]伯特尔·奥尔曼:《辩证法的舞蹈:马克思方法的步骤》,田世锭、何霜梅译,高等教育出版社2006年版,第204页。
② [美]伯特尔·奥尔曼:《辩证法的舞蹈:马克思方法的步骤》,田世锭、何霜梅译,高等教育出版社2006年版,第5页。
③ [美]伯特尔·奥尔曼:《辩证法的舞蹈:马克思方法的步骤》,田世锭、何霜梅译,高等教育出版社2006年版,第6页。

法在强调整体的基础上并不贬低和忽视细节;二是马克思的辩证方法并不过于要求迅速地达到结果,从而拒斥把发展的萌芽催化为完成形式的倾向;三是马克思的辩证方法在不高估现实变化速度的同时,也不低估现实发展中的一切阻力。从这三点认识来看,它们全都是关乎现实这个哲学主题的。在社会现实这个哲学主题上,奥尔曼经由马克思辩证方法的解读阐明了这一方法的主要优点:(1)马克思的辩证方法内在地包含研究资本主义社会(包括——由于辩证法的要求——它的起源和可能的未来)的系统方法;(2)马克思的辩证方法包含统一的知识理论(体现在马克思主义的尚不完整的理论中);(3)马克思的辩证方法使得对非辩证方法的持续批判成为可能(体现在奥尔曼关于意识形态的全部论述中);(4)马克思的辩证方法同时强调知行之间的一种必然联系,这是最引人注目的。

奥尔曼在对马克思的抽象过程进行解读时也是以现实主题为旨归的。奥尔曼强调内在关系哲学和抽象过程对于重新解释马克思辩证方法的重要性。从抽象过程来说,奥尔曼主张马克思辩证方法的独特之处恰好在于它能够在抽象过程中把变化和相互作用纳入思想之中并给予充分的思考和估量。奥尔曼认为,马克思所有关于现实的思考都是从将其分解为可控制的要素开始的,而这又是在抽象过程中得以实现的。奥尔曼对马克思的抽象过程表述如下:"从'现实的具体'(将其自身展现在我们面前的世界)出发,经过'抽象'(将这个整体分解成我们用来思考它的精神要素的思维活动)到达'精神上的具体'(在头脑中被重构并且于当下被理解的整体)。"①奥尔曼说:"存在的现实可以是一个整体,但为了被思考和传达,它必须被分解。"②所谓分解,无非就是马克思在抽象过程中充分挖掘现实的要素。由于社会

---

① [美]伯特尔·奥尔曼:《辩证法的舞蹈:马克思方法的步骤》,田世锭、何霜梅译,高等教育出版社2006年版,第72页。
② [美]伯特尔·奥尔曼:《辩证法的舞蹈:马克思方法的步骤》,田世锭、何霜梅译,高等教育出版社2006年版,第73页。

世界的复杂性,人们在思考任何对象的过程中,都只能关注它的某些方面而不是全部的性质和关系。因此,我们有必要在抽象过程中将那些需要关注的性质和关系与暂时需要被忽略的性质和关系区分开来。这种划定界线的精神活动正是奥尔曼所谓的抽象。

在奥尔曼看来,如果考虑到物质世界和我们在其中的经验的混合影响,以及个人愿望、团体利益和其他社会因素的制约,马克思辩证方法中的抽象过程将确立起人们与之相互作用的对象的特性。这种特性的确立主要有两个好处:(1)事物被归类,即划到一定范围中去了;(2)这个范围的边界得到确定,即事物所属的类从哪里开始到哪里结束变得清清楚楚。奥尔曼认为,只有在对马克思的抽象过程中体会马克思的辩证方法,我们才能了解马克思何以能够专心致志于事物之间的一系列非常具体的关系,而这些关系又是事物本身的一个有机组成部分,而这些都是现实的本质内容。奥尔曼由此批评了人们无批判地接受他们认为是其文化遗产的一部分的精神要素的错误做法,再加上社会上有不少人在思想上陷入懒惰,他们对马克思的抽象过程并不是很了解。因此,奥尔曼在解读马克思辩证方法的过程中又把抽象过程作为这一方法的关键因素来对待。

奥尔曼将内在关系哲学和抽象过程作为重新解读马克思的辩证方法的两大支柱,不仅实现了这一方法在理论上的当代化,而且为我们开辟了理解社会现实的新道路。奥尔曼指出:那种以为马克思是在试图将一种关系的条件歪曲为居于事物之间的东西的想法是错误的,因为马克思并未把事物简单地说成是关系,而只是说事物只有在关系中才能得到理解。奥尔曼说:"事物是通过与包括具有物质和社会特征的人在内的其他事物间的时空联系而产生和发挥作用的。"[1]奥尔曼对马克思辩证方法的解读切中了社会现实这个理论主题,在哲学思想领域产生了重要的影响。

---

① [美]伯特尔·奥尔曼:《辩证法的舞蹈:马克思方法的步骤》,田世锭、何霜梅译,高等教育出版社2006年版,第40页。

二、奥尔曼的解读在实践领域的应用

田世锭教授在《奥尔曼"内在关系的辩证法"视角下的当代资本主义》中将奥尔曼对马克思辩证方法解读的成果概括为"内在关系的辩证法",并以此为视角对当代资本主义进行较为具体的阐发,从而解释了奥尔曼的解读在社会实践上的意义。田世锭教授通过内在关系哲学、抽象(过程)和逆向研究历史重建马克思的辩证方法为"内在关系的辩证法",并对当代资本主义的存在方式、(内在)本质、发展脉络进行了全方位的解读,这在某种程度上代表着奥尔曼关于马克思辩证方法的解读对于分析和解决当代资本主义问题上的意义。笔者认为,田世锭教授在其专著中所涉及的这种理论影响依然属于我们在本节第一部分所谈到的切中现实这层意思。在笔者看来,奥尔曼对马克思辩证方法的解读可能的影响绝不止它在理论上的影响,在社会实践方面也会有自己的影响力的。我们之前谈到过奥尔曼作为卓越的马克思主义学者和坚定的马克思主义者这两重身份,这就直接预示着奥尔曼对马克思辩证方法的解读不是纯理论的,而毋宁说是有其实践意义的。本书的最终落脚点是要从一个旧的角度——当代资本主义——来阐述奥尔曼对马克思辩证方法解读的实践影响。奥尔曼通过对马克思辩证方法的解读为资本主义的暂时性和社会主义的必然性所做的论证,不但进一步确证了马克思的"两个必然",而且挫败了反马克思主义者对马克思的"两个决不会"的肆意歪曲,从而在实践上推进了我们变革当代资本主义和建设中国特色社会主义的历史进程。

奥尔曼对马克思辩证方法的解读是建立在一定的历史背景基础之上的。按照奥尔曼的说法,这些历史背景主要表现为当代资本主义的语境,它们分别是:一、当代资本主义是一个"比以前要复杂得多,其变化和相互作用比以前要迅速得多"且"从来没有如此充满着辩证法"的"巨大的引力场",离开辩证法,它就不能被看到,更谈不上被正确认识;二、苏东剧变使社会主义遭到了"沉重打击",许多人由此丧失了对社会主义的信心,将一切形式的社会主义都看成乌托邦,离开辩证法,既不能揭示社会主义取代资本主义的必然性,又不能展现"隐藏"在当代资本主义之中的社会主义潜在,因此,也就不能使遭到"沉重打击"的社会主义重新赢得人们的信服并完善它自己的潜在;三、当代资本主义的统治阶级"阻止我们理解正在发生的事情的努力也从来没有如此切实可行或有效",离开辩证法,就不能"切实可行或有效"地应对这种努力的挑战,以正确对待当代资本主义,揭示"我们的民主资本主义社会正在变成什么样子"。我国著名学者陈学明教授说:"如何认识当代资本主义已成为今天人类所面临的一个最迫切、最重要的课题,能否对此做出正确的回答,直接关系到未来人类究竟往哪一个方向发展,以及究竟如何发展,也就是说,直接关系到人类的前途和命运。"①在陈学明教授看来,对于马克思主义者来说,当代资本主义批判依然是一项未完成的实践课题。笔者认为,这种批判不应该仅仅是理论的评判,应该是实践上的批判。由此说来,我们应该使奥尔曼对马克思辩证方法的解读成果走向实践,走进生活。对于当代中国和当今世界来说,我们面临的最大实践就是要变革当代资本主义和建设新时代中国特色社会主义。因此,只有深入阐发奥尔曼关于马克思辩证方法的解读及其当代意义,我们才能领会和把握这一方法与社会实践的关系,进而通过具有原则高度的实践进一步推动我国的社会主义现代化建设。

第一,奥尔曼对马克思辩证方法的解读对于我们变革当代资本主义具有重要的实践意义。苏东剧变以后,当代资本主义出现了许多新的变化,它在生产资料所有制的实现形式、劳资关系和分配关系的调整、社会的阶级结构和调节机制,以及应对经济危机、政治危机和社会危机时所采取的处理方式都与以往有很大的不同。面对当代资本主义的新变化和"一球两制、社资

---

① 陈学明:《驶向冰山的泰坦尼克号:西方左翼思想家眼中的当代资本主义》,人民出版社2007年版,第2页。

共存"的现实，我们不仅需要根据奥尔曼对马克思辩证方法解读的成果，以一种未来的眼光，也就是以未来为角度审视我们现在应该做些什么，而且还要在这种变革当代资本主义的实践中深入领会和把握当代资本主义和社会主义及共产主义的将来之间的内在关系，不断扬弃当代资本主义，而不是一味否定当代资本主义。经由奥尔曼对马克思辩证方法的解读，我们不但在思维中再现了马克思辩证方法的批判本质，而且同时再现了它的革命本质。所谓革命的本质，无非是要求马克思的辩证方法深入实践的本质。对于奥尔曼来说，马克思辩证方法的革命性不仅体现在它帮助我们将当代资本主义看作一个暂时的历史阶段，而且促使我们在掌握当代资本主义的来源和趋势的基础上，对当代资本主义的历史进程以及在这个历史过程中所有的人和事之间的相互联系以及它们各自发挥的历史作用产生实际的影响。根据奥尔曼对马克思辩证方法解读的逻辑，这种实践意义是从以下两个方面展开的。

奥尔曼对马克思辩证方法解读的实践意义首先体现在这种解读促使我们以将来为角度审视我们现在应该做些什么。奥尔曼在解读马克思辩证方法的过程中充分认识到马克思对资本主义的研究和批判是建立在一种未来的向度的基础之上的，以至于奥尔曼本人还深入探讨了马克思的共产主义观并对之作了详细的考察。在传统的阐释路线中，我们往往根据现实生活中的异化劳动及其后果对资本主义进行批判和改造，但是，如果没有一种将来的维度，这种批判和改造就不是充分的，也不是最有效的。在揭示资本主义的历史命运的过程中，马克思的"两个必然"的历史结论，也就是"资产阶级的灭亡和无产阶级的胜利同样是不可避免的"的历史结论始终代表着我们由之出发的将来维度，这是奥尔曼对马克思辩证方法的解读所启示给我们的。以这种将来维度为视角，我们不仅能够确信当代资本主义被取代的历史必然性，而且更加懂得实际地参与这种历史的变迁。奥尔曼对马克思辩证方法的解读实现了方法与实践的联结。在奥尔曼看来，马克思辩证方法的实在性就在于它能够深入实践并且要求实践主体把自身也看作实践中的一部分，而不是与实践本身处于一种外部关系之中；不但诉诸理论的表达，而且要求实践的表达。葛兰西认为唯一的哲学就是生活本身，马克思辩证方法经由奥尔曼的当代解读也应当成为当今生活的自身反映。因此，在马克思辩证方法的视域中，以将来为角度，我们在变革当代资本主义的实践过程中不能立足旁观者的立场，而是应当直接深入这种实践中主体与客体的统一中去。换言之，马克思的辩证方法只有参与到我们变革当代资本主义的现实运动当中去，才能实现和体现自己，从而获得生命和价值。要而言之，马克思的辩证方法与变革当代资本主义的社会实践之间的联结标志着奥尔曼对马克思辩证方法解读的实践意义。改变世界是马克思辩证方法的首要功能。

　　奥尔曼对马克思辩证方法解读的实践意义还体现在这种解读必然要求我们在变革当代资本主义的实践中深入领会和把握当代资本主义与社会主义和共产主义的将来之间的内在关系，不断扬弃当代资本主义，而不是一味否定当代资本主义。这就要求我们在否定当代资本主义的同时还要看到当代资本主义在发展过程中可以被吸纳和利用的方面。在奥尔曼解读马克思辩证方法的过程中，内在关系是最为重要的范畴，也就是奥尔曼对马克思辩证方法解读的核心范畴，国内学者田世锭教授甚至据此把奥尔曼对马克思辩证方法解读的成果称为"内在关系的辩证法"。所以，奥尔曼通过对马克思辩证方法的解读不但在理论领域澄清了当代资本主义与社会主义和共产主义之间的内在关系，而且还在实践领域践行这种内在关系，从而要求我们在理论上和实践上对当代资本主义进行双重批判时始终采取一种扬弃的态度，也就是否定中包含肯定的态度，而不是一种简单否定的态度。因此，奥尔曼在解读马克思辩证方法的过程中强调叙述和实践两个环节的重要性。从叙述这个环节来说，马克思的方法要求任何旨在批判当代资本主义的理论都要面向大众，能够为大众所领会和把握，至少是以便于人们在社会实践中宣传和传播这种理论的方式。从实践这个环节来讲，马克思的辩证方法又要求我们在理解和解释它时尽可能地提高受众的阶级意识和行动能力，而不是停留在理论层次和意识内部。对于奥尔曼来说，他对马克思辩证方法的解读不仅可以让人们确信社会主义和共产主义作为"潜在"存在于当代资本主义的语境之中，而且还诉诸人们从这种当代资本主义的语境中拯救出我们所期待的社会主义和共产主义因素。为此，奥尔曼在对马克思辩证方法解读的过程中始终强调把这种方法交给参与对当代资本主义进行实践批判的人们，这实际上也是我们今天仍然需要推动实现马克思主义大众化的深层动因。

第二，奥尔曼对马克思辩证方法的解读对于我们建设中国特色社会主义具有重要的实践意义。在当代资本主义发生深刻变化的同时，我们的中国特色社会主义事业也在蓬勃发展起来，阔步迈入新时代。我们在持续推进中国特色社会主义的事业过程中，需要借鉴国外的理论成果，这种来自国外的成果当中最为重要的是国外学者在方法领域的思想成果。与技术、资金等物质方面的手段相比较，理论和方法反而显得更为重要；在理论当中，马克思的辩证方法最受人关注。这个结论是由人类历史的发展过程来证明的。恩格斯说："一个民族想要站在科学的最高峰，就一刻也不能没有理论思维。"[①]对于恩格斯说来，辩证法是理论思维的最高形式，它是一门科学。马克思的辩证方法就是这样的理论思维。陈学明教授说："对于马克思主义来说，辩证法只可能是一种历史方法。"[②]毋庸置疑，陈学明教授的观点继承了自从卢卡奇以来的西方马克思主义理论家在关于马克思辩证方法问题上的基本见解。奥尔曼在对马克思辩证方法解读的过程中把马克思的方法与马克思的辩证法作为同义词来使用，也说明了当代英美马克思主义者和传统西方马克思主义者在某种程度上的一致。在《辩证法的舞蹈》这本书中，

---

① 马克思、恩格斯：《马克思恩格斯全集》第20卷，人民出版社1971年版，第384页。
② 陈学明、王凤才：《西方马克思主义前沿问题二十讲》，复旦大学出版社2008年版，第87页。

奥尔曼对马克思辩证方法的解读虽然是基于当代资本主义的历史语境,国内学者对奥尔曼关于马克思辩证方法的解读的诸多研究也主要是以当代资本主义为阐释的视域和立足点,但是,从奥尔曼解读的实际情况来看,这种解读是可以为我们在新时代建设中国特色社会主义的过程中加以应用的。

奥尔曼对马克思辩证方法的解读使我们进一步认识到这种方法绝不是抽象的理论教条,而是直接指向具有丰富历史内涵的中国特色社会主义建设实践的。马克思的辩证方法是马克思主义给予我们最为宝贵的理论财富,它与一些具体的理论观点比较起来是具有本质的重要性的,因为这种方法在本质上——经由奥尔曼在《辩证法的舞蹈》中展开的研究——是现实的自我运动过程,它是对现实的发现、改变和塑造。在奥尔曼的解读中,我们可以了解,马克思的辩证方法首先是一种世界观(通过内在关系哲学),其次是一种认识论和方法论(诉诸抽象过程),但是无论作为一种世界观,还是作为一种认识论和方法论,马克思的辩证方法本质上都是与现实联结在一起的,这种联结意味着世界自身之改变,而作为主体的我们则已经成为世界自身的一部分。因此,奥尔曼关于马克思辩证方法的解读对于中国特色社会主义的实践意义就在于它在充分认可和确证我们作为建设主体的历史地位的同时,还把我们本身看作中国特色社会主义的一部分,也就是说,我们既是中国特色社会主义事业的主体,也是中国特色社会主义事业的客体。在建设中国特色社会主义事业的过程中,我们不但在实践中改造世界,而且同时改造我们自身,因为我们自己就是这个世界的一部分。当代中国已经进入经济全球化和政治多元化的世界格局之中,我们理应关注来自美国的学者对马克思辩证方法解读的理论成果,深入领会和评判这种解读对于我们的中国特色社会主义所具有的实践意义。

奥尔曼对马克思辩证方法的解读还有助于我们在建设中国特色社会主义的实践中摆脱经验主义和教条主义的束缚,正确处理前进过程中遇到的各种各样的问题。在当代中国坚持和发展马克思主义,本质上就是要自觉参与和投入到中国特色社会主义的实践中来。我们在建设中国特色社会主义的实践中,始终要与经验主义和教条主义划清界限,因为上述两种主义都是主观主义在实践中的表现形式,而主观主义是同现实相脱离的。奥尔曼对马克思辩证方法解读的一个重要成果就在于他同时在理论和实践两个层面上对主观主义进行反拨,从而在双重意义上切中了现实这个理论主题,我们已经对此有所论述。我们在理论上对唯心主义和机械唯物主义的反动也是因为这两种主义是主观主义在理论上的表现形式。因此,我们仍然要在新时代建设中国特色社会主义的实践中不断抵制来自经验主义和教条主义的消极影响,从而有可能与当代中国的现实相切近。马克思说:"理论在一个国家实现的程度,总是决定于理论满足这个国家的需要的程度。"[①]马克思主义在理论上的发展不是没有根基的,这个根基恰好在于它能够满足这个或者那个国家的需要,也就是要立足所处国家的现实,从而使自身在理论批判和实践批判的活动中始终立于不败之地。然而,我们之所以能够切中问题中的现实,恰恰来源于我们对马克思辩证方法的正确解读。在这种意义上,我们对奥尔曼关于马克思辩证方法解读的研究是有实践意义的。奥尔曼注重从过程和关系两个维度去理解和阐发马克思的辩证方法,某种程度上为我们理解马克思的现实概念提供了指导。对于马克思来说,真正的现实乃是人的能动的生活过程,是人们的实践活动和实际发展过程。马克思说:"从前的一切唯物主义(包括费尔巴哈的唯物主义)的主要缺点是:对对象、现实、感性,只是从客体的或者直观的形式去理解,而不是把它们当作感性的人的活动,当作实践去理解,不是从主体方面去理解。"[②]由此看来,马克思的现实概念并不是静止的,而是表现为一个活动过程。毋宁说,马克思把现实理解为人们在实际生活过程中形成和实现的全部社会关系。这就为我们在建设中国特色社会主义的实践中正确处理遇到的各种问题提供了指

---

① 马克思、恩格斯:《马克思恩格斯选集》第1卷,人民出版社1995年版,第11页。
② 马克思、恩格斯:《马克思恩格斯选集》第1卷,人民出版社1995年版,第54页。

导。在这些问题当中,经济发展方式和发展理念的深度调整以及进一步的发展所可能带来的生态环境问题和其他代价是两大主要的问题。奥尔曼对马克思辩证方法的解读告诉我们要从过程和关系两个视角去理解事物。从过程的观点来看,事物的现在、过去和将来在本质上是内在相关的,如果将这三个维度人为割裂开来,势必导致事物发展过程中的断裂和脱节,从而对经济和社会发展造成重大的消极影响。从关系的角度来说,根据奥尔曼的解读,任何事物与其他事物之间的关系本质上是该事物本身的一部分,所以,我们在建设中国特色社会主义的实践中不能简单地以经济建设为中心,而是要统筹兼顾,贯彻落实新发展理念。总之,奥尔曼关于马克思辩证方法的解读对于建设中国特色社会主义的实践是有很大的指导意义。

最后需要说明的是,奥尔曼对马克思辩证方法的解读尽管在理论上和实践上可能产生双重影响,但是这种影响必须放到思想史的背景中予以考察和定位。从西方思想史的角度看,我们并不能给辩证法下一个简明扼要的定义。辩证法在不同的语境中有完全不同的含义。与此相对应,奥尔曼在对马克思辩证方法解读的过程中,他并没有对马克思的辩证方法采取一种简单的下定义的立场和态度,而只是围绕马克思的辩证方法分析和阐述了这种方法的主题、内容和影响。在西方思想史上,辩证法是从赫拉克里特开始,经过苏格拉底和柏拉图,最终到亚里士多德终于在西方哲学史上完成一个圆圈。在整个中世纪和近代开端的一段历史时期里,亚里士多德的辩证法观念一直占据着主导地位。康德的哲学革命整个地改变了人们的辩证法观念。对于康德而言,辩证法不是讨论趋向理性与现实和解的谈话过程,而是理性在对物自体进行探究时的超验运用中所发生的矛盾结果。在康德哲学中,辩证法演变成一系列的争执,其中争论各方彼此揭发对方的矛盾却不能解决自身的矛盾。继康德之后,黑格尔承认只要争论各方可以被认为在自身范围内是独立而完整的,那么他们之间的敌对是不可能获得解决的。为此,黑格尔提供了一种新的解决方案:我们必须认识到彼此冲突的各方只不过是复杂现实的一个方面的叙述罢了。黑格尔说:"真理是全体。"①黑格尔认为,为了达到作为全体的真理,有必要在我们的思维中理解所有这些部分的和片面的真理。在奥尔曼看来,黑格尔的辩证法观念达到了一个历史的高度。这里的关键之处在于:黑格尔把辩证法理解为事物自身的运动过程,在这个过程中,事物内部和诸事物间的对立在一个更高的层面上达成和解,趋向统一。马克思指出:黑格尔第一个全面地有意识地叙述了辩证法的一般运动形式。②奥尔曼对黑格尔辩证法的评价和马克思的是一致的。

对于奥尔曼来说,黑格尔和马克思在辩证方法问题上的理论关系依然是一个重要的学术主题。马克思对黑格尔辩证方法的批判并不是简单地否定它,倒是以合理的方式扬弃了它。在奥尔曼看来,马克思在什么方面以及在何种程度上继承了黑格尔、修正了黑格尔、拒斥了黑格尔,这些问题对于学术界来说仍然是悬而未决的问题。以古希腊哲学为起点,以黑格尔哲学为完成形式,辩证法都带有强烈的思辨性质,它几乎来自与世隔绝的沉思。马克思辩证方法的历史高度在于它强调实践的立场,这个立场主要在于诉诸无产阶级的实践活动。当辩证法以实践为旨趣时,马克思和黑格尔在辩证方法问题上严格地区分开来了。马克思指出:"哲学家们只是用不同的方式解释世界,问题在于改变世界。"③马克思辩证方法的使命是要参与世界之改变的。因此,从辩证方法的历史发展来看,奥尔曼对马克思辩证方法的解读事实上重提了马克思在辩证方法问题上的历史高度,这表现在奥尔曼的解读保留了马克思辩证方法的批判和革命的双重品质。在《辩证法的舞蹈》中,奥尔曼给我们提供了一种简易版本的辩证法观念。这种观念来自奥尔曼引证马克思的一句话。马克思指出,我们应当对这些僵化的关系唱一唱它们自己的曲调,迫使它们跳起舞来!④奥尔曼《辩证法的舞蹈》的命名也

---

① [德]黑格尔:《精神现象学(上卷)》,贺麟、王玖兴译,商务印书馆1979年版,第12页。
② 马克思、恩格斯:《马克思恩格斯选集》第2卷,人民出版社1995年版,第112页。
③ 马克思、恩格斯:《马克思恩格斯选集》第1卷,人民出版社1995年版,第57页。
④ 马克思、恩格斯:《马克思恩格斯选集》第1卷,人民出版社1995年版,第5页。

是来自这句名言。奥尔曼把辩证法理解为一种思维方式，并认为它是由一整套彼此关联的范畴构成的。这些方式和范畴对发生于世界或者其中的任何一部分里面的真实变化和相互作用进行把捉，既不遗漏，也不歪曲。因此，辩证方法是包括自然和社会在内的整个世界的一个典型特征。奥尔曼对马克思辩证方法的解读大体是遵循这个逻辑来展开的，马克思的辩证方法也由此成为一种理解、研究和叙述现实的方法。一般说来，马克思的辩证方法把资本主义确定为主要的对象；具体说来，马克思的辩证方法的对象和目标却是资本主义内部的诸过程和诸关系。这些关系和过程有些已经展开，有些正在展开，还有些有待展开，我们无论作为主体，或者对象，都是这些关系和过程的一部分。奥尔曼认为，马克思在运用他的辩证方法时进行了大量的艰苦卓绝的实证研究。在奥尔曼看来，正是由于马克思的辩证方法不仅具有原则形式，而且能够深入具体的历史内容，才使马克思凭借其方法建构出来的马克思主义能够以一种合理的方式解释处于不断变化之中的资本主义并参与当代资本主义的改变。

　　奥尔曼对马克思辩证方法的解读不但及时而且必要。在我们对当代社会进行思考时，一种限制性条件和一种挑战始终环绕并纠缠着我们，我们用现代性意识形态来表述这种处境。我们在建设中国特色社会主义的时候，始终面临着当代资本主义的处境，因而必须在变革当代资本主义的同时，更多地将奥尔曼对马克思辩证方法解读的成果应用于新时代中国特色社会主义伟大事业。随着当代社会的急剧而经常的种类繁多的变化，我们今天比以往任何时候都需要辩证法，这种需要随着经济全球化和文化工业的扩张而加深和不断巩固。由此可见，奥尔曼对马克思辩证方法的解读不仅可以启发和帮助我们学会辩证地思考，而且教导我们将目光聚焦事物内部和诸事物间更多的内在关系和更广的世界图景来变革当代资本主义和建设新时代中国特色社会主义。在笔者看来，奥尔曼关于马克思辩证方法的解读对当代社会的影响是引人注目和十分重要的。

结　语

苏东剧变以后，西方左翼思潮依然十分活跃，该领域的思想家无论就理论著作还是就社会活动来说都是成果颇丰的。在这些思想家当中，有德里达、詹姆逊、哈贝马斯、吉登斯和乔姆斯基等人，也包括当代美国马克思主义者奥尔曼。奥尔曼在美国高校从事马克思主义理论教学和研究长达40余年，他把当代资本主义理解为一艘"泰坦尼克号"大型航船，寓意在于它行将走向崩溃，这使得他在我国学术界获得一定的影响和知名度。长期以来，我们对奥尔曼的理论活动和社会活动保持着很高的关注度。2009年，中央编译局特派记者集体采访了奥尔曼教授。[1] 2010年，奥尔曼对马克思辩证方法的解读被国内学者列入当代英美学术界对马克思辩证方法解读的五种类型之一。[2] 2015年，奥尔曼教授来华参加首届世界马克思主义大会，并在北京大学发表有关辩证法的演讲。从专著这个层次来讲，田世锭教授主译的《辩证法的舞蹈：马克思方法的步骤》和王贵贤副教授翻译的《异化：马克思论资本主义社会中人的概念》（后又把书名意译为《马克思的异化理论》）是奥尔曼在中国学术界唯一可见的中译本了。

作为当代美国马克思主义者，奥尔曼对马克思辩证方法的解读主要是通过《辩证法的舞蹈》集中体现出来的。在某种程度上，《辩证法的舞蹈》的

---

[1] 颜鹏飞、石云霞、孙来斌、邵秋芬：《市场经济、经济危机与社会主义前途——奥尔曼教授访谈》，《国外理论动态》2009年第10期。
[2] 付文忠：《英美马克思主义辩证法研究的新趋势》，《中国人民大学学报》2010年第1期。

性质、逻辑和影响就是奥尔曼对马克思辩证方法解读的性质、逻辑和影响。本书的写作也正是按照这个理论关联组织起来的。就该著作讨论的主题而言，国内尚无专门探讨奥尔曼对马克思辩证方法的解读这一课题的著作，从存在论的角度来阐释《辩证法的舞蹈》就更是这样了。但是，这种研究确实又是非常必要的，而且也是切实可行的。从奥尔曼本人来看，他对《辩证法的舞蹈》的自我评价非常之高，以至于说它代表着他一生关于辩证法的作品的最高水平。①美国马克思主义经济学家保罗·斯威齐（Paul Sweezy）据此把奥尔曼评价为马克思辩证方法领域最重要的研究者。《辩证法的舞蹈》自从2003年出版以后，在国内外学术界产生了非常广泛的影响。国外学者频频引证奥尔曼的这部著作，但还未对之作专门的研究；国内学者也把这部著作选入《当代英美马克思主义研究译丛》予以翻译并出版，但是在译文和引证上还有需要加以规范的余地。当我们将理论的目光聚焦奥尔曼在《辩证法的舞蹈》中对马克思辩证方法的解读时，我们并不能简单地将自己的努力补充进国内外学者对《辩证法的舞蹈》的研究中去，而是首先要对《辩证法的舞蹈》的性质、逻辑和影响进行独立的探究。只有经由这项前提性工作，我们才能卓有成效地跟进并完善关于奥尔曼的研究。

我们对奥尔曼的研究并不局限于这种研究自身，而是积极探索这种研究对于我们的意义。这种意义的寻求本质上是与马克思主义的当代性联系在一起的。在笔者看来，奥尔曼关于马克思辩证方法的解读在理论上切中了马克思主义的当代性，而这个切中又主要是通过对马克思主义的当代性立足其上而又环绕其左右的那个现实的洞见得以实现的。我们由此彰显了奥尔曼关于马克思辩证方法解读在理论上的影响。与此同时，奥尔曼对马克思辩证方法的解读在实践上推动了我们变革当代资本主义和建设中国特色社会主义的历史进程。虽然国内学者同样谈到了奥尔曼对马克思辩证方

---

① [美]伯特尔·奥尔曼：《辩证法的舞蹈：马克思方法的步骤》，田世锭、何霜梅译，高等教育出版社2006年版，《序言》第Ⅷ—Ⅸ页。

法的理解和研究与当代资本主义和我国社会主义的关系,但它却只是一种理论上的关系,而不是一种实践上的联系。因此,我们在对奥尔曼关于马克思辩证方法的解读进行重新研究时,一方面不是凭空进行的,另一方面也不是简单地重复前人的研究成果,而是积极地立足理论前辈们为我们留下的硕果,不断打开新的研究视域,从一个新的角度阐释奥尔曼对当代社会的影响。

  作为美国马克思主义研究者,笔者认为奥尔曼不但是一位卓越的马克思主义学者,而且也是一位坚定的马克思主义者。奥尔曼的理论活动和实践活动都是与马克思主义理论联系在一起的。虽然这种联结与他的家庭背景(工人阶级出身)有关,但是更为主要的是一位学者在当代做出的判断和抉择。因此,本书通过对奥尔曼的专题研究又把论题从"如何理解《辩证法的舞蹈》和奥尔曼对马克思辩证方法的解读"推进到"如何向奥尔曼学习做一名坚定的马克思主义者"这样一个问题,这对于我们在新时代条件下确立自己的人生坐标和积极投身中国特色社会主义建设是非常有意义的。

主要参考文献

[1] Archibald, W. Peter, "Using Marx's Theory of Alienation Empirically", *Theory and Society*, vol.6, no.1, 1978, pp.119—132.

[2] Baxandall, Lee. *The Journal of Aesthetics and Art Criticism*, vol.40, no.3, 1982, pp.338—340.

[3] Bertell Ollman, *Alienation: Marx's Conception of Man in Capitalist Society*, New York: Cambridge University Press, 1971; 2nd ed., 1976.

[4] Bertell Ollman, *Dance of the Dialectic: Steps in Marx's Method*, Univ. of Illinois Press, 2003.

[5] Bertell Ollman, *Dialectical Investigations*, Routledge, 1993.

[6] Bertell Ollman, *Dialectics for the New Century*, co-ed. Palgrave Macmillan, 2008.

[7] Bertell Ollman, *Marxism: an Uncommon Introduction*, Stirling Pub, New Delhi, 1990.

[8] Bertell Ollman, *Social and Sexual Revolution: Essays on Marx and Reich*, South End Press, 1978.

[9] Bertell Ollman, *The Left Academy: Marxist Scholarship on American Campuses*, co-ed, vol.I, McGraw Hill, 1982.

[10] Bertell Ollman, *The Left Academy: Marxist Scholarship on American Campuses*, co-ed, vol.II, Praeger Pub., 1984.

[11] Bertell Ollman, *The Left Academy: Marxist Scholarship on American Campuses*, co-ed, vol.III, Praeger Pub., 1986.

[12] Bertell Ollman, *The U.S. Constitution: 200 Years of Anti-Federalist, Abolitionist, Feminist, Muckraker, Progressive, and Especially Socialist Criticism*, co-ed. N.Y.U. Press, 1990.

[13] Brenkert, George G. *The Philosophical Review*, vol.86, no.4, 1977, pp.585—589.

[14] Carol A. Brown., "Reviewed work(s): Social and Sexual Revolution: Essays on Marx and Reich by Bertell Ollman", *Contemporary Sociology*, vol.11, No.5, (Sep., 1982), pp.582—582.

[15] Chris Brown, "Situating Critical Realism", *Millennium-Journal of International Studies*, 2007; pp.35, 409.

[16] David-Hillel Ruben, "Reviewed work(s): Alienation: Marx's Conception of Man in Capitalist Society by Bertell Ollman", *Soviet Studies*, vol.24, No.1(Jul., 1972), pp.144—147.

[17] David McLellan., "Reviewed work(s): Alienation: Marx's Conception of Man in Capitalist Society by Bertell Ollman", *Slavic Review*, vol.32, No.2(Jun., 1973).

[18] David Norman Smith, "Reviewed work(s): Dance of the Dialectic: Steps in Marx's Method by Bertell Ollman", *Contemporary Sociology*, vol.33, No.6, (Nov., 2004).

[19] Edward Andrew, "Reviewed work(s): Alienation: Marx's Conception of Man in Capitalist Society by Bertell Ollman", *Contemporary Sociology*, vol.2, No.2(Mar., 1973), pp.163—166.

[20] Harvey, David. *Political Theory*, vol.14, no.4, 1986, pp.686—690.

[21] Howard Sherman. "Dialectics as a Method", *Critical Sociology*, 1976; pp.6, 57.

[22] Howard Sherman, *Reinventing Marxism*, Johns Hopkins University Press, 1995.

[23] J. E. Seigel, "Reviewed work(s): Alienation: Marx's Conception of Man in Capitalist Society by Bertell Ollman", *History and Theory*, vol.12, No.3 (1973), pp.329—342.

[24] James Thomas, "Marx, Hegel and Dialectical Method", *Insurgent Sociologist*, 7:4 (1977: Fall) p.49.

[25] John McMurtry. "Reviewed work(s): Social and Sexual Revolution by Bertell Ollman", *Journal of Business Ethics*, vol.1, No.4(Nov., 1982), pp.326—330.

[26] Joseph J. O'Malley, "Reviewed work(s): Alienation: Marx's Conception of Man in Capitalist Society by Bertell Ollman", *The American Political Science Review*, vol.67, No.1(Mar., 1973), pp.211—212.

[27] Karl Korsch. *Marxism and philosophy*, London: NLB, 1970.

[28] Levin, Richard C., "Perspectives on Contemporary Capitalism", *The Journal of*

Economic History, vol.37, no.3, 1977, pp.755—761.

[29] Louis Althusser. *For Marx*, London: NLB, 1977.

[30] Mark L. Wardell. "Marx and His Method: a Commentary", *Sociological Quarterly*, 20:3(1979: Summer).

[31] Michael Williams, "Reviewed work(s): Dance of the Dialectic: Steps in Marx's Method", *Review of Radical Political Economics* 2006; 38; 661.

[32] Neera Chandhoke. "Reviewed work(s): Marxism: An Uncommon Introduction by Bertell Ollman". *Economic and Political Weekly*, vol.27, No.27(Jul. 4, 1992), pp.1391—1394.

[33] Norman Levine. *Dialogue within the dialectic*, London: Allen & Unwin, 1984.

[34] Paul Buhle. *Marxism in the United States: remapping the history of the American Left*, London: Verso, 1987.

[35] Peter A. Toma, "Reviewed work(s): Alienation: Marx's Conception of Man in Capitalist Society by Bertell Ollman", *The Western Political Quarterly*, vol.25, No.4(Dec., 1972), pp.798—800.

[36] Philip J. Kain, "Marx's Dialectic Method", *History and Theory*, vol.19, No.3 (Oct., 1980), pp.294—312.

[37] Robert R. Sullivan, "Philosophy & Myth in Studies of Karl Marx" "Reviewed work(s): On Karl Marx by Ernst Bloch, For Marx by Louis Althusser, Marx's Theory of Alienation by Istvan Meszaros, The Social and Political Thought of Karl Marx by Shlomo Avineri, Alienation: Marx's Conception of Man in Capitalist Society by Bertell Ollman", *Polity*, vol.6, No.3, (Spring, 1974), pp.393—402.

[38] Rolf H. W. Theen, "Reviewed work(s): Alienation: Marx's Conception of Man in Capitalist Society by Bertell Ollman", *The Journal of Modern History*, vol.45, No.4(Dec., 1973), pp.675—678.

[39] Roy Bhaskar, *A Realist Theory of Science*, London: Verso, 1975.

[40] Roy Bhaskar, *Dialectic: The Pulse of Freedom*, London: Verso, 1993.

[41] Roy Bhaskar, *Dialectics*. London: Verso, 1993.

[42] Seeman, Melvin, "Alienation Studies", *Annual Review of Sociology*, vol.1, 1975, pp.91—123.

[43] Tony Smith. *The logic of Marx's 'Capital'*, Albany, New York: SUNY Press, 1990.

[44] William L. McBride,"Marxian Five-Step",*The Review of Politics*,vol.66,No.3,(Summer,2004).

[45] [德]阿多诺:《否定的辩证法》,张峰译,重庆出版社1993年版。

[46] [法]阿尔都塞:《保卫马克思》,顾良译,商务印书馆1984年版。

[47] [英]安德鲁·布朗,史蒂夫·弗利特伍德:《批判实在论与马克思主义》,广西师范大学出版社2007年版。

[48] [美]奥尔曼:《异化:马克思论资本主义社会中人的概念》,王贵贤译,北京师范大学出版社,2011年版。

[49] 白刚:《马克思批判的辩证法的时代回响——读阿多诺〈否定的辩证法〉》,《天津社会科学》2006年第6期。

[50] [美]伯特尔·奥尔曼:《辩证法的舞蹈:马克思方法的步骤》,田世锭、何霜梅译,高等教育出版社2006年版。

[51] [美]伯特尔·奥尔曼:《马克思辩证法的七个基本步骤》,梁爽译,《江淮论坛》2017年第1期。

[52] 蔡淞任:《背离革命,还是继承方法?——试论阿多诺与马克思在方法上的联系》,《马克思主义哲学论丛》2019年第2期。

[53] 陈曲:《奥尔曼对辩证法辩护的限度——从对马克思异化理论的再考察谈起》,《当代国外马克思主义评论》第15辑。

[54] 陈学明:《驶向冰山的泰坦尼克号:西方左翼思想家眼中的当代资本主义》,人民出版社2007年版。

[55] 陈学明、王凤才:《西方马克思主义前沿问题二十讲》,复旦大学出版社2008年版。

[56] 段忠桥:《20世纪70年代以来英美的马克思主义研究》,《中国社会科学》2005年第5期。

[57] 段忠桥:《转向英美 超越哲学 关注"正统"——推进当前我国国外马克思主义研究的三点意见》,《马克思主义研究》2007年第5期。

[58] 段忠桥编译:《马克思主义、市场经济与当代世界——伯特尔·奥尔曼教授访谈录》,《当代世界与社会主义》2004年第3期。

[59] 付文忠:《后马克思主义产生的原因与提出的问题》,《中共南京市委党校南京市行政学院学报》2007年第6期。

[60] 付文忠:《英美马克思主义辩证法研究的新趋势》,《中国人民大学学报》2010年第1期。

[61] 郭强:《评奥尔曼关于马克思辩证法的思想》,《哲学动态》2011年第5期。

[62] 贺来:《辩证法的生存论基础:马克思辩证法的当代阐释》,中国人民大学出版社 2004 年版。

[63] [德]黑格尔:《精神现象学》上卷,贺麟、王玖兴译,商务印书馆 1979 年版。

[64] [德]黑格尔:《小逻辑》,贺麟译,商务印书馆 1980 年版。

[65] 黄继锋:《总体性辩证法——结构辩证法——内在关系辩证法:西方马克思主义对马克思辩证法的三种解释比较》,《理论视野》2011 年第 2 期。

[66] 黄继锋等:《马克思主义基本原理在当代西方》,中国人民大学出版社 2013 年版。

[67] 黄亚明、侯振武:《马克思主义辩证法的两种面向——奥尔曼与阿多诺辩证法思想之比较》,《内蒙古大学学报(哲学社会科学版)》2017 年第 5 期。

[68] [德]加达默尔:《哲学解释学》,夏镇平译,上海译文出版社 2004 年版。

[69] [德]卡尔·柯尔施:《马克思主义和哲学》,王南湜、荣新海译,重庆出版社 1989 年版。

[70] 李红梅:《从奥尔曼对辩证法的两种论证看科学与价值的关系》,《太原理工大学学报(社会科学版)》2015 年第 3 期。

[71] 李西祥:《辩证法与马克思哲学的当代性》,《哲学研究》2009 年第 2 期。

[72] 列宁:《列宁全集》第 55 卷,人民出版社 1990 年版。

[73] 刘森林:《物化与现实:基于〈历史与阶级意识〉的分析》,《马克思主义理论学科研究》2015 年第 1 期。

[74] [匈]卢卡奇:《历史与阶级意识》,杜章智、任立、燕宏远译,商务印书馆 1999 年版(2016 年重印)。

[75] 罗骞:《内在于历史的具体的总体性——〈历史与阶级意识〉对马克思哲学本真性的阐发》,《当代国外马克思主义评论》第 4 辑。

[76] 马克思:《1844 年经济学哲学手稿》,人民出版社 2000 年版。

[77] 马克思:《资本论》第 1—3 卷,人民出版社 2004 年版。

[78] 马克思、恩格斯:《马克思恩格斯全集》第 2 卷,人民出版社 1957 年版。

[79] 马克思、恩格斯:《马克思恩格斯全集》第 3 卷,人民出版社 1960 年版。

[80] 马克思、恩格斯:《马克思恩格斯全集》第 3 卷,人民出版社 1995 年版。

[81] 马克思、恩格斯:《马克思恩格斯全集》第 4 卷,人民出版社 1958 年版。

[82] 马克思、恩格斯:《马克思恩格斯全集》第 23 卷,人民出版社 1972 年版。

[83] 马克思、恩格斯:《马克思恩格斯全集》第 26 卷第 1 册,人民出版社 1972 年版。

[84] 马克思、恩格斯:《马克思恩格斯全集》第 26 卷第 2 册,人民出版社 1973 年版。

[85] 马克思、恩格斯:《马克思恩格斯全集》第 26 卷第 3 册,人民出版社 1974 年版。

[86] 马克思、恩格斯:《马克思恩格斯全集》第 29 卷,人民出版社 1972 年版。
[87] 马克思、恩格斯:《马克思恩格斯全集》第 30 卷,人民出版社 1995 年版。
[88] 马克思、恩格斯:《马克思恩格斯全集》第 31 卷,人民出版社 1972 年版。
[89] 马克思、恩格斯:《马克思恩格斯全集》第 31 卷,人民出版社 1998 年版。
[90] 马克思、恩格斯:《马克思恩格斯全集》第 35 卷,人民出版社 1971 年版。
[91] 马克思、恩格斯:《马克思恩格斯全集》第 39 卷,人民出版社 1974 年版。
[92] 马克思、恩格斯:《马克思恩格斯全集》第 44 卷,人民出版社 2001 年版。
[93] 马克思、恩格斯:《马克思恩格斯全集》第 46 卷,人民出版社 2003 年版。
[94] 马克思、恩格斯:《马克思恩格斯文集》第 1—10 卷,人民出版社 2009 年版。
[95] 马克思、恩格斯:《马克思恩格斯选集》第 1—4 卷,人民出版社 1995 年版。
[96] 马拥军:《从唯心主义总体性到唯物主义总体性——兼评卢卡奇对〈历史与阶级意识〉的自我批评》,《哲学研究》2008 年第 8 期。
[97] 马中柱:《"马克思研究方法"探析——兼评〈马克思实证辩证法初探〉》,《学术研究》2000 年第 10 期。
[98] [美]诺曼·莱文:《辩证法内部对话》,张翼星、黄振星、邹溱译,云南人民出版社 1997 年版。
[99] 齐艳红:《当代英美马克思主义关于辩证法与形式逻辑问题的争论——以乔·埃尔斯特和伯特尔·奥尔曼为例》,《学习与探索》2015 年第 5 期。
[100] 齐艳红:《马克思辩证法的"辩证重构"——伯特尔·奥尔曼对分析马克思主义的批判性回应及其局限》,《教学与研究》2014 年第 9 期。
[101] 全增嘏主编:《西方哲学史》上册,上海人民出版社 1983 年版。
[102] [法]让-保罗·萨特:《辩证理性批判》(上下卷),林骧华、徐和瑾、陈伟丰译,安徽文艺出版社 1998 年版。
[103] 石婷婷:《论马克思的辩证方法论与卢卡奇"总体性"方法的关联》,《浙江社会科学》1995 年第 2 期。
[104] 史少博:《卢卡奇〈历史与阶级意识〉对自然辩证法的错误理解》,《学术论坛》2008 年第 7 期。
[105] 孙承叔:《否定的辩证法与非同一性的哲学地位——阿多诺〈否定的辩证法〉研究》,《河北学刊》2012 年第 6 期。
[106] 孙正聿:《马克思辩证法理论的当代反思》,人民出版社 2002 年版。
[107] 田辉:《伯特尔·奥尔曼对辩证法的反思及其启示》,《理论探索》2011 年第 4 期。
[108] 田世锭:《奥尔曼论马克思在资本主义中揭示社会主义的路径》,《兰州学刊》2006

年第 9 期。

[109] 田世锭:《奥尔曼"内在关系的辩证法"视角下的当代资本主义》,中国社会科学出版社 2008 年版。

[110] 田世锭:《奥尔曼"内在关系的辩证法"视角下的社会主义——也评奥尔曼否定市场经济的观点》,《社会主义研究》2007 年第 1 期。

[111] 田世锭:《辩证法马克思主义的主要特征——与分析马克思主义的一种比较》,《山东社会科学》2010 年第 1 期。

[112] 田世锭:《辩证法视角下的资本主义——奥尔曼对资本主义的辩证分析述评》,《太原理工大学学报(社会科学版)》2006 年第 2 期。

[113] 田世锭:《辩证哲学·辩证方法·辩证实践——关于奥尔曼内在关系辩证法的再思考》,《学习与探索》2015 年第 11 期。

[114] 田世锭:《拨开当今资本主义迷雾的辩证之手——奥尔曼论马克思主义的唯物辩证法》,《思想理论教育导刊》2006 年第 12 期。

[115] 田世锭:《"内在关系的辩证法"与"总体性的辩证法"——奥尔曼与卢卡奇的辩证法思想比较》,《烟台大学学报(哲学社会科学版)》2007 年第 2 期。

[116] 田世锭:《透过"抽象"见本质——奥尔曼对当代资本主义本质的揭示》,《武汉理工大学学报(社会科学版)》2008 年第 3 期。

[117] 田世锭:《问题在于改变世界——论奥尔曼"内在关系的辩证法"对阿多诺"否定的辩证法"的超越》,《太原理工大学学报(社会科学版)》2007 年第 3 期。

[118] 田世锭:《英美马克思主义者对社会主义的三种论证》,《社会主义研究》2009 年第 4 期。

[119] 田世锭、余世荣、陈铁:《西方马克思主义辩证法的演进逻辑——基于总体性辩证法、否定辩证法和内在关系辩证法的分析》,《三峡大学学报(人文社会科学版)》2013 年第 5 期。

[120] 田晓玲:《马克思为我们提供了理解世界的方法——访德国特里尔"卡尔·马克思博物馆和研究中心"主任波维尔教授》,《文汇报》2008 年 11 月 10 日第 10 版。

[121] 王成:《马克思与阿多诺辩证法思想的比较研究》,《合肥工业大学学报(社会科学版)》2009 年第 6 期。

[122] 王福生:《现代性批判与总体性辩证法——卢卡奇的〈历史与阶级意识〉解读》,《岭南学刊》2008 年第 1 期。

[123] 吴晓明:《回到社会现实本身》,《学术月刊》2007 年第 5 期。

[124] 吴晓明:《卢卡奇的存在论视域及其批判》,《云南大学学报(社会科学版)》2003 年第 1 期。

[125] 吴晓明:《卢卡奇的总体范畴及其存在论上的黑格尔主义方向》,《云南大学学报(社会科学版)》2005年第6期。

[126] 吴晓明:《论黑格尔对主观思想的批判》,《求是学刊》2011年第1期。

[127] 吴晓明:《论〈历史与阶级意识〉的辩证法研究》,《马克思主义与现实》2017年第2期。

[128] 吴晓明:《论西方马克思主义存在论视域的初始定向》,《河北学刊》2008年第5期。

[129] 吴晓明、王德峰:《马克思的哲学革命及其当代意义》,人民出版社2005年版。

[130] [苏]C.希罗科夫、李君锦:《革命过程的辩证法:关于〈历史与阶级意识〉的争论》,《国外社会科学》1980年第7期。

[131] 肖鹏:《对黑格尔辩证法的批判:在阿多诺与马克思之间》,《江海学刊》2017年第4期。

[132] 谢永康:《从"否定性的辩证法"到"否定的辩证法"——阿多诺与黑格尔—马克思哲学传统》,《社会科学战线》2007年第4期。

[133] 徐琴:《柯尔施对马克思哲学的阐释及其存在论基础》,《云南大学学报(社会科学版)》2005年第6期。

[134] 颜鹏飞、石云霞、孙来斌、邵秋芬:《市场经济、经济危机与社会主义前途——奥尔曼教授访谈》,《国外理论动态》2009年第10期。

[135] [苏]伊林柯夫:《马克思〈资本论〉中抽象和具体的辩证法》,孙开焕、鲍世明、王锡君、张钟朴译,山东人民出版社1993年版。

[136] 俞吾金:《问题域的转换——对马克思和黑格尔关系的当代解读》,人民出版社2007年版。

[137] 俞吾金、陈学明:《国外马克思主义哲学流派新编·西方马克思主义卷》(上下册),复旦大学出版社2002年版。

[138] 俞吾金主编:《国外马克思主义研究报告2007》,人民出版社2007年版。

[139] 俞吾金主编:《国外马克思主义研究报告2008》,人民出版社2008年版。

[140] 俞吾金主编:《国外马克思主义研究报告2009》,人民出版社2009年版。

[141] 俞宣孟:《本体论研究》,上海人民出版社2005年版。

[142] 张亮:《辩证法内部的争论:阿多诺和〈历史与阶级意识〉》,《江海学刊》2001年第5期。

[143] 张亮:《通向〈历史与阶级意识〉的道路——黑格尔对早期卢卡奇思想发展的逻辑影响》,《求是学刊》2000年第6期。

[144] 张梅艳:《论"否定"及其在哲学变革中的意义——从黑格尔、马克思到阿多诺》,

《内蒙古大学学报(哲学社会科学版)》2016年第3期。

[145] 张双利:《重解历史的必然性——论齐泽克对〈历史与阶级意识〉的重新解读》,《哲学研究》2013年第3期。

[146] 张文喜:《现代性的幻象:"同一哲学"和"主体哲学"批判——从马克思到阿多诺》,《天津社会科学》2001年第6期。

[147] 张一兵:《阶级意识:客观可能性与辩证的中介——读青年卢卡奇的〈历史与阶级意识〉》,《山东社会科学》2000年第2期。

[148] 章新若:《卢卡奇、奥尔曼对马克思辩证法的不同解读》,《人民论坛》2014年第5期。

[149] 赵华:《批判实在论哲学研究》,南开大学出版社2020年版。

[150] 郑一明:《全球化与社会主义的未来——西方左翼学者关于社会主义前景的新思考》,《中国人民大学学报》2005年第3期。

[151] 周爱民:《终结逻辑的重叙——从卢卡奇到阿多尔诺的辩证历程》,《安徽大学学报(哲学社会科学版)》2014年第2期。

[152] 朱培编写:《美国著名学者奥尔曼论马克思的辩证方法》,《国外理论动态》2004年第4期。

后 记

　　本书是在我的博士论文的基础上修改完成的。读博期间,导师俞吾金教授建议我关注美国学者伯特尔·奥尔曼(Bertell Ollman)的马克思主义研究成果,并鼓励我主动与奥尔曼本人联系。这使我开启了一个崭新的学术方向,并有可能在这个领域持续努力和钻研下去。工作以后,奥尔曼研究时有中断,但由于后来以博士论文为基础申请到了上海市教委的纵向课题,有关研究得以延续和拓展,在某种程度上也是一种理论上的深化。这本书与其说是我对读博以来奥尔曼研究的一个总结,不如说是我对奥尔曼理解和阐释的真正开端。经过这么多年的学习和探索,我认为一项研究的真正完成并不是出版了相应的专著和发表了多少论文,而是对自己的研究对象有了完整和透彻的理解,并且能够在更为广泛的领域开展富有成效的交流和对话。从这个意义上来说,对我个人而言,奥尔曼研究的任务远未完成。心想,如果自己有一天能够在该领域取得实质性成果,那将是对老师生前谆谆教诲和辛勤付出的最好报答。

　　本书写作得到了奥尔曼教授在文献资料方面的有力支持和学术上的帮助。师母张德堃老师在我读博期间以及工作以后的生活、学习和科研等方面多有照顾。复旦大学哲学学院陈学明教授对我的论文选题和最终完成提供了宝贵的学术指导和专业上的意见。汪行福教授对我的博士论文的修改和定稿给予了非常细心的点拨和帮助,在今年杭州开会期间又为我今后的学术方向提供了很多富有建设性的意见和建议。王凤才教授、张双利教授、林晖教授对我的论文写作和最终发表亦有许多指导和帮助,内蒙古大学开会期间王凤才老师在国外马克思主义研究等方面给出了许多切实可行的参考意见,张双利老师帮我联系和介绍赴美研究的合作导师 Richard Lee 教授,两位教授都为本书的完稿提供了很多难得的机会,林晖老师在我做他的助教期间以及导师生病以后共同照顾期间,对我的专业成长和奥尔曼研究成果的发表给予了很多学术上的建议和帮助,他们都以深邃的思想、敏锐的洞察力和谦逊严谨的治学态度深刻地影响了我。

其次要感谢硕士生导师徐琴教授和她的先生吴晓明教授在我攻博期间给予的点拨和支持。徐老师在我于上海大学读书期间就给我学术滋养和生活关怀,我也因此长期受惠于吴晓明老师的亲切指导和勉励。两位老师丰富的人生阅历和精到的思想见解对于我的整个研究生阶段和未来的人生走向都产生了深刻影响。他们的学者风范、人格魅力和学术境界开启了我的人生新境域,使我受益终生。在复旦攻读学位期间,我们 2007 级博士班的辅导员、现任哲学学院教授吴猛老师给予我非常珍贵的信任和支持,其治学、为人和做事对我有很多启发,他的问题意识和研究路数使我得到了锻炼和提升。此外,我还要特别感谢复旦大学哲学学院的鲁绍臣老师,在我读博期间就论文开题、中期考核和论文答辩提供了许多指导、支持和帮助,使我能够及时完成写作任务并顺利毕业。最后,我要感谢母亲和妻子在本书出版过程中给予的关心和支持,没有她们的理解和包容,这本书不可能按时交付出版。

本书出版获中央高校基本科研业务费以及上海外国语大学学术著作出版资助,在此深表感谢。在申请学校资助的过程中,学院领导和学术委员会的各位老师提供了许多指导和建议,科研处王珏老师提供了很多指导和帮助,后期亦多有关心和支持。上海社会科学院出版社周萌老师为本书的出版付出了许多心血,在编辑过程中给予我非常多的宝贵建议,为本书顺利出版提供了大力支持。我所在的上海外国语大学马克思主义学院孔祥瑞老师和上海社会科学院出版社的温欣老师先后为本书的出版做了很多前期工作,在出版过程中又十分关心这本书的进展情况。在此一并感谢!

　　本书的部分内容曾以论文的形式发表过,其中包括少量在学术报纸上发表的文章,在一定意义上充实了该著作的主体内容。本人才疏学浅,书中难免会有疏漏和不足之处,还望国内外专家学者海涵。我将在进一步向该领域前辈同行们学习和不断积累的基础上,继续推进国内的奥尔曼研究事业,争取发表更多更有分量的研究成果。

曾德华

2021 年 10 月

图书在版编目(CIP)数据

奥尔曼对马克思辩证方法的解读 / 曾德华著 .— 上海：上海社会科学院出版社，2021
ISBN 978-7-5520-3687-9

Ⅰ.①奥… Ⅱ.①曾… Ⅲ.①唯物辩证法—研究 Ⅳ.①B024

中国版本图书馆 CIP 数据核字(2021)第 199238 号

奥尔曼对马克思辩证方法的解读

著　　者：曾德华
责任编辑：周　萌
封面设计：梁业礼
出版发行：上海社会科学院出版社
　　　　　上海顺昌路 622 号　邮编 200025
　　　　　电话总机 021-63315947　销售热线 021-53063735
　　　　　http://www.sassp.cn　E-mail：sassp@sassp.cn
照　　排：南京理工出版信息技术有限公司
印　　刷：上海天地海设计印刷有限公司
开　　本：710 毫米×1010 毫米　1/16
印　　张：17.5
字　　数：231 千
版　　次：2021 年 12 月第 1 版　2021 年 12 月第 1 次印刷

ISBN 978-7-5520-3687-9/B·307　　　　　　　　　　定价：88.00 元

版权所有　翻印必究